中国政法大学基本科研业务费资助

平台经济

市场竞争与反垄断规制研究

许 恒◎著

Research on Market Competition and Anti-monopoly Regulation of Platform Economy

经济日报出版社

图书在版编目（CIP）数据

平台经济市场竞争与反垄断规制研究 / 许恒著 .—
北京：经济日报出版社，2023.3
ISBN 978 - 7 - 5196 - 1323 - 5

Ⅰ.①平… Ⅱ.①许… Ⅲ.①网络经济-市场竞争-
研究-中国②网络经济-反垄断法-研究-中国 Ⅳ.
①F492.3②D922.294.4

中国国家版本馆 CIP 数据核字（2023）第 081301 号

平台经济市场竞争与反垄断规制研究

作　　者	许　恒
责任编辑	陈　芬
责任校对	付芬芬
出版发行	经济日报出版社有限责任公司
地　　址	北京市西城区白纸坊东街 2 号 A 座综合楼 710（邮政编码：100054）
电　　话	010 - 63567684（总编室）
	010 - 63584556（财经编辑部）
	010 - 63567687（企业与企业家史编辑部）
	010 - 63567683（经济与管理学术编辑部）
	010 - 63538621 63567692（发行部）
网　　址	www.edpbook.com.cn
E - mail	edpbook@126.com
经　　销	全国新华书店
印　　刷	北京虎彩文化传播有限公司
开　　本	710mm×1000mm 1/16
印　　张	18
字　　数	300 千字
版　　次	2023 年 3 月第 1 版
印　　次	2023 年 3 月第 1 次印刷
书　　号	ISBN 978 - 7 - 5196 - 1323 - 5
定　　价	68.00 元

前　言

数字经济是继农业经济、工业经济之后的主要经济形态，2020 年，我国数字经济核心产业增加值占国内生产总值比重达到 7.8%，为经济社会持续发展提供了强大动力。“十四五”时期，我国数字经济进入全面发展阶段，突出深化应用、规范发展、惠普共享的理念。随着数字技术的不断发展，市场需求和价值主张也发生了巨大的变化，市场对产品形态、交易方式、获取程度、价值维度都相较于传统经济产生了明显且快速的演变，牵引数字经济经营者在其管理方式和竞争战略的制定方面积极寻求能够提升自身优势的方案。

数字经济衍生出的商业模式和特征赋予了经营者更加灵活和丰富的选择路径，其中，数字平台便是数字经济中最具特征的一种模式。平台经济通过互联网信息技术，在数字经济环境下实现了多个用户集团的互动和交易，通过技术和数据的对接，突破了时间和空间的局限，增加了用户之间的交易效率和交易质量，增加了交易的准确度和安全性，也使不同行业、不同区域、不同群体间的数字鸿沟有效弥合。平台经济的动态竞争、跨界经营、网络效应等特征使某些经营者积累了超越竞争对手的技术、数据和资本优势，同时，新兴技术衍生出的诸如算法合谋、价格歧视、“二选一”、“猎杀式”并购等新问题也形成了平台经济市场的垄断结构复杂且模糊、垄断行为多样且隐蔽、损害效果多维且广泛的特点，为反垄断规制提出了新的要求。习近平总书记在《不断做强做优做大我国数字经济》中强调了规范数字经济发展，推动数字经济健康发展，“在发展中规范、在规范中发展”，“要纠正和规范发展过程中损害群众利益、妨碍公平竞争的行为和做法，防止平台垄断和资本无序扩张”，对平台经济的高质量发展提出了明确的方向。

近年来，平台经济领域中的垄断理论研究和反垄断规制在不断探索过程中已取得初步成果，但一些理论和应用方面的深层问题并未得到充分解决，如工信部于 2021 年提出的“互联网互联互通、开放外链”中信息互通的范围和程度的界定与评估、防范资本无序扩张的边界和“红线”应划在哪里、目前国内外的平台经济在不同维度出现了发展差距的根源问题等，尚未有令人满意的答案。虽然现有研究和实践对平台经济的若干领域开展了较深入的探讨，但把握平台经济的合理发展路径、实现发展与监管的共同目标，还需要进一步分析平台经济运行的底层规律、系统性地分析其垄断形成机制、提出可行且可持续的反垄断规制方案，这是规范平台经济发展的重要课题。

国内关于平台经济领域中的垄断形成机制研究多侧重于平台经济技术特征和平台经济产业特征两个方面。大数据、云计算、人工智能等技术推动平台经济构建的虚拟交易场景和算法体系激发了数据要素价值，“颠覆性技术”激发了规模经济和网络效应，趋近于零的边际成本和数据控制加速了垄断结构的生成。平台经济经营者通过建立产品间的兼容性、互补性和依赖性，降低了用户在平台间和平台内切换的转移成本，进而提高经营者获取数据和信息的能力，构成其垄断的基础。对技术和数据的控制优化了经营者“生产—再生产”“创新—再创新”的能力，同时加重了潜在竞争者进入市场的障碍，进一步强化了在位经营者的垄断状态和垄断力量。反垄断视阈下，垄断状态和垄断行为具有因果关系。具有明显垄断状态的平台经济经营者为寻求利润提升和维持垄断地位，有动机行使垄断行为。平台经济的原生属性也使上述垄断行为存在隐蔽性高、波及面大、损害度强、查证识别难等特征，如平台经济经营者的“二选一”、“大数据”杀熟、算法合谋、“猎杀式”并购等行为，都对其利益相关者造成了巨大损失，传统反垄断理论也在平台经济领域中面临适用难题。学者针对平台经济特征对该行业反垄断监管和规制提出了市场化、技术化和制度化三方面思路，三者互为补充、互为依托，探索构建数字经济平台、算法、数据的规制逻辑体系。

国外学者对平台经济中垄断的构成多持“消费者对新型消费形式的需要”和“信息化时代生产方式的转变”共同作用的观点。他们借鉴经济学分析范式，将传统的双边市场理论与数字技术和市场特征相融合，提出了平台经济市场形成用户锁定的网络效应、边际成本递减的规模经济、源于产品差异化的数据扩张等特征，形成了垄断力量获得、垄断地位形成和垄断行为实施的要件。例如，亚马逊、谷歌与脸书等头部平台经营者具有动态技术革新和庞大网络规模的特征，回应了头部平台经济企业“关闭”市场、维持垄断的形成因素。域外反垄断实践涉及到结构主义主张，即对大型平台经济经营者采取前置式反垄断监管，甚至进行横向或纵向的拆分，以重构竞争的市场结构（欧盟《数字市场法案》《数字服务法案》、美国《终止平台垄断法案》等）。学术层面则倾向市场和制度相配合的逻辑，提出数据定价、补贴数据提供者、经营者集中分级管理等规制方式。

综上，平台经济领域中的垄断形成机制和反垄断规制相关研究已成为学术界和实务界探讨的重要议题，而现有研究尚未系统地探讨和归纳平台经济垄断形成机制，尤其是在厘清“技术—数据—市场结构—垄断行为—损害效果”的逻辑路径上，并未充分体现与当前平台经济垄断产生的经济社会损失和风险的呼应。具体而言，现有研究大多关注了上述链条中的某个或某几个环节，而并未将各个环节实现贯通。这些环节涉及到经营者在市场后端的技术与数据的应用与竞争，延伸至平台经济市场结构的改变，进而形成了对经营者竞争工具和竞争路径选择的影响。这些影响改变了平台经济经营者为了获取市场和提高市场势力的根本诉求和手段，形成了垄断风险。进一步地，由于在平台经济中经营者所涉及的利益相关者较传统经济更加多样，使平台经济领域中垄断行为所产生的损害更加复杂，出现了传统经济方法在度量和评估过程中的适用瓶颈和难题，上述问题进一步导致了反垄断规制路径与疏解市场失灵之间的目标之间存在一定程度的割裂。破解上述问题有助于在理解和更新平台经济语境下垄断理论基础的同时，提供新经济新业态视角下可行且可持续的反垄断规制方案和路径。

基于此，本书立足于平台经济不同于传统经济的运行特征，以要素市场和产品市场的变迁为路径，从垄断状态到垄断行为的逻辑上，回答平台经济市场的垄断成因。此外，现有研究多关注平台经济的典型领域和经营者的典型行为，但对于整合平台经济复杂的经济结构和行为，仍存在完善的空间以及系统性竞争政策制定的空白。因此，理论研究和实践应用均呼唤经济学方法在平台经济领域中的创新和具体实践的突破，同时，本书在研究方法和研究逻辑上更加注重经济学与法学的交叉融合。

就学术价值而言，本书力求突出以下三方面贡献，首先，推动垄断的理论机制在平台经济领域中的进一步延展。平台经济市场中广泛存在的网络效应、网络外部性、跨边竞争等特点为传统的经济学理论在新的商业模式下的运用提出了挑战，平台经济经营者基于这些特征能够有效地改变其成本结构、竞争策略、市场势力，形成了较传统经济十分不同的垄断形成机制和形成路径，这便需要将平台经济所产生的新的特征融入传统经济学理论，对这些新问题提出针对性的解决方案。本书的理论研究立足于平台经济原生属性和运行特征，结合传统经济学方法在平台经济领域中尚未突破的难题，探究经营者实施垄断行为的动因和方式，扩充平台经济中垄断形成机制，有助于对新经济视角下的垄断理论的理解与创新。

其次，突破反垄断规制方法在平台经济领域中的瓶颈。平台经济中新的商业模式引致了平台经营者新的竞争方式和竞争策略，使平台经济经营者的垄断行为更加复杂且隐蔽。复杂而隐蔽的垄断行为使平台经济中的垄断风险和实际损害增加，同时，使平台经济中识别垄断的难度增加，也提高了反垄断执法的成本。本书着眼传统反垄断方法在平台经济中的适用难题，并结合国内外在平台经济领域中的反垄断实践进行再回顾和反思，从技术、市场、制度等维度解释平台经济不同于传统经济的垄断损害评估和风险预警，丰富反垄断规制在不同经济环境中的理论基础和可行方案。

再次，构建平台经济领域垄断理论和反垄断法理论的系统性融合。在目前的反垄断实践中，经济学理论与反垄断法的脱节在平台经济领域中尤为突出，反垄断执法过程中运用的法学思维需要借助经济学理论和方法进行论证，合理的垄断标准制定和反垄断方法设计需要通过经济学理论进行更新和完善。尤其是在平台经济领域中，经营者的垄断行为产生了多边的经济效果，这是传统经济中并未充分发生的，全面的经济学分析能够为反垄断执法提供科学合理的理论支撑。本书将平台经济领域垄断形成机制与相应的反垄断法相互渗透，形成（经济学）理论分析与（反垄断法）规制方案相互呼应的系统闭环，有助于激发经济学与法学交叉领域的理论创新。

此外，本书同时希望提供以下三方面的应用价值。

首先，回应平台经济在社会和经济高质量发展中的实际需求。本书结合平台经济特征对垄断和反垄断理论进行创新有助于健全适应平台经济发展的市场监管、宏观调控、政策法规体系，完善协同监管规则制度机制，强化反垄断和防止资本无序扩张。相关理论研究的应用可以在进一步推动平台经济发展的同时，约束平台经济经营者的垄断和不正当竞争行为，培育平台经济领域中良好的公平竞争环境，提高平台经济与传统经济相互融合过程中的质量，回应我国平台经济发展进程中高质发展与科学监管的实际需求。

其次，搭建平台经济经营者在市场竞争过程中的合规框架。本书通过理论研究和案例分析探索平台经济领域垄断行为规制的同时，也力求厘定平台经济中经营者的合法合规行为边界和框架，不但提出平台经济领域中反垄断规制方案，同时构建一套系统的平台经济经营者的公平竞争框架，有助于为平台经济的经营和监管提供科学的行为规范与治理准则，为平台经济经营者、参与者和监管者提供科学的合规参考框架。

再次，为平台经济领域中的反垄断规制提供立法、执法和司法的智力支撑。数字经济和平台经济的快速发展根本性地改变了买卖双方的交易方式、经营者的竞争路径、消费者的价值主张，在技术和数据的强大支撑下，提高了交易的体量和质量，也为打通交易中的信息不对称提供了技术与市场相互融合的有效方案。但平台经济的发展也为反垄断规制提出了新的挑战，平台经济领域中的诸多问题是从未在传统经济中发生的，产生了反垄断法在平台经济中较为明显的适用瓶颈。本书将交叉融合平台经济视阈下经济学理论和法学思维，实现两者在特定行业中的深度对话，有助于协同平台经济治理新格局，为国家和地方立法机关、反垄断执法、司法部门提供参考，为完善我国平台经济领域反垄断立法、执法、司法提供针对性建议。

目　录

第一章　数字经济与平台经济概述

新一轮的科技革命和产业变革推进数据快速实现价值化，在大数据、人工智能、物联网、5G、区块链、云计算等数字技术的驱动下，数字经济这一新型的经济形态应运而生。以现代信息网络作为重要载体，数字经济激发了数据所承载的知识和信息在生产、生活等各个领域中的价值，使其在市场经济活动中成为一种关键的生产要素。通过提升各项社会经济活动的数字化、网络化和智能化水平，数字经济加速重构社会经济的发展和治理模式，为我国新时代下的产业结构升级和经济高质量发展提供关键性的基础和重要的参考。我国"十四五"规划中明确提出："加快建设数字经济、数字社会、数字政府，以数字化转型整体驱动生产方式、生活方式和治理方式变革。"并对此作出了系统部署，说明了大力发展数字经济、实现数字经济与实体经济深度融合已上升为一项国家战略。

在数字技术的不断发展下，市场中供给侧的生产经营方式和需求侧的主要价值主张也发生着巨大的变化，使市场中的消费者对产品形态、交易方式、获取程度、价值维度都相较于传统经济发生了深刻且快速的转变，这些转变牵引着数字经济经营者在管理方式的制定和竞争战略的选择方面积极寻求可以激发和提升其优势的方案。不难发现，数字经济衍生出的商业模式和特征赋予了经营者更加灵活和丰富的选择路径，其中，数字平台便是数字经济中最具特征的一种模式。平台经济在互联网信息技术的支撑下，在数字经济环境中实现了多个用户群体的交互和交易，通过以数据为主要载体的信息对接，在突破了时间和空间局限的同时，也提升了信息传输和交互的数量和质量，提高了数字平台上用户之间的交易效率和交易质量，增加了交易的准确度和安全性，也使不同行业、不同区域、不同群体间的数字鸿沟得到有效弥合。

平台经济目前的发展现状展现出其明显的优势特征，同时平台经济的运行模式也根本性地改变了数字经济市场中的交易规则。但是，平台经济在优化了经营路径和提升交易效率的同时，一些“新的”市场规则也带来了平台经济市场中的潜在风险和实际损害。例如，平台经济中经营者的算法合谋行为、“二选一”和“大数据”杀熟行为、数字平台领域中的“猎杀式”并购等，大多并未在传统经济市场中出现。而究其根本，很多行为都是基于传统的市场理论和竞争规则在数字平台经营模式的嵌入下而衍生出的新的市场表现。换言之，平台经济运行模式是数字技术在传统经济模式上的一种更迭，与之相伴的，是数字技术在传统经济市场规则上的一种演进，而这种演进又呼唤我们对传统的规制方法进行探索和更新。

从整体来看，数字经济领域具有较明显的技术性、创新性、无边界性等特征，这使数字经济经营者的成本结构发生了根本性改变。“零边际成本”广泛地存在于数字经济的大部分生产经营活动中，当经营者通过技术、数据等因素实现边际成本降低时，则可以较为有效且快速地获得显著的市场势力并争夺更大的市场份额，利用其强大的市场势力成为市场规则的制定者，并获得增强的市场支配地位为其带来的商业利润。但是，良性市场运行应体现出整个社会福利的水平提升和质量优化上，同时，也包括所有经济活动参与者在社会总福利中的公平分配，单纯的市场势力带来的商业利润提升并不能够成为市场良性发展的真实体现。除此之外，商业利润的获取和提升让经营者有动机将生产经营中的竞争策略向市场的后端转移，使他们逐渐开始关切如何通过技术力量来获得市场支配地位，通过形成技术层面和要素市场的垄断状态和实施垄断行为来获得更高的商业利润。这些行为不但影响了大部分市场活动参与者的福利水平，同时也破坏了数字经济中的平台市场应具有的良性、可持续的规则，形成了平台经济中经营者竞争的负面示范效果。基于此，本书将从数字经济发展特征的视角出发，以平台经济的市场规则作为主要分析路径，着重探讨平台经济和平台经济经营者的运行特征，进一步发掘平台经济的运行规律和平台经济经营者的竞争特点，提供培育和引导平台经济发展与规制平台经济经营者垄断行为的理论机制和实践路径。

第一节　数字经济的发展和演进

平台经济并不是一个新的概念，数字平台是发展于数字经济的，而本书所关注的“平台”的核心是基于数字化技术而生成的一种市场模式，因此，了解数字经济的发展和演进是理解本书相关理论的基础工作。目前，关于数字经济的核心概念较为统一的观点是来自 Don Tapscott 于 1996 年出版的《数字经济：网络智能时代的希望和危险》一书，书中提出数字经济的概念、逻辑、优势和风险。① 近年来，随着大数据、人工智能、物联网、5G、区块链、云计算等数字技术与经济活动的不断融合，数字经济开始与传统经济发生碰撞。在两者交互之初，虽然数字经济对传统经济产生的必然冲突并未被公众所否认，但是更多的观点支持了数字经济对传统经济的融入可以更好地实现传统经济活动质量的提升，因此，数字经济的发展成为世界很多国家稳定经济增长、实现经济复苏的关键抓手。数字技术发展使数字经济内涵不断丰富，目前比较常用的概念是《二十国集团领导人杭州峰会公报》中关于数字经济的定义：

> 以使用数字化的知识和信息作为关键生产要素、以现代信息网络作为重要载体、以信息通信技术的有效使用作为效率提升和经济结构优化重要推动力的一系列经济活动。

整体而言，数字经济相较于传统经济具有以下两个方面的特征，第一，数字经济中经营者的生产经营活动更多地依赖新的生产要素，即数字化的知识和信息，它使得数字经济活动不再限于传统的有形资源（如土地、劳动力）为生产提供必要的资料，而是通过无形的、可复制的、无明显边界的数据来激发与生产相关的知识和信息，进而完成生产的一系列的交易流程。因此，数字经济中的产品已经不局限于传统的实体产品，还包括诸如数字视频、数字音乐、数字媒体、信息交换等内容产品，此外，数字经济中的实体产品的交易渠道也从传统形式下的可视、可接触的形式向虚拟化、概念化的形式转变，实体产品的交易通常伴随着虚拟信息的流通，实体产品的交易变得更加便利和准确。

第二，数字经济更加追求开发新的交易场景，即现代的信息网络，数字

① Tapscott D. The Digital Economy: Promise and Peril in the Age of Networked Intelligence [M]. McGraw-Hill New York, 1996.

经济中交易的产生、匹配、组建、完成等环节很大程度上依赖虚拟场景来作为基础。这主要是由于数字经济中的生产经营活动高度地依赖了承载大量信息的数据要素，而数据要素相较于传统要素具有突出的可高效传输、可复制使用的特征，相对于传统经济，这种方式能够极大程度改善交易效率，同时也为提高交易质量提供了必要的支撑。

关于数字经济的发展脉络，目前认可度较高的观点是，数字经济源自于数字化商业网络的形成，随着计算、存储、搜索、加密等一系列技术手段运用于传统商业活动中，数字化的商业网络和数字化生态初具规模，奠定了数字经济发展的基础。① 数字经济的发展趋势和进程可以采用“技术-经济”范式理论进行解释。②③ 该理论刻画了技术的生成和传播与经济发展之间的内在联系，具体而言，关键技术改变了传统商业模式而形成了新型的经济格局，与经济发展之间构建了一个长期稳定的互动模式，使技术和经济两者能够协同发展。Perez（2002）指出在 1770 年至 2000 年期间，全球共经历了五次成功的工业革命：分别是工业革命及其带来的早期机械化范式（始于 1771 年）、蒸汽动力革命及其带来的蒸汽动力和铁路范式（始于 1829 年）、电工革命及其带来的电气和重型工程范式（始于 1875 年）、石油革命及其带来的福特制大规模生产范式（始于 1908 年）、信息革命及其带来的数字经济范式（始于 1971 年）。④ 综观这五次成功的工业革命，它们具有两个重要的共性：（1）技术与市场间存在高度的互动和联系，一方面，市场中的经营主体大规模地运用新兴技术并将其产出大规模地渗透进市场活动中，另一方面，市场活动所产生的商业价值又能够对技术进行良好地反馈，推进技术的改良和迭代。（2）工业革命的效果最终传递到经济活动以外的各种社会环境中，换言之，技术所带来的价值增量并不仅停留在市场的各项环节内，还能够通过改变经济主体的各个利益相关者的价值主张和行为习惯而提升他们的福利水平，进而提升整体的社会福利。

不难发现，在信息革命的各个场景中，一方面，数字技术的生成带动了技

---

① Ceruzzi P. E. A History of Modern Computing, 2nd Edition [M]. MIT Press, 2003.

② Carlota P. Structural Change and Assimilation of New Technologies in the Economic and Social Systems [J]. Futures, 1983, 15 (5): 357—375.

③ 王姝楠，陈江生．数字经济的技术-经济范式［J］．上海经济研究，2019（12）：80—94.

④ Carlota P. Technological Revolutions and Financial Capital: The Dynamics of Bubbles and Golden Ages [M], Cheltenham: Elgar, 2002.

术与商业之间的高度互动，另一方面，这种互动又快速地渗透到了经济环境以外，尤其是社会环境当中。随着技术和商业的互动以及经济活动向社会活动的不断转移，社会价值和经济价值之间产生了围绕数字化技术的溢出和反馈两种效果，为市场中的参与者创造出和改良出更多的商品和服务，构成了在新的商业模式下对市场的新的分析范式。①②③④ 与此同时，在基于数字化技术的社会活动引导下，数字经济商业模式也出现了快速更迭的趋势。⑤⑥⑦

具体而言，数字经济商业模式的发展演进大体遵循了共享经济、零工经济、平台经济等组织形式的变化。如表 1-1 所示，共享经济（Sharing Economy）关注对社会中闲置资源的再利用，是以降低资源闲置率、提高资源使用率、增加社会福利为目标而生成的资源共享系统，运用数字技术将闲置资源从再利用到产生价值的流程中实现高效地流转。例如，激发闲置交通运输资源价值的 Uber、利用闲置居住资源的 Airbnb 都属于数字技术驱动下的共享经济组织形式。共享经济的一个主要特征是，不为创造价值而进行大规模的重资产投资，而是更多地倾向于通过轻资产投资来构建一个信息传输和匹配的平台，实现现有资源存量在使用过程中的再利用和再循环。因此，共享经济所涉及的主体活动在于闲置资源的拥有者和潜在使用者之间的匹配和交易，关注存量的价值再现。

零工经济（Gig Economy）最初是共享经济中共享劳动力的一种表现形式，由于唤起了一种新的人力资源分配形式，使其逐渐从共享经济中分割开来，形成了以自由职业者为主的经济活动场景。零工经济将非长期、非固定的岗位需求信息通过数字技术进行发送和收集，使那些适合岗位的零工在特定场景中进行匹配和对接，在岗位提供者获得必要劳动力创造价值的同时，

---

① Shapiro C., Varian H. R. Information Rules: A Strategic Guide to the Network Economy [M]. Harvard Business School Press, 1998.

② Borenstein S., Saloner G. Economics and Electronic Commerce [J]. Journal of Economic Perspectives, 2001, 15 (1): 3—12.

③ 杨秀云，赵勐，平新乔．从“虚拟”到“现实”：互联网重塑经济的理论逻辑［J］．经济社会体制比较，2019，205（05）：165—173.

④ 李文莲，夏健明．基于“大数据”的商业模式创新［J］．中国工业经济，2013（05）：83—95.

⑤ Black S. E., Lynch L. M. How to Compete: The Impact of Workplace Practices and Information Technology on Productivity [J]. Review of Economics and Statistics, 2001, 83 (3): 434—445.

⑥ Coviello N. E., Joseph R. M. Creating Major Innovations with Customers: Insights from Small and Young Technology Firms [J]. Journal of Marketing, 2012, 76 (6): 87—104.

⑦ 谢伏瞻．论新工业革命加速拓展与全球治理变革方向［J］．经济研究，2019，54（07）：4—13.

也为闲置劳动力提供了价值创造的机会。除此之外，我们需要明确的是，参与零工经济的劳动力并不必须是自由职业者或是失业者。聚焦零工经济的岗位特征，零工经济中的劳动提供者也同样可将自身的时间分为长工时间和零工时间，将其工作时间碎片化，以满足不同职业在特定情况下的岗位需要。据统计，2019 年零工经济对我国 GDP 总增量的贡献度为 10.43%，对 GDP 增长率的拉动为 0.64%，预计到 2035 年，零工经济占 GDP 比重将达到 6.82%，对 GDP 增量的贡献将达到 13.26%。① 不难发现，零工经济已成为劳动力市场的一种重要的组织形态，但其依旧关注的是一种基于新技术促进的新型雇佣方式进而改善闲置劳动力的问题，虽产生了劳动力市场价值增量的形成，但对数字技术在更加广泛的经济社会演变过程中的复制和应用依旧存在较明显的阻隔。

表 1-1 中所展现的关于数字经济发展的一个比较广泛和平稳的状态是平台经济（Platform Economy），这个概念源自于对双边市场（Two-sided market）理论的进一步延展和实践。数字经济视阈下的平台经济追求将更多更广泛的数字化特征引入市场活动中，它搭建了一个以数字技术为主导的交易场景，基于数字化的平台将多个独立群体围绕特定的信息集联系起来，并辅助他们实现交易来产生价值。② 从组织模式和交易形式来看，平台经济不仅兼具了共享经济和零工经济的特征，还具有激发双边或多边群体在交易过程中增进价值的功能。这主要是由于平台本身并不是一个纯粹的买方或卖方，而是一个交易场景，吸引了特定商品的相关交易参与者加入到这一场景中，凭借技术优势实现高效且准确的匹配和对接，并辅助他们完成交易，从而创造价值。从全球发展来看，截至 2020 年底，全球市场价值超 100 亿美元的数字平台企业为 76 家，价值总额达 12.5 万亿美元，其中中国有 36 家大型平台包含在内，总价值为 3.1 万亿美元。③ 从行业实践角度来看，平台经济是现行数字经济中能够较好体现其运行模式的一种经济形态，也是数字经济相关研究中获得较大关注的理论与实践问题。④ 与此同时，现有相关理论和事实观察都展

① 清华大学社会科学学院经济学研究所：《互联网时代零工经济的发展现状、社会影响及其政策建议》。

② Rochet J. C.，Tirole J.，Platform Competition in Two-Sided Markets [J]，Journal of the European Economic Association，1（4）：990—1029.

③ 中国信息通信研究院：《平台经济与竞争政策观察（2021 年）》。

④ 谢富胜，吴越，王生升．平台经济全球化的政治经济学分析 [J]．中国社会科学，2019（12）：62—81+200.

现出了平台经济的市场竞争问题的重要性。目前大多数的平台经济市场都呈现了寡头竞争的格局，多表现出极高的市场集中度，这便形成了平台经济市场缺乏竞争、滋生垄断、资本无序扩张的风险，也产生了抑制和弱化平台经济带来的经济效率和市场价值的因素。

表 1－1　数字经济典型组织形态

组织形态	运行特征	发展阻碍
共享经济	激发闲置资源使用效率、降低资源闲置率、提高社会福利	关注闲置资源，侧重经济存量的价值再现，忽视了经济价值增量生成
零工经济	激发闲置劳动力供给、满足非长期、非稳定岗位的用工需求	关注劳动力市场的新型雇佣关系，忽视了组织形态和运行机制在数字经济大市场中的复制路径
平台经济	为相互独立的集团提供交易场景和交易机会，以数字技术的手段提升交易效率和质量	关注数字技术下的价值快速提升，受到市场结构的制约，在竞争层面存在缺失

第二节　数字经济与实体经济

在数字经济演进过程中，现有关于数字经济和实体经济相关性的研究主要关注于两个方面，其一是数字经济所依托的原生技术对现实商业活动产生的“新”问题，其二是数字经济与实体经济相互作用而产生的“新”现象。从数字经济所依托的技术引发传统市场中的新问题来看，首先，需要理解的是数字经济发展过程中产生的产权问题。与所有权不同，产权并非是绝对的，它是一种通过社会强制而实现的对某种经济物品的多种用途进行选择的权利。数字经济依赖数据来实现生产要素的升级和再配置，数据的来源并非数字经济经营者本身，而是数字经济活动中的全部参与者，包括数据所有权、使用权、处置权、排他权等权利可能同属于一个主体，也可以属于不同主体，这就导致了不同的产权安排对数字经济参与者的不同的激励效果，以及对资源配置的不同影响。①

---

① 费方域，闫自信，陈永伟，等．数字经济时代数据性质、产权和竞争［J］．财经问题研究，2018 (02)：3－21.

其次，数字经济语境下的区域间政策差异导致的交易行为不同。数字经济中的交易大多突破了时间和空间的限制，使消费者的决策不再受到他们与卖家之间的空间障碍。但是，不同地区的政策差异（如销售税的制定）对厂商的选址产生了影响，厂商大多会避免在高税率的地区注册和设置货仓，这便提升了当地消费者的间接成本，因此，区域间差异化的政策制定会较为显著地影响不同地区的数字经济发展。①

再次，数据要素使企业管理发生明显变革。作为微观经济载体，企业在数字经济环境下逐渐依靠数据要素带来的智力资本完成其管理优化，利用智力资本所生成的价值来提升企业自身价值。同时，企业利用海量数据对资源进行综合管控和跨区域匹配、向扁平化生产流程转变、运用信息进行全流程监管，可以在管理流程中获得数据所带来的规模红利。②

最后，数据价值与隐私保护。数字经济中大量数据来自经济参与者，而其个体的数据兼具了私人价值（即隐私）和商业价值，隐私保护在实现私人价值保护的同时可能干扰其商业价值的生成，而单纯追求商业价值则会显著弱化数字经济参与者的个人隐私保护。③ 因此，数字经济中的数据与隐私问题应关注在使用数据过程中的商业价值和私人价值之间的权衡，同时应以福利水平的提升和公平的价值分配作为其衡量的重要标准。④

数字经济和实体经济的共存逻辑逐渐成为学术界和实务界广泛关注的议题，目前一个普遍认同的观点是两者的共存逻辑主要体现在相互融合和相互竞争两个方面。从数字经济与实体经济相互融合角度来看，首先，数字经济所依托的信息通信技术展现出的原生属性和其衍生应用为实体经济带来了价值增益的效果，数字经济提升了信息流动和信息分析的能力，同时，使传统经济创造价值的载体发生了改变。例如，平台经济带来的虚拟交易场景突破了线下实体经营在信息匹配、识别、精准度和交易模式上的瓶颈，为价值链的重构和升

---

① Anderson E. T., Fong N. M., Simester D. I., Tucker C. E. How Sales Taxes Affect Customer and Firm Behavior: The Role of Search on the Internet [J], Journal of Marketing Research, 2010, 47 (2): 229—239.

② 戚聿东，肖旭．数字经济时代的企业管理变革［J］．管理世界，2020，36（06）：135—152+250.

③ 王申，许恒，吴汉洪．数据互操作与知识产权保护竞合关系研究［J］．中国工业经济，2022（09）：24—42.

④ Acquisti A., Taylor C., Wagman L. The Economics of Privacy [J]. Journal of Economic Literature, 2016, 54 (2): 442—492.

级带来了更高的效率，同时也改变了传统经济中价值创造的方式。① 其次，数字经济改善了对传统要素的配置和传统企业的创新模式与质量，相关研究从互联网技术、互联网平台、互联网思维和网络效应四个维度分析发现，互联网对我国全要素生产率具有显著的促进作用。② 此外，数字技术为企业在数字产品、数字过程、数字组织、数字商业模式方面形成了新的创新，构建了企业在创新管理中的新场景和新生态。③ 最后，依赖于信息技术、大数据和云计算等创新技术的互联网金融衍生出新的支付方式、消费方式和经营方式，一方面数字经济的嵌入增加了实体金融的普惠性，另一方面，数字经济下的新的模式也通过市场经济活动的不断延展创造了新的职业，研究指出，数字金融的覆盖广度、使用深度和数字支持服务程度均对创业有显著的促进作用。④ 同时，金融科技的发展也改变了传统银行负债端的结构，提升了传统银行在资产端的风险承担偏好，改变了传统银行的金融行为。⑤

数字经济向市场纵深的快速渗透也对实体经济造成了明显的挤出效果，这个现象主要源自于数字经济可以凭借其强大的技术优势快速实现生产和经营过程中的规模经济，拉大其与实体经济的竞争优势，将行业内的实体经济经营者挤出市场。在竞争视角下，数字经济在搜寻、复制、交通、追踪、验证等五个方面的成本具有较实体经济更为明显的优势，这种优势使那些实体经济的相关市场融入数字经济时，前者的市场会受到较为明显的冲击。⑥ 这种冲击大多存在于产业数字化过程中，即传统行业在面对数字化赋值的经营者或完成较大程度的数字化转型的经营者时，那些依旧停留在传统经营模式的经营者面临较大的竞争挑战。例如，交通运输行业、零售行业、商务和旅行行业等，都在某些阶段面对了数字经济经营者进入并快速抢占市场的经营

---

① 罗珉，李亮宇．互联网时代的商业模式创新：价值创造视角［J］．中国工业经济，2015（01）：95—107。

② 郭家堂，骆品亮．互联网对中国全要素生产率有促进作用吗？［J］．管理世界，2016（10）：34—49.

③ 刘洋，董久钰，魏江．数字创新管理：理论框架与未来研究［J］．管理世界，2020，36（07）：198—217＋219.

④ 谢绚丽，沈艳，张皓星，等．数字金融能促进创业吗？——来自中国的证据［J］．经济学（季刊），2018，17（04）：1557—1580.

⑤ 邱晗，黄益平，纪洋．金融科技对传统银行行为的影响——基于互联网理财的视角［J］．金融研究，2018（11）：17—29.

⑥ Goldfarb A.，Tucker C. Digital economics［J］．Journal of Economic Literature，2019，57（1）：3—43.

困境。

结合数字经济对实体经济的溢出和冲击双重效果，当溢出效应无法充分补偿与其相对应的挤出效应，抑或两种效应的产生和存在并不发生在同一市场空间时，则会使数字经济与实体经济的融合发展出现两种效应的错位现象，即传统经济可能无法充分实现转型或升级，就被同一相关市场内的数字经济挤出市场。这一方面会使那些依旧有发展空间的实体经济得不到转型的充分机会，无法享受数字经济的技术溢出带来的红利，另一方面也滋生了数字经济在某一相关市场内形成垄断的风险。这种现象进一步推动了研究向数字经济和实体经济的“竞合”思维的演进，政府必要的引导和规制能够形成一种使数字经济和实体经济保持稳定“竞争”与“融合”的关系，有效调整数字经济对实体经济的技术溢出，使两者的竞争保持在一个合理的区间，既可以使具有数字化转型空间的实体经济获得充分的优化提升缓冲期，又可以保持两者的竞争状态进而维护相关市场的竞争或可竞争的结构，为数字经济和实体经济的深度融合和两者共存时市场的良性发展提供合理的方案。①

第三节　数字经济与平台经济的特征

国内外学者对数字经济与平台经济特征进行了较为广泛且丰富地探讨，虽然立足点不尽相同，但从理论研究和应用实践方面都能够寻找到相应的交集。作为数字经济商业模式的主要展现模式，平台经济兼具了数字经济的多个特征。同时，数字经济的特征主要来自它与传统经济的主要差异，虽然数字经济的特征主要源自于数字技术的产生和应用，但其在产品市场、要素市场和生产方式等方面又衍生出诸多不同。基于这一维度，可以将数字经济的特征归纳为技术层面、要素层面、生产方式层面、数字生态层面等四个角度展开讨论。

（1）技术层面：颠覆性变革的深层延伸。数字经济的源起在于数字技术在生产经营过程中的渗入，不同于传统经济较常见的“持续性技术”，数字技术并不追求对成熟产品性能的改进，而是在于针对需求的技术创造；同时，

① 许恒，张一林，曹雨佳．数字经济、技术溢出与动态竞合政策［J］．管理世界，2020，36（11）：63－84.

数字技术也并非来自产品和服务在性能和质量上的更迭，而是来自市场对产品和服务价值主张根本性的变化。就数字经济的技术特征而言，第一，在数字技术环境下的数字经济经营具有动态竞争的特点，这是由于同质化的数字技术可以在不同的市场环境、产品特征和经营模式中实现差异化地运用，使得具有数字技术的主体可以依据实际需求对技术进行改造而更加高效地进入市场，并与在位经营者展开竞争。这一特点是传统经济不能充分实现的，因为数字技术赋予了数字经济经营可以在很多场景中快速地复制和展开现有技术的应用，而无需通过常规的研发来创造技术进而实现创新和生产。第二，数字技术具有渗透力大、渗透范围广的特点，它可以同时渗透并形成数字产业化层级（即狭义的数字经济）和产业数字化层级（即广义的数字经济）。在各种数字经济相关的层级划分下，数字技术都在其中发挥了主导作用，任何数字经济相关层级都依赖数字技术的突破和创造。立足数字技术的颠覆性，它更多关注行业内消费者对经营者的需求变化，同时也对经营者在技术层面形成挑战，基于数字技术在不同场景中的需求，原生技术可以针对不同场景进行多维地变化，形成数字技术在颠覆性变革上的深层延伸。例如，传统即时通讯的基础在于固定电话和移动电话所形成的信息交互平台，而数字经济中的即时通讯主要是通过诸如微信、Facebook、WhatApp 等软件所构成的虚拟场景来实现，这种颠覆性的技术事实上来自公众对高效且低成本的即时通讯的需要，同时它的产生又并不简单地停留在即时通讯这一领域，而是向深层延展，例如开拓微信支付、线上会议、小程序等多维场景，这些场景都能够在以微信等为基础的平台同时完成。

（2）要素层面：数据价值快速激发。平台经济所提供的虚拟交易场景在突破传统经济所面临的空间和时间障碍的同时，也对生产要素提出了新的要求。因为数字经济在生产和经营过程中并不需要一个严格的实体空间，这就进一步要求它能够在一个虚拟场景中完成生产、经营、流通、支付等重要环节。这些环节的关键在于交易者的信息可以准确、平滑、安全、快速地流动，因此，数字经济需要一种稳定的模式将数据所承载的信息进行有效地收集，并应用于其经营全流程当中。这就使得数字经济经营者所关注的生产要素不再高度受限于传统的土地、劳动力、资本，而更多地转向对数据的获取和使用。相较于传统的生产要素，数据要素具有可复制、易传播、部分非竞争、高度合成等特征，尤为关键的是数据要素可以在不同经营者之间进行重复使用，且使用的维度可以存在较大差异，这种特征一方面激发了同一数据在使用过程中的价值创造，另一方面，显著地降低了经营者独立开发数据的成本，为数字经济中规模经济的形成提供了重要基础。例如，电商平台通过收集买卖双方的供需数据完成信息匹配、交易对接、线上支付、线下物流、售后服务等工作，同时，也可以利用数据来优化产品和服务的布局与流转；在新零售语境下，经营者在使用数据完成服务后，又能够利用一段时期内的交易数据来评估店内产品的销量和顾客对不同产品的需求价格弹性，优化产品备货、补货和库存，降低成本，提高经营效率。数据的使用不仅发生在经营者自身利润提升的目标下，同时，也可以通过帮助经营者提高效率进而提升用户福利。

（3）生产方式层面：运行特征推动生产方式新规律。数字经济中的主要经营模式并非传统的“生产-销售”路径，而是“匹配-交易”路径，这使数字经济经营者的生产方式向平台化、智能化、模块化的新规律转变。第一，数字经济的平台化侧重于经营者对不同用户群体的吸引力，这种吸引力并不单独地来自平台自身，而是来自与特定用户群体高度相关的其他用户群体的影响力，使经营者在生产方式上从优化自身性能向优化用户群体间的关联度转变。网络效应和网络外部性等特征在基于平台的生产方式中凸显出来，这些效应赋予数字经济经营者的规模经济并非来自传统意义上的销售量提高而使单位成本降低，而是来自用户群体间互补程度的创造和强化。第二，数字经济的消费层面具有一种明显的“可叠加性”，不同于传统经济的“点对点”生产经营，数字经济更加倾向于“点对面”和“面对面”的生产经营方式，它能够将用户的全部需求模块化或碎片化，针对特定用户的特定需求设计特定的市场布局，将不同的市场布局全部整合在一个平台上，用户在同一个平台可以极大程度地满足在诸多场景中的消费需求，为平台带来范围经济的红利，同时，用户也能够在这种多市场布局中降低消费过程中的转移成本，提高福利。例如，美团点评等超级平台的出现带动了极多用户群体间在同一个平台上进行大规模的交易互动，消费者不仅能够在美团点评的平台上获得外卖订餐服务，还可以同时获得点评信息、交通出行、商旅业务、生活服务等方面的业务支撑，这种多市场布局降低了消费者在不同消费场景中的转移成本，同时也增加了某一市场的用户吸引力对其他市场布局的流量溢出。

（4）数字生态层面：“蒲公英效应”密集发生。从美国仙童半导体公司（Fairchild Semiconductor）走出去的创始人查尔斯·斯波克带领国民半导体公司（NSC）从一家亏损公司成长为美国第 6 大半导体厂商；杰里·桑德斯创办了仅次于英特尔公司的高级微型仪器公司（AMD）；诺依斯和摩尔创办了英特尔公司。史蒂夫·乔布斯曾形容仙童半导体公司："仙童半导体公司就像个成熟了的蒲公英，你一吹它，这种创业精神的种子就随风四处飘扬了。"数字经济正符合这种"蒲公英效应"，由技术的变革带动了产业的集聚，而企业的快速发展又带动了市场的快速生成，形成了一种围绕某个特定业务的数字生态。这种数字生态可以是大企业为主体，中小企业为延展的集团性布局，亦可以是以大企业为业务核心，中小企业为配套产品或服务的互补性布局。"蒲公英效应"使数字经济市场边界变得模糊，用户在市场间的跳转变得逐渐平滑，形成从市场 A 进入到了它与市场 B 所形成的交集，进而进入市场 B 的平滑路径。而与此同时，数字经济中的经营者关系也趋向于数字生态的竞争与融合，不同的经营者在某个生态下产生了竞争的关系，而在另一生态下又存在合作的关系。

第四节　数字经济的类别

要深入研究数字经济的市场规则，寻找数字经济中能够体现平台经济运行特征的具体路径和平台经济经营者的市场行为，应首先厘清数字经济的类别。从学科角度来看，数字经济是一个较为宏大的概念，它不仅包含了数字产业化和产业数字化这两个与市场经济活动比较紧密的产业领域，也包含了市场活动向社会服务溢出的数字化治理领域，以及上升到要素市场的数据价值化领域。不同领域中的数字平台所形成的机制不尽相同，使平台经营者的行为特征与运行方式也会出现差异。因此，在研究数字经济市场规则和规制方案时，应遵循因域而异、因业而异、因时而异的基础原则。

数字经济的类别可从宏观和微观两个层面展开讨论。就宏观层面而言，厘清数字经济的类别能够更加准确地识别数字经济在国民经济中的贡献程度，可以为进一步深入了解数字经济的产业结构特征提供理论基础，也能够为进一步完善数字经济规模的测算框架和科学制定促进数字经济发展政策提供参考。①从微观角度来看，明确数字经济的类别可以为理解数字经济市场规则和相应

① 鲜祖德，王天琪．中国数字经济核心产业规模测算与预测［J］．统计研究，2022，39（01）：4—14.

的标准设定边界，有助于为明确数字经济领域内特定市场运行机制和经营者行为特征提供理论依据。数字技术给传统经济带来创新性变革的同时也带来了新的商业模式。从数字化基础角度出发，数字产业化主要集中在生产数字技术产品或提供数字技术服务的数字部门，其产品和服务是数字技术在经济社会运行中发挥作用的中介和载体。大多数字产业化领域涉及了制造业的部门，且更加倾向于实体单位，因此，数字产业化的边界划分比较清晰。而反观产业数字化领域，由于其涉及数字技术在产品和服务生产、流通、经营全流程中的各个领域，这种渗透既包含了数字化部门又涉及了非数字化部门，使产业数字化的边界变得较为模糊，平台经济大多出现在产业数字化的领域中。产业数字化领域为平台经济市场规则标准的相关思考提出了挑战，市场边界模糊性带来的主要问题是对市场结构、市场规模和经营者的市场势力判断的偏误，进一步导致了对市场规则认定标准和识别方式在一定程度上的扭曲。经营者不合规的经营行为往往在这种扭曲下被忽视，一方面，可能造成损害竞争、干扰市场秩序的行为持续发生；另一方面，可能导致一些合乎市场规则的行为被禁止，上述两个方面都可能阻碍数字经济市场的良性发展。

一个在平台经济中较为典型的案例是网约车市场的并购问题。Grab 是东南亚网约车平台公司，其主要业务涉及了网约车、送餐、酒店预订、网上银行、移动支付和保险服务，2019 年 10 月 21 日，胡润研究院发布《2019 胡润全球独角兽榜》，Grab 排名第 15 位。2021 年 12 月 2 日，Grab 在美国纳斯达克上市。自 2018 年开始，Grab 开始收购 Uber 在东南亚的网约车业务，可由于两家网约车平台公司的合并会大幅度减少网约车市场内的竞争，同时会对传统巡游车市场形成明显冲击，此次收购被新加坡、菲律宾、越南等国家的反垄断执法机构阻止和处罚。从表面来看，上述国家反垄断执法关注的是 Grab 和 Uber 的经营者集中产生了网约车市场的限制和排除竞争的后果，在缺少竞争的环境下，涉及网约车活动的参与者的福利会受到不同程度的抑制。而其深层的逻辑则在于网约车事实上依旧属于出租车的一种，它的基础功能无异于传统巡游车，是借助数字技术将出租车在匹配、接单、支付、定位等方面进行了模式化的改进。基于这个逻辑，网约车应是从出租车行业出发而衍生出的位于产业数字化的一个新兴行业，对网约车公司商业活动的研究是否也应考虑传统巡游车的市场规则以及其商业活动对传统巡游车市场的影响，这一直是关于网约车市场良性发展探索中避免不掉的一个议题。在网约车行业中，目前的一个发展趋势是网约车聚合平台的兴起。聚合平台自身可以较为自由地选择是否经营自营网约车，其主要特征是将市场上众多的网约车平台公司聚合于自身平台上，通过降低乘客在呼叫和搭乘网约车过程中的转移成本，从而形成更加明显的网络外部性而产生巨大的市场规模。此类网约车聚合平台经营者可以来自产业数字化领域或数字产业化领域，这使其经营市场增加更大维度的模糊性，对其市场边界、市场规则和市场行为的探索便更加复杂。网约车市场的案例说明了，对数字经济类别的厘清是研究数字经济市场规则的基础性工作，比较准确的在某一个特定市场运行阶段判定数字经济类别可以有效避免由于市场划分偏差而导致的规则误区。

根据 2021 年 6 月国家统计局发布的《数字经济及其核心产业统计分类（2021）》（以下简称《统计分类》）为我国数字经济规模测算提供了较为明确的统计标准、口径和范围，《统计分类》目前更多地服务于宏观国民经济分析领域，例如，蔡跃洲和牛新星（2021）以其为主要研究基础，分析了我国数字经济发展和对国民经济贡献程度的主要趋势。① 鲜祖德和王天琪（2022）通过已有数据对数字经济核心产业增加值进行测算，2020 年数字经济核心产业规模占 GDP 比重 7.84%，根据预测结果，2025 年我国数字经济核心产业增加值占 GDP 比重约 10.50%—10.80%。②

《统计分类》从“数字产业化”和“产业数字化”两方面确定数字经济的基本范围，将其分为数字产品制造业、数字产品服务业、数字技术应用业、数字要素驱动业、数字化效率提升业等 5 大类。具体而言，数字经济核心产业是指为产业数字化发展提供数字技术、产品、服务、基础设施和解决方案，以及完全依赖于数字技术、数据要素的各类经济活动，对应于“数字产业化”部分，包括《统计分类》中的数字产品制造业、数字产品服务业、数字技术应用业、数字要素驱动业 4 个产业大类。其中，数字产品制造业提供数字经济发展所需的各类元件、设备、机器人等硬件设备和光纤电缆等通信基础设施。数字产品服务业为数字产品提供流通及维修维护服务。数字技术应用业提供数字经济发展所需的软件产品、信息通信技术服务和信息传输服务。数字要素驱动业为产业数字化发展提供基础设施和解决方案，如信息基础设施

---

① 蔡跃洲，牛新星．中国数字经济增加值规模测算及结构分析［J］．中国社会科学，2021（11）：4—30＋204.

② 鲜祖德，王天琪．中国数字经济核心产业规模测算与预测［J］．统计研究，2022，39（01）：4—14.

建设，还包括已经高度数字化的传统产业，如互联网批发零售、互联网金融、数字内容与媒体等。数字化效率提升业为“产业数字化”部分，指应用数字技术和数据资源为传统产业带来的产出增加和效率提升，是数字技术与实体经济的融合。数字化效率提升业内容涵盖智慧农业、智能制造、智能交通、智慧物流、数字金融、数字商贸、数字社会、数字政府等数字化应用场景。

反观数字经济的中观和微观领域，《统计分类》通过与《国民经济行业分类》中的 91 个大类、431 个中类、1256 个小类进行对应，也将具体的数字经济行业和相关市场进行了比较清晰地划分。其中，数字产品制造业、数字产品服务业和数字技术应用业三个分类在数字经济领域当中的边界比较清晰，它们主要涉及了数字经济领域中后端的部门构成，即数字经济相关产品和服务生产和形成的部门。由于数字经济对技术和技术相关产品、服务的依赖性，数字经济行业更多地依靠数字硬件和数字软件的相互补充而构成，这就需要数字产品制造业和数字技术应用业两个主要部门进行基础性支撑，而数字产品服务业更多的是为数字产品的制造向数字经济前端和数字技术应用地顺利展开提供服务的一个衔接行业。在《统计分类》中的数字要素驱动业和数字化效率提升业大多涉及了数字经济的前端市场，即数字经济的相关产品和服务消费环节所涉及的市场。数字要素驱动业和数字化效率提升业在市场的划分中存在一定交集，因为很多数字经济行业的主要生产要素都涵盖了数字要素或以数据为主要资源的行业，同时，一些传统经济行业通过一定程度的数字化转型，在形成了数字化效率的同时也形成了对数据要素的依赖。但通过《统计分类》与《国民经济行业分类》的比对，能够比较清晰地将上述交集进行再一次划分，这种划分的原则在于该行业的产生是以数据要素为主导而生成的还是以原生行业融入数字技术而迭代生成的。例如，上文关于网约车的案例在这里便能够得到充分说明，在《统计分类》中，网约车行业被划归在数字要素驱动业当中，主要原因是网约车的运行基础在于网约车平台，网约车平台属于《国民经济行业分类》中的互联网平台，互联网平台的产生来自数字技术的发展，互联网平台的主要支撑要素在于数据要素，同样的行业包括了互联网零售、互联网社交、在线旅游经营等平台。而数字化效率提升行业更多地关注了数字经济与实体经济的融合，换言之，它是传统经济在数字技术渗透的过程中的某种延伸。以零售业为例，数字化零售被划归到数字化效率提升行业中，其主要侧重在商品流通环境中有数字化技术适度参与的零售活动，不同于数字要素驱动业当中的互联网零售，前者更加关注现有的零售行业在数字技术中融入中的更迭和演进。

图1－1刻画了《统计分类》和结合《国民经济行业分类》关于数字经济的行业分类，其中数字产业化部分主要包含了为数字技术和数字产业服务的硬件制造、软件生产和服务支持三大部分，以及在传统行业基础上通过数字化形成效率提升的行业，后者主要关注数字经济与实体经济融合的过程和市场体现。产业数字化部分主要包括用数据作为传统生产要素的主要替代品和互补品而进行生产经营的行业，在数字经济中生成的新兴行业大多来自这一部分。需要明确的是，在数字经济前端市场中观察到的某一个行业，它所涉及的分类主要侧重于其在当前所处的横向市场中的核心类别，如果究其整条供应链所处的纵向市场，则需要进行进一步厘清。依旧以网约车为例，其依赖网约车平台对司乘数据的匹配而完成交易，属于数字要素驱动业，而其平台的形成又需要服务器的生产（数字产品制造业）和相关软件开发（数字技术应用业）的支持，以及相关设备和软件的修理和维护（数字产品服务业）的渗透。因此，我们可以将上述分类作为某一数字经济产品在其横向市场中的划分指南，而在纵向市场中，还需要进行的一步工作是将这一数字经济产品进行供应链层面的分割，在每一个不同的纵向区块中进行分类。

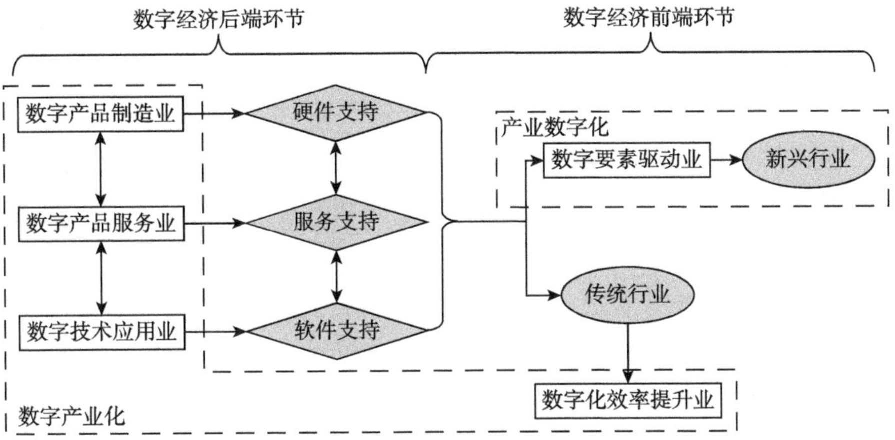

图1－1　数字经济分类

第五节 平台经济市场面临的挑战

数字经济的快速发展带来的经济社会裂变式革新的同时也产生了潜在的风险。聚焦平台经济市场规则的特征，这些风险一方面带来了对数字经济相关理论探索的实际需要；另一方面对风险防范的需求也呼唤理论创新来实现对潜在的风险的科学预测和识别。目前，平台经济领域中市场规则的主要挑战可以围绕“市场特征-市场结构-经营者行为-跨市场联系”的逻辑展开讨论。作为分析的重要逻辑起点，平台经济市场特征的变化主要发生在数字技术嵌入的过程中，市场需求的价值主张、生产模式与要素这两个方面的变化，进而形成了平台经济较传统经济显著差异的市场结构，使得经营者获取竞争优势、商业利润的行为也随之发生改变。由于数字化市场并不能独立于传统市场单独存在，其运行涉及了与传统行业的联络和融合，因此，与平台经济市场相关的传统经济市场中的规则也会面临相应的挑战。基于这一逻辑，可以将平台经济市场规则的挑战归纳为以下四个方面。

1. 平台经济市场特征与竞争策略

相较于传统经济，平台经济的生产经营具有较明显的网络效应、网络外部效应、多归属效应等特点。首先，网络效应体现出使用者在特定网络中获得的由同类用户的数量、规模、使用率增加而获得的效用。网络效应可以存在于实体的用户网络中，如电话、传真机，也可以存在于虚拟的用户网络中，如即时通讯、网络社交。网络效应对经营者的直接作用是随着用户规模的大幅度提升，带来的经营者边际成本的快速下降，而这种下降并不是线性的，而是边际递增的。这是由于用户规模的增加并非单纯的来自经营者对产品和服务功能、质量的投入，而同时来自在同一个网络中用户之间的相互吸引。因此，经营者在竞争过程中更加关注如何增加用户间的相互吸引程度，将现有用户间的相互依存度和现有用户对潜在用户的吸引程度作为主要的经营方案，将这个特征融入其主要的竞争策略中，以期能够获得更大用户规模、更快的用户增量、更稳定的用户黏性、更高的用户使用率，使其在生产经营中保持较低甚至趋近于零的边际成本，进而获得长期稳定的市场竞争力。

其次，网络外部性反映了用户的福利增加是来自另一个或多个用户群体对同一个网络的使用规模和使用频次，网络外部性大多发生在具有双边市场和多边市场特征的平台上。以电商平台为例，买卖双方除了关注使用平台对其产生的直接成本和收益以外，还关注了基于同一个平台的另一端用户的规模，并且其福利与上述规模呈现正向关系。该逻辑说明了，用户的互补方（如买卖方之间）的规模增加，会增加用户对交易信息、交易体量、交易成功概率、交易收益的增进。因此，经营者在平台市场中的生产经营更加关注如何激发以平台为核心的用户群体间的互动和实际交易，以一端或某几端用户的流量来激发其他群体内用户的加入和使用。

最后，数字经济中的用户大多借助于智能设备完成交易，能够比较灵活地在多个网络产品间进行切换，且无需承担较大的转移成本。因此，用户在数字经济环境下的消费活动可以处于一种多归属的状态，即在多个产品和服务间进行消费决策更加灵活、高效和低成本。这便使同类经营者之间的竞争更加激烈，同时经营者会在竞争策略中考虑如何使多归属的用户倾向于自发的单归属，因此，对于用户流量通路和渠道的控制与竞争在数字经济中就显得尤为重要。

2. 数字要素市场的培育和治理

平台经济生产经营以数据作为主要生产要素，虽然在数字经济分类中大部分数字产业化的经营者依旧处于技术和主要传统物质原材料为主体的生产环节，但是数字要素驱动行业和数字化效率提升行业这些靠近市场前端的领域大多依赖数据作为生产经营的支撑。此外，由于平台经济经营并不独立存在于数字经济中的横向市场层面，而是具有产业链供应链纵向市场延伸的形态，因此，数据发挥的作用则会在纵向市场中发生延展，对数字经济大多数行业中的经营者起到重要的支撑作用。对数据、数据要素和数据要素市场的理解应当关注以下几个方面。

第一，数据的获取路径。数据作为信息的载体，具有一种非物质性，说明了数据不同于其他物质化的生产要素存在较明显的稀缺性，数据在使用过程中不会面临明显的存量“天花板”，可以重复使用。这就给数字经济经营者在生产经营和竞争过程中提供了比较丰富的资源保障。这反映出数据的获取方式十分重要，虽然数据所承载的信息可以在用户的行为中激发出来，但这要求经营者能够运用较强和具有针对性的技术收集和分析数据，进而实现利用数据获得竞争优势和商业利润的目的。因此，对数据获取需求就牵引经营者在经营中更加侧重于其在竞争准备阶段对技术的投入。

第二，数据具有比较明显的非排他性。数据来源于市场，市场对于众多经济活动参与者而言属于一种公共物品，在合规经营的前提下，由市场产生的数据可以被市场中的经营者广泛使用，且经营者相互之间对于同一类数据并不具有明显排他性。这说明了，依赖数据进行生产的经营者在其生产资料层面也具有比较明显的同质性，经营者则在这一特征下有动机进一步寻求技术的专有性，帮助其在数据同质化的情况下激发能够提升明显竞争力的信息。

第三，数据的权属具有多维度且复杂的特征。数据来自用户，数据产生经济价值的同时也应具有安全性，具体体现在保护用户隐私方面所呈现出的价值。这便引出了对数据的所有权、使用权、交易权、定价权等属性进行界定的必要性和重要性。目前，学术界和实务界对于数据的权属的界定并没有形成一致的观点。数据在发挥生产要素功能的过程中，需要科学地衡量其经济属性和安全属性的关系。对于同一组数据，使用权应是其所有权当中的一个子集，而数据所有权未包含数据使用权的部分应是数据安全性的主要组成部分。基于此，对于数据要素市场的规制应当在于数据权属界定和数据定权规制两个方面，前者侧重于对同一组数据的各项权属边界的厘清，后者侧重于对已定权的数据保护和使用的规制。例如，在亚马逊的“自我优待”案中，亚马逊利用其服务的第三方交易数据为其经营的自营品牌商品制定动态的价格，以期获得在消费者市场中的竞争优势，因而被认定为是滥用市场支配地位的行为，这种“越权”的数据使用则应属于已定权规制的范围。

3. 平台经济领域中的垄断与反垄断

数字技术的生成和快速迭代以及数据的大规模运用增加了平台经济市场形成垄断状态的可能性，同时，也增加了平台经济经营者实施垄断行为的概率和动机。其原因之一是平台经济市场中的边际成本递减特征使先进入市场或具有技术优势的经营者能够十分有效地享受到先行者优势所带来的市场力量，提高其将竞争对手挤出市场的能力，同时也降低了潜在竞争对手进入市场的收益，使市场在在位者市场力量的制约下变得“封闭”，则构成了市场集中度高且不易被经营者数量的增加而稀释的情况。其原因之二是平台经济的经营虚拟化使传统经济中有形的市场变得无形。同时，经营者的行为和虚拟产品的形成向市场后台趋近，使用户无法充分观察到经营者的生产经营流程和产品的流通销售等环节，这便滋生了经营者为了谋求更大的商业利润而构成的垄断行为。在垄断状态和垄断行为的驱动下，平台经济中出现了不同于传统经济下的垄断问题，这些问题的特征主要包括以下几个方面。

首先，合谋行为更加隐蔽、损害更大、范围更广。传统的合谋行为在于竞争者之间从“囚徒困境”中的非合作关系向合作关系转移，但由于违反合谋协议的成本低、收益高，使得传统的合谋行为大多不具有长期的稳定性。但是，平台经济中的合谋路径大多出现在经营者之间数据和算法的互通上，一方面，这种路径并不容易被公众观察到，存在较强隐蔽性，降低了合谋行被查证的概率，另一方面，由于数字生态下的经营者大多处于多市场联络的状态，使合谋者违反协议的成本提升。这两种情况都会使平台经济中的合谋建立和维持难度远低于传统经济。此外，平台经济的经营存在无边界性，它并不会随着时间差异和物理空间的差异而受到明显制约。因此，平台经济中的合谋行为会较传统经济范围更广，进而对市场和消费者损害会随之加大。

其次，平台经济中滥用市场支配地位行为的手段更加丰富，这是由于平台经济经营者运用的经营手段是传统经济中未出现或并不常见的。例如，平台经济经营者在收集数据和分析数据方面具有十分明显的优势，这便增加了其对市场和消费者的充分认知，并能够利用这种信息优势形成其竞争上的绝对优势，使得价格歧视、搭售等行为在平台经济中变得更加普遍，同时也更加隐蔽。

最后，平台经济经营者进行并购的原因更加复杂。传统经济经营者并购可能产生的负面影响是限制和排除市场中的竞争，其主要产生路径是通过改变市场结构而使并购后的经营者获得更大的市场份额和更强的市场力量。在平台经济中，经营者并购有时会寻求在信息、技术和数据层面的垄断，使得虽然经营者集中后并未在市场结构上发生重大的改变，但是在经营者完成生产流程的要素和工具上获得了绝对力量。此外，经营者为寻求市场力量和支配地位，有时会通过扼杀初创企业来完成，这种行为有时是通过封锁其数据渠道和技术应用来降低用户对潜在被收购方的关注和使用，实现快速收购，降低未来产生竞争的可能，因此，扼杀式的并购在平台经济中便显得更加频繁且存在对市场竞争更加明显的损害。

4. 数字经济与实体经济的深入融合

目前，关于数字经济和实体经济之间的关系比较一致的观点是两者处于共生的状态，数字经济的发展离不开实体经济的依托，而实体经济的高质量发展离不开数字经济的带动。从数字经济的基本分类可以发现，在数字产业化阶段，数字经济的产品制造、服务配套设施的建设都离不开实体经济为其贡献有形生产资源，而在产业数字化阶段，数字经济又形成了实体经济的反哺，两者相互依托、共同发展。但需要注意的是，数字经济在产生新的业态和实体经济在数字化过程中所更新的业态大多与市场中已经存在的实体经济业态存在相互替代的关系，这就形成了数字经济和实体经济的一些行业可能在相关市场的层面存在交集，就形成了两者在市场中的竞争关系。但由于生产模式、生产方式和销售方式的不同，两者在竞争层面的策略具有较大差异，在这种差异下，数字经济经营者往往可以凭借自身的技术优势比较高效地对实体经济形成替代，就造成了数字经济对实体经济的冲击。同时，数字经济经营者之间的竞争虽然会使消费者获得福利的提升，但消费者的转移几乎只存在于数字经济经营者之间，在消费者存量不发生改变的情况下，一部分停留在实体经济的消费者也会向数字经济转移，这就导致了虽然直接的竞争并未发生在数字经济和实体经济之间，但是实体经济也依旧受到了数字经济经营者内部竞争的冲击。现有部分研究指出，在某些特定条件下，数字经济经营者之间的竞争结构发生了改变事实上会提高其在相关市场内的市场力量，从而通过挤占消费者福利来获得自身商业利润，进而消费者会有动机转移回实体经济。① 但是，这不能够充分表明数字经济的出现和其内部的竞争是可以实现其与实体经济有效融合与共存的合理方式。

从数字经济与实体经济融合的角度来看，两者存在比较明显的融合动机和实际行为，这一点在数字要素驱动行业和数字化效率提升行业尤为突出。以零售行业为例，由于渠道限制，传统的实体零售商逐渐开拓线上销售路径以通过降低消费者成本的方式提高竞争力，而同时，线上零售也会主动向线下延伸，通过实体店面的形式直接面对消费者。虽然线上零售向线下的转移方式取决于其线上活动的特征，一些线上零售商会通过直接开设线下实体店

① 华忆昕，许恒，马清．网约车平台公司并购的福利效应研究［J］．财贸研究，2020，31(09)：88—98.

展开经营，其他一些线上零售商则会通过与现有线下零售商的技术和经营合作来向线下延伸，而这种差异会直接影响线上零售商的利润和消费者福利。① 进一步地，数字经济和实体经济的深度融合应当在数字经济对实体经济的技术溢出和技术冲击之间寻找到一个平衡点，这个平衡点一方面给予了实体经济在转型过程中的缓冲地带，另一方面也构建了数字经济与实体经济共存过程中丰富的市场结构，防范了数字经济中的规模经济快速形成"一家独大，赢者通吃"的情况。上述平衡点或合理区间的培育和规制需要政府在其中进行一定地引导，对于需要数字化深度融入的实体经济行业应当进行必要的技术促进和技术引进，使其能够比较平滑地实现数字化转型，与数字经济在不同的层次进行竞争。② 同时，也需要界定一个数字经济和实体经济共存时的合理市场规则，使两者在运行中都可以在行为上有一种规范性的合规依据，也为他们在发展的不同阶段提供引导指南。

① Xu H，Wu X，Y Liu. Modelling offline expansion strategies of online companies [J]. Kybernetes，2021，51 (01)：302—322

② 许恒，张一林，曹雨佳．数字经济、技术溢出与动态竞合政策 [J]．管理世界，2020，36 (11)：63—84。

第二章　平台经济的发展现状

平台经济的发展离不开数字技术和数字经济的发展，从当前的发展现状来看，具有平台经济规模和发展潜力的国家和地区往往具备了技术和市场两个重要的优势特征。从技术层面而言，数字技术是平台经济和平台经济市场的根本支撑，一切与数字经济市场活动相关的领域都离不开数字技术作为主要的基础。从市场层面来而言，一个良性且可持续的市场对数字经济经营者和市场中的消费者都存在一种强大的拉动作用。一方面，数字技术加速改变着消费者的消费习惯、消费心理和消费行为，使消费者具有了较传统经济截然不同的价值主张；另一方面，数字技术颠覆了经营者在传统经济下的经营模式，改善和增进了其生产和供给的效率。

据此来看，当前平台经济的主要发展大多存在于技术和市场比较成熟的国家和地区，而从现有实践观察可以发现，中国的平台经济在全球数字经济市场中展现出了极大的动力和发展优势，这一点与我国的市场基础特征密不可分。具体而言，相较于一些发达国家，我国的市场中存在着十分坚实和可开发的需求侧资源，这种需求侧资源形成的消费红利在数字化发展和平台经济模式渗透下得到了极大的激发。消费红利带动供给侧进行数字化的改良和转型，形成了数字经济领域中强大的带动效应，同时，数字经济中未充分激发的价值又促使经营者向数字经济领域不断延伸，形成了在行业内的推动效应。近年来，我国在数字技术基础领域的不断开拓为数字领域和平台经济提供了重要的技术和基础设施支撑，伴以需求侧的强大助推，我国的数字经济和平台经济的市场相较于一些发达国家而言形成了明显的后发先至的特征。本章将从全球的数字经济和平台经济的现状展开讨论，延伸到我国数字经济和平台经济的发展现状，以及平台经济领域的市场特征、运行规律和经营者行为。

第一节　全球平台经济的发展现状

根据中国信息通信研究院发布的《全球数字经济发展白皮书——疫情冲击下的复苏新曙光》数据显示，疫情的冲击对全球数字经济的发展能力进行了一次比较长期且重要的压力测试。① 从疫情对经济社会的冲击角度出发，报告展示了数字经济在全球不同国家、对不同行业的影响和发展趋势。首先，疫情的冲击并未严重影响到全球数字经济发展的整体趋势。报告测算的 47 个国家 2020 年数据显示，数字经济增加值规模达到 32.6 万亿美元，同比名义增长 3.0%，同时，产业数字化的引领程度最高，占数字经济比重的 84.4%。这说明了从全球视角来看，近年来数字经济的主要发力点在于数字要素驱动和数字化效率提升等行业或交集行业，这一点也与疫情所产生的经济社会特征变化密不可分。疫情使很多行业，尤其是那些靠近市场前端的行业难以充分实现线下的交易，转而向线上延伸，使其对数字经济带来的智能化和无边界化更加依赖。

其次，发达国家的数字经济基础更具有对外冲击的抵抗力，而发展中国家在冲击下表现出更强的数字经济增长力。以 2020 年数据为例，发达国家数字经济规模为 24.4 万亿美元，占全球数字经济规模总量的 74.7%，约是发展中国家的 3 倍；发达国家数字经济占 GDP 比重为 54.3%，这个数据在发展中国家约为 27.6%，说明了发达国家数字经济水平相较于发展中国家具有更强的经济基础，且在外部冲击下，这种数字经济的规模水平并未受到严重的影响。但是，数据显示数字经济同比名义增速在发展中国家为 3.1%，略高于发达国家的 3.0%。这反映出数字经济在发达国家和发展中国家不同的发展状态：数字经济在发达国家逐渐成为整体经济的支撑部分，而在发展中国家逐渐成为整体经济的组成部分，并稳固上涨。

再次，全球数字经济发展呈现区域化的点状特征。从国家来看，美国、中国、德国、日本和英国数字经济体量大、发展快，其中美国数字经济规模达到 13.6 万亿美元，中国位居世界第二，数字经济规模为 5.4 万亿美元。从增速来看，中国数字经济发展增速最大，达到 9.6%。这组数据反映出，从全

① http：//www.caict.ac.cn/kxyj/qwfb/bps/202108/t20210802_381484.htm。

球视角来看，数字经济规模和发展在世界大市场中呈现了较强的集中度，发达国家水平普遍较高，且具有明显的继续增长趋势，反映出国家的整体经济基础对数字经济发展存在助推作用。

最后，数字经济在主要国家的发展和依托方向存在较强差异性。例如，美国数字经济主要立足自身的技术优势，继续巩固其数字经济的全球竞争力，而中国更加侧重于凭借产业基础来发挥市场优势，并深入促进数字经济领域中有效市场和有为政府的相互协同，欧盟更加倾向于加强优化数字经济治理规则，建立良性发展的数字经济生态。不同国家数字经济发展过程中的依托基础不尽相同，引致不同国家的数字经济发展方向也存在差异，差异化发展同时体现出国家和地区之间的数字经济发展可以处于一种相互协调，并共同促进的状态，但目前关于数字经济的国际合作还处于起步阶段。例如数据跨境安全规则、网络安全国际合作、不同国家数字经济发展公平等方面，还存在很大的发展和开拓空间。

从具体层面而言，平台经济在全球的发展主要来自以下五个方面的特征。

1. 数字化的基础设施建设成为提升国家全球竞争力的主要基础

以美国、日本、中国为代表的国家高度重视数字化基础设施在发展数字经济和平台经济中的支撑作用，虽然目前全球数字经济的主要价值创造方向在于产业数字化领域，但是基础设施的建设为实现全面而深入的产业数字化提供了重要的技术、软硬件支撑。例如，日本在《第 5 期科学技术基本规划》中首次提出“社会 5.0”概念，即通过融合网络和现实空间，创造持续且具有韧性的“以人为本的社会”，以科技创新攻克紧迫的社会课题，不落下一个人，实现人与人之间新的联系。为了应对“社会 5.0”在实现过程中的诸多挑战，尤其是在新冠疫情冲击下所暴露出数字化转型迟缓的问题，日本推出了《科学技术创新综合战略 2020》，回应日本“社会 5.0”的具体要求，该战略的主要运行则以加速数字化转型，以“创新的创造”推动社会变革，融合人文社会科学才智为主要运行目标。[①] 在创新投资方面，全球主要数字经济发达国家开始将投资向推动数字经济发展领域前置，欧盟发布的《The 2020 EU Industrial R&D Investment Scoreboard》数据显示，2019 年全球研发投资前

① https://whitepaper-search.nistep.go.jp/white-paper/view/42136。

四位的行业位于健康产业、信息通讯技术产品、信息通讯技术服务和汽车与交通四大领域，其中信息通讯技术产品方面的研发投资在中国、美国、日本、欧盟分别占研发投资总额的 30.0%、24.5%、18.8%、14.2%，除美国之外，其他国家和地区的信息投资技术产品投资占比均高于信息技术服务投资占比(其中美国的信息技术服务研发投资占比为 30.2%)。① 这组数据说明了世界上数字经济领先的国家在研发投资方面依旧以基础设施和硬件产品为主，以技术设施来奠定数字技术向产业融合的应用和服务的基础。

2. 平台经济多元化延伸和多场景延展成为主要国家的应用路径

疫情冲击让很多国家认识到平台经济多场景运用的重要性，这不仅体现在产业数字化和传统经济的数字技术融入和参与，同时也反映出传统经济在数字化产业和数字基础设施方面进行突破性地改良。5G、工业互联网、车联网标准体系的建设，成为各国在数字技术发展过程中的多场景延伸方向。以日本为例，日本总务省于 2020 年 7 月发布的《ICT 基础设施区域扩展总体规划 2.0》提出加快 5G 和光纤的铺设速度，预计到 2023 年底将 5G 基站数量增加到 21 万个，为初始计划的 3 倍。德国电信于 2020 年 7 月宣布，德国 5G 已经覆盖了一半的德国全国人口，比预计目标提前五个月完成。在其他方面，德国联邦经济和能源部于 2019 年 2 月发布《国家工业战略 2030：对于德国和欧洲产业政策的战略指导方针》计划到 2030 年将工业产值占比提升至 25%。包括机械设备及 3D 打印、电子科技和计算机通信在内的十大领域被列为重点高新技术行业。同时，德国将新科技加强、促进私有资本研发投入作为提升工业战略目标的主要保障机制，其中包括促进人工智能、数字化、生物科技、纳米技术，包括促进中小科技企业、促进风险资本、打造欧洲自主的数据基础设施、以新科技促进减排等方面。

此外，全球主要数字经济引领国家也同时将数字技术从数字经济领域向社会治理领域深度延展。以新加坡为例，它是全球首先提出“政府信息化”的国家之一，并于 2006 年和 2014 年先后启动了“智能国家 2015 计划”和“智慧国家 2025 计划”。其中，主要包括了健康、交通、城市、金融和教育五大领域。例如，在“智慧国家 2025”中提出将利用数据分析、智慧控制系统和自动驾驶车辆构建未来交通规划和运行管理的主要解决方案，使城市道路

---

① https：//publications. jrc. ec. europa. eu/repository/handle/JRC123317。

和交通系统实现现代化，使交通更加通畅、公共交通更加舒适可靠、减少汽车带来的空气污染问题。

3. 平台经济与产业链供应链融合能力加强

疫情冲击下，很多国家面临停工停产的情况，也凸显出了外部冲击对产业链供应链安全所产生的风险，同时，美国的单边主义加重了很多国家和地区的产业链节点的脆弱性和“断链”的风险。尤其是美国目前具有在数字经济领域的技术优势，通过数字技术和相关基础产品的封锁来制约其他国家数字经济和相关领域的发展。这种外部冲击和贸易保护的双重压力倒逼了很多数字经济领先国家开始调整国内产业链供应链应对风险的能力。

在数字化产业方面，很多国家加强了对自身产业链，尤其是数字基础设施产业链供应链上的强链和补链。欧盟委员会于 2021 年 3 月发布了《2030 数字指南针：欧洲数字十年之路》明确了欧洲到 2030 年数字化转型的十二项目标，在基础设施的产业链层面包括了欧洲尖端半导体的产量应占世界产量的 20％、欧洲应部署 10000 个气候中立的高度安全边缘节点、欧洲应该有第一台量子计算机、75％的欧盟企业应使用云计算服务、大数据和人工智能且 90％以上的中小企业应至少达到基础强度的数字化水平等，这些方案大多侧重于对自身数字经济相关产业的节点部署，突破在国际格局下对技术和产品引进的依赖。

在数字产业化方面，很多国家加强了数字要素驱动应用，积极将数字化技术和数字经济活动融入产业链供应链交易中。在疫情冲击下，产业链供应链发生断链的主要风险点在于产业链供应链内部节点企业间和产业链条间出现了比较显著的信息不对称，这种信息“盲区”使供应链上的交易者在某一节点出现阻碍甚至中断时，无法在短时期快速且低成本地寻找到交易替代品，形成了供应链上的连锁反应，也放大了外部冲击对供应链的影响。运用数字技术和数字经济活动嵌入供应链交易中可以尽可能实现链上“盲区”的贯通，疏解由于信息不完全而导致的供应链中断的障碍，提升产业链供应链安全和国家总体安全。

4. 中小企业数字化转型成为平台经济运用中的重要场景

中小企业的发展与数字经济之间具有十分明显的协同性。一方面，数字经济的深度融入能够帮助中小企业加速数字化转型，实现“颠覆性创新”，提高中小企业的生产制造和经营能力，提高中小企业的整体竞争力；另一方面，中小企业在发展中具有较强的潜力和爆发力，也由于中小企业的规模较大型企业更小，其转型和创新灵活度也表现十分明显，因此，中小企业实现数字化转型也能够对平台经济的整体发展实现较全面的贡献力量。例如，德国联邦经济技术部于 2017 年 7 月发布的《欧洲中小企业行动计划》就包含当时最新的经济模式，如中小企业政策所需解决的共享经济或数字化问题。具体来说，德国的中小企业行动计划中着重在创业教育、创业推广、创业基础设施、二次创业机会、企业转让及共享经济方面详细介绍创业精神的培育，以及对欧洲中小企业数字化的关注。在德国政府的“中小企业 4.0 数字化生产及工作流程”项目下，德国目前已在全国各地成立 10 多家中小企业数字化能力中心，旨在让中小企业主在家门口也能体验到数字化带来的技术和经济潜力。这个促进计划的主要目标是：让中小企业认识数字化，包括工业 4.0 带来的技术和经济潜力及挑战；通过演示和试验的方法，帮助中小企业构思一些满足需求的、安全可靠的、顺应市场的应用方案；为已成立的成果转化机构和信息传播媒介提供信息和知识。

5. 通过平台经济的发展协调经济价值与生态价值的平衡

实现可持续发展，就是要平衡经济价值与生态价值之间的协调统一，各个数字经济主要发展国家和地区都开始致力于将数字化技术和数字经济所形成的价值传递至经济发展与生态保护的平衡当中，其中包括新产能逐步替代旧产能、提升能源使用效率、促进绿色发展等方面。欧盟委员会于 2021 年 10 月公布的工作计划将大范围修订气候和能源法规以满足削减碳排放最新目标的要求，此外，欧委会还将推出碳边境调节机制、智能和可持续交通系列措施、循环经济行动计划等。日本《科学技术创新综合战略 2020》强调了推进数字化转型来谋求社会变革，通过运用 AI、超算、大数据分析等先进技术，加快教育、科学研究、农业、物流、公共事业等领域整体迈向数字化和远程化进程。强调构建有韧性的经济结构，一方面，加强经济安全保障，促进远程商业活动；另一方面，通过加强数据分析和利用，减少住宅和个人耗能，利用生物技术和可再生生物资源等创新举措，谋求创造低碳、循环经济和分散型社会。这体现出世界很多国家将数字经济开始运用于除经济社会生活以外的更加深层的领域，即通过不断激发数字经济和数字化的优势来实现全局性的价值，经济生活中的生产流程可以在数字化价值的附加过程中实现质的变化，趋于更加高效、可循环且绿色化的发展格局，同时，数字化技术的嵌入也显著改变社会生活的可需持续性，衍生出了在全球视角对数字技术应用的不断延展和对绿色、可持续发展理念的不断实践。

第二节　中国平台经济发展现状

我国的平台经济发展与互联网、互联网经济和数字经济的发展密不可分。具体来说，我国的平台经济发展是延续了互联网技术以及互联网相关的市场发展而衍生出来的。我国的数字经济萌芽于 1994 年正式接入互联网，21 世纪的前 10 年，基于互联网的电子商务、社交媒体等快速兴起，我国数字经济逐渐发展壮大。党的十八大以来，党中央提出了关于发展数字经济的一系列战略目标，特别是十九届四中全会明确将数据增列为生产要素，以及“十四五”规划对数字经济进行的全面布局，不断引导我国的数字经济和平台经济走向高质量的发展阶段。

根据全球数字经济发展趋势，我国数字经济在近 30 年的发展中历经了“技术准备期”、“快速繁荣期”和“大数据与人工智能时代”三个阶段。第一，在技术准备期（1994—2005 年）中，个人电脑、移动电话、操作系统不断出现，并形成了快速更迭的趋势，为数字经济的发展提供了必要的硬件支撑，与此同时，消费者也在不断变化的个人电子用品中更新自身对数字产品和数字服务的价值主张，逐渐向动态化、智能化和丰富化演变。第二，在快速繁荣期（2005—2012 年）中，我国互联网基础设施不断发展，智能移动通讯设备快速渗透至消费者领域，使互联网活动走向移动化，也逐渐形成了互联网活动的多场景、去边界的特征，这一特征对数字经济发展起到了至关重要的作用。这是由于数字经济市场中的丰富场景产生了消费者对产品和服务供应的新需要，也带动了供给者在不同场景服务消费者的趋势，在这个阶段，很多在技术准备期的初级互联网产品逐渐被更新，也出现了产品快速更迭和替代的情况。例如，即时通讯产品，从最初始的个人台式电脑运行逐渐转移至个人移动通讯设备运行，符合了用户在多场景中对即时通讯的需要，同时也在更大程度上回应了即时通讯的“即时性”这一个特征。与此同时，互联网行业的供给侧开始从需求导向向创造需求、引导需求方面发展，逐渐进入了数字经济的大数据与人工智能时代，也逐渐产生了产业数字化和数字化产业的双轮驱动格局。经营者开始主动拥抱大数据和人工智能开创新的产品和服务，以场景为导向，向用户提供新的消费模式、创造消费习惯、培育消费行为，互联网行业也进入了较为成型的数字经济时代。

从宏观视角来看，我国数字经济为构建新发展格局提供关键性的支撑。根据中国信息通信研究院发布的《中国数字经济发展白皮书（2021）》，我国数字经济为打造新发展格局提供重要的关键要素。① 新发展格局的核心在于循环，而循环涉及了产品在生产、加工、流通、消费等各个环节节点的畅通，在外部因素冲击和产业链供应链内部不确定的环境下，平台经济的融入可以从要素和产品两个方面打通循环当中的堵点。在要素层面，平台经济一方面缓解了传统要素在流通当中的不通畅，另一方面数据要素与传统要素相结合放大了传统要素的价值激发，使传统要素在价值创造过程中边界扩充，增加了传统要素本身的价值。在产品层面，平台经济对传统经济运行的渗透促进了供需平衡，加快了产品的流动效率，市场的需求信息能够有效的在纵向市场中延展，并通过数据在产业链内部流通，使一个独立的产品和服务背后尽可能多的经营者获得最终用户的需求信息，并依据该信息制订针对性的生产计划，提升了生产效率。与此同时，供给侧的产品和服务信息也能够提高最终用户的感知，并结合经营者的信息高速传递、信息匹配与信息对接，将供需两侧准确地联系起来，更加有效而便捷地实现了供需平衡，通过打通供需两侧的信息通路，也降低了产品和服务生产、加工、流通、销售等环节的交易成本，提升了产业链供应链对外部冲击的抵抗能力。这一点也恰恰回应了国内大循环为主体的经济发展需要，同时也为我国经济发展过程中实现共同富裕提供了数字智慧。例如，平台经济的普及带来了其普惠性，平台经济弱化了时间和空间带来的信息流通局限，将产品和服务信息尽可能广泛地渗透至我国各个地区和各个领域，使几乎所有的贫困地区可以将自身要素禀赋产出向存在需求的地区转移和流通，增加了当地收入，为实现乡村振兴提供了市场基础和技术保障。此外，平台经济中的各个领域十分有效地帮助我国产业链供应链实现结构性调整，我国产业在全球产业链中的嵌入虽然广泛，但是依旧存在着结构性的不稳定，在很多制造和销售环节依旧依赖国际市场，而在国际市场不稳定和外部冲击的双重压力下，我国产业链供应链受到明显冲击时，则会导致“断链”的风险，影响我国产业链供应链安全甚至是国家

① http：//www. caict. ac. cn/kxyj/qwfb/bps/202104/t20210423 _ 374626. htm。

安全。平台经济的动态性可以很好地带动产业群体性技术性改变，推动我国产业链从劳动密集型向技术密集型、知识密集型的高附加值产业链层级转移，助力国内国际双循环的格局的构成。

2020年以来，新冠疫情给全球经济社会带来了持续的巨大冲击，在这个阶段，数字经济和平台经济对我国经济保持持续平稳发展发挥了巨大的作用，也为经济复苏提供了新的动能。数字经济和平台经济在这个阶段的主要表现形态和发展趋势可以归纳为六个方面。

1. 数字产业化的规模和结构不断扩大和优化，为平台经济发展提供支撑

数字产业化突出了数字经济的基础设施建设功能，而平台经济的发展动力之一则是来自数字产业所提供的技术和基础设施的核心支撑。从总量来看，2020年广东和江苏数字产业化规模超过1.5万亿元，北京、浙江、山东、上海、四川、福建、湖北、河南、重庆、安徽、天津、陕西数字产业化规模均超过1000亿元，其中，北京、江苏、广东数字产业化在GDP中占比超过15%，天津、上海占比超过10%，浙江、重庆、四川、山东、福建、湖北、陕西占比在5%-10%之间，其他省（区）市占比不足5%。数据反映出，我国各地区在数字经济领域的主要经济基础在于数字产业化相关行业，但同时也反映出我国不同地区的数字产业化发展出现明显的差异。从总量而言，数字产业化有区域分布式点状发展的格局，而从GDP贡献率角度来看，依旧存在东高西低的趋势。

从行业角度来看，作为数字产业化的主要支撑行业，电信业、电子信息制造业、软件和信息技术服务业都出现稳步推进的趋势。2020年，电信业业务收入累计完成1.36亿元，比上年提升3.6%；截至2020年底，三家基础电信企业的固定互联网宽带接入用户总数达到4.84亿户，占固定带宽用户总数的89.9%。2020年，规模以上的电子信息制造业增加值同比增长7.7%，利润总额同比增长17.2%。而互联网和相关服务业出现比较明显的回落，从数字经济基本分类中可以发现，互联网和相关服务业主要出现在以市场前端为主的数字要素驱动行业和数字化效率提升行业中，这两个行业更加接近消费群体，而在新冠疫情的初期，由于疫情影响，相关消费行业受到较大冲击，导致此类前端行业的经营受到了一定程度的抑制。

2. 以平台为主要组成的产业数字化成为数字经济主要发展方向

表2-1描述了我国主要地区产业数字化的发展程度，广东产业数字化规模

约为 3.5 万亿元，江苏、山东、浙江等省份产业数字化规模超过 2 万亿元。从 GDP 占比来看，上海产业数字化占比高达 45.1%，福建、浙江、天津、北京、山东、湖北、辽宁、重庆、广东、河北等省市均超过 30%，其余省（区）市占比处于 20%-30%之间。类似于数字产业化的发展趋势，产业数字化的发展和 GDP 占比依旧呈现了东高西低的形态，意味着我国未来的数字经济产业发展应向纵深地区渗透。产业数字化的主要体现在于数字经济和实体经济的深度融合，从目前的理论探索和实践经验来看，工业互联网几乎覆盖了我国工业的各个行业和各个价值链环节，其中装备制造业成为工业互联网主要的应用场景之一。

在新冠疫情的冲击下，各个行业增强了对数字化转型的需求和实际需要，这主要来自供给侧和需求侧两个方面。在供给侧，由于公共突发卫生事件对市场的冲击，很多传统行业的供应链产业链受到巨大影响，这些行业在积极寻求稳定发展和突破疫情带来的经营困境的过程中，主动拥抱数字技术和数字经济，以求在外部冲击下实现突破。在需求侧，由于消费者对新型消费模式和价值理念的变化，传统经济也在寻找能够与新型经济进行竞争的平台和路径。两种力量的交织倒逼传统企业进行深度且广泛的数字化转型。尤其是在疫情阶段，传统行业的市场突破主要在于实现其经营与消费者消费过程的“远程化”和在此基础上的智能化。例如，相较于 2019 年，2020 年部分产业数字化行业用户数量出现明显的上升，这其中包括了网络视频、网络支付、网络购物、网络直播、在线教育等行业，也回应了需求侧的改变带动了传统行业向数字化进行转型的逻辑。

表 2-1　我国部分省市数字产业化、产业数字化规模与 GDP 占比

排名	数字产业化		产业数字化	
	规模总量	GDP 占比	规模总量	GDP 占比
1	广东	北京	广东	上海
2	江苏	江苏	江苏	福建
3	北京	广东	山东	天津
4	浙江	天津	福建	浙江
5	山东	上海	上海	北京
6	上海	浙江	湖北	山东
7	四川	重庆	北京	湖北
8	福建	四川	河南	辽宁
9	湖北	山东	四川	重庆
10	河南	福建	河北	广东

数据来源：中国信息通信研究院《中国数字经济发展白皮书（2021）》。

3. 数字化消费推动新业态、新模式不断生成，对平台经济的发展产生带动效应

数字化时代中，数字技术融入社会生活，不断创造和激发消费者的价值主张，消费者已经不再限于传统领域的交易过程、交易方式、产品和服务的获取路径与消费模式，更加倾向于依赖数字技术为日常消费带来多场景、多要素、多元化的体验。消费多维度需求的趋势带动了数字化新业态、新模式的生成，其中主要包括了对经营者进行平台化转型的推动力。首先，数字经济市场从单边市场向多边市场改变。数字经济中的交易早已不局限于传统类似于“生产-销售”的单边交易，而是类似于“生产-匹配-销售”的双边或多边市场交易。这种交易模式依赖买卖双方在数字平台上的信息互动，通过平台的数字技术提供数据的收集、匹配和对接，并完成最终交易。平台的多边市场特征为买卖双方带来的优势在于它能够使交易者快速、便捷、准确地寻找到交易向对方，并且不再受到时间和空间的约束，降低了交易成本。同时，平台作为信息的集成者，可以更好地降低交易过程中的信息不对称，实现对产品流通过程和交易过程的追索，降低了由于买卖双方信息不对称而带来的道德风险问题。

其次，平台所提供的服务主要以信息匹配为主，虽然现在很多平台开始销售其自有品牌产品，如京东的京东京造、网易的网易严选，但平台的主要职能还是以中介为主。平台的中介服务在产品流通中表现出极强的同质性，便容易造成由于“伯特兰德悖论（Bertrand paradox）”所带来的利润下降，因此，能够产生较强网络外部性的平台则能够比较成功地占据市场，形成“一家独大”的局面。这就推动平台积极寻求产品差异化为其自身带来的市场势力。一方面，横向产品差异使平台间的服务形成了不完全替代，使用户在选择不同平台间产生了较明显的转移成本，同时也构成了平台的相互竞争力的改变；另一方面，纵向产品差异可以更好捕捉支付意愿差异化的消费者，使平台可以开拓更大的市场，创造增量收益。各种产品差异化都得益于平台可以比较低成本地识别市场中的用户信息，实现定制化的服务。

最后，平台经济中以销定产的趋势逐渐明显。传统经济中的需求信息与供给信息之间的渠道并不通畅，导致供需不平衡下产生的市场失灵现象时有发生。而数字经济中，信息通路在经营者的技术投入和技术应用过程中变得可视，各个信息“孤岛”被技术联通，市场的信息可以在类似平台的数字经

济经营活动中快速传播，供应者可以依据消费者的实际需求完成针对性的生产，极大程度地降低了市场中的供需不平衡。

数字化的特征和消费者需求价值主张的改变带动了大量的数字经济经营者发生以需求导向为主的转变，这其中包括传统经济在数字技术的推动下实现的转型（即数字化效率提升行业），以及具有新业态和新模式的平台经济的生成（即数字要素驱动行业）。例如，数字化消费中的零售行业快速发展，消费者线上消费已经呈现全局化飞跃，京东数字科技研究院与中国人民大学国家发展与战略研究院联合发布的《线上生活消费数据报告》显示出我国的数字经济线上零售消费呈现出“区域下沉”和“两级人群”的特征，前者反映出线上零售已经逐渐突破区域间的数字鸿沟，向小城市和四五线城市下沉，后者反映出线上零售开始突破代际差异和人群差异，青年人和老年人的用户占比持续提升。从线上消费总量上看，我国 2020 年网上零售额达到 1.18 万亿元，同比增长 10.9%。从线上消费类别上看，线上工作、线上学习、线上娱乐、线上社交多个场景都快速延展，推动了相关行业的经营活跃，带动了相关边沿的产业丰富化、集聚化。

4. 数据价值化在平台经济中的作用逐步明确，激发数据价值发展

英国《经济学人》杂志发表的文章《数据更像石油还是阳光?》（Are Data More Like Oil or Sunlight ?）对数据在数字经济中的属性和作用进行了比较深入地描述。作为主要的生产资料，数据在平台经济的生产经营中发挥了原料的作用，从这一点来看，将数据比作石油显得更加贴切。但从资源属性来看，数据更应是阳光，因为数据不像有形的生产资料具有稀缺性，数据具有可复制性且来自经济生活的空间中，应具有非排他、非竞争的特征。因此，从这个角度而言，数据更加类似于数字经济中的阳光，在提供能量的同时不会被耗费，也不会存在较明显的稀缺性，使其在被大规模使用的过程中产生竞争性。但从现行数字经济发展的实践来看，数据显然具有了一定的竞争性和排他性，就违反了其作为数字经济阳光的公共物品属性。目前，关于数字经济中的数据的研究大多侧重于如何使数据从“石油”向“阳光”转变。第一，数据价值化的基础工作是数据确权，以界定数据的所有权和使用权，以及数据的公共属性和个人属性，前者是为数字经济发展而铺设的核心价值，后者是兼顾数据安全和公平的重要基础。一方面，在合理的算法和有效的算力下，大数据可以为市场活动提供更多的信息空间，为交易不断增效；另一

方面，大数据的使用则更大程度增加了隐私保护的缺位和隐私泄露的风险，数据确权则能够为平衡发展与安全提供重要的基础保障。

第二，数据定价模式的制定应对了更加复杂的利益相关者关系。数据共享可以提升数据在使用过程中的效率和收益，数据共享涉及数据交易，而数据交易又涉及数据的提供者和数据的需求者之间的利益诉求。目前，数据大多以数据交易平台的模式进行共享，贵州省构建了国省市县一体化跨行业数据共享平台，促进信息系统的数据联动。对数据交易共享过程中的定价目前以第三方定价为主，其目的在于一方面满足数据供需双方的利益诉求，另一方面可以针对数据的不同属性、不同特征、不同用途、不同来源和稀缺度形成有效的数据市场，并构建有效市场，即以数据的价格比较良好地反映其价值。

在纵深层面，我国数据要素的资本化也有了突破性的发展，以数据质押融资、数据银行、数据信托为主的数据资本市场初具规模，为数据的经营者提供了资金来源。数据资本市场的出现体现出我国资本市场在无形的数据产品中的又一个突破，同时，通过第三方的监督也可以实现数据在资本市场获得价值的同时，保障数据的安全。

5. 以平台为主导模式的数字化治理向多个场景延伸，实现数字经济的广泛社会价值

首先，数字化治理不同于数字治理。数字治理更多地体现在对数字经济的生产经营行为的规制和引导方面，而数字化治理更多地是实现了数字技术从市场活动向社会活动的转移。我国数字化治理主要是运用数字技术和数字平台载体实现政府和社会综合治理的制度完善、治理完善、规范有序，提高政府治理和公共服务的管理效率。新冠疫情这种突发公共卫生事件的压力测试，推动了数字化治理向横向和纵向快速发展。政府运用大数据、云计算和物联网等数字化技术手段完善对治理对象的画像，使治理变得更加准确高效，降低了在信息不充分环境下的治理成本。

其次，数字化技术的多维度渗透加宽了治理场景。由于治理的客体存在较明显的不确定性，导致了治理场景复杂且存在动态变化，大数据等技术的运用降低信息不确定带来的潜在风险，进一步提升数字化技术在治理场景中的运用程度和范围，降低数字鸿沟带来的发展阻碍。

最后，数字化技术回应了治理现代化的必然要求，可以有效地与实体经

济和传统治理模式相结合，为搭建数字政府、数字孪生城市等提供技术智慧。此外，数字化治理也能够在更高的维度助力营商环境优化，这是数字技术从市场到社会治理，再从社会治理返回市场的闭环体现。营商环境在数字技术的融合下实现进一步优化，使数字经济经营者享受到治理红利，再一次提升数字经济与其相关领域的发展动力。

第三节 平台经济市场规则与发展现状

立足数字经济的主要特征，数字经济市场可以主要划分为数字产业化市场和产业数字化市场。而数字产业化市场作为数字经济发展的主要基础，更多地面向产业数字化当中数字要素驱动行业和数字化效率提升行业的经营者，这些经营者为整个数字经济创造产品和服务的终端价值，即他们通过面向整个数字经济的需求侧，通过产品的制造和提供服务，打通数字经济供需两端的闭环，从而形成数字经济的价值创造。

从产业数字化的视角出发，大部分产业数字化领域中的经营者通常以两种方式呈现在市场活动中，其一是通过传统产业中的数字化转型而进行经营模式上的改造，其二是通过技术化投入进行运营场景的构建。上述两种方式都具有了明显的平台化模式，这种模式推动经营者从生产和供给的角色逐渐向为供需两侧用户的交易实现提供服务进行转变，而恰恰是这种角色转换满足了市场参与者对高效率和高质量交易的实际需要，通过带动市场参与者的大规模互动创造交易机会，提升交易价值。因此，本节将主要探讨以产业数字化为主体的平台经济市场，并着重分析数字经济领域中的平台经济市场规则和其发展现状。

数字经济依托了大规模的现代化信息网络，因此在经营过程中呈现出较明显的平台属性。不难发现，平台经济是目前数字经济领域中的主要经济活动体现，大部分处于数字经济领域的头部企业也都具有平台经营的特征。根据中国信息通信研究院发布的《平台经济与竞争政策观察（2021）》数据，截至2020年底，全球市场价值超过100亿美元的数字平台企业达到76家，价值总额达 12.5 万亿美元，同比增速 57%。① 同时，数字经济平台企业所处的市场中大部分呈现出主导企业的格局，即形成了大型平台企业引领市场且有力量制定市场规则，而小型的边缘企业充分竞争并遵守市场规则的情境。这种情况虽然依旧处于一种垄断和竞争并存的状态，但是大型平台企业显著的市场力量在拉动整个市场发展的同时，也造成了诸多问题和风险。例如，大型平台企业滥用市场支配地位的行为，以及大型平台企业对市场的封闭、遏制市场进入的问题等。

从总体来看，全球视角下的平台经济市场规则呈现出以下几个方面的特征。

1. 头部平台企业占据市场明显，呈现平台经济市场明显的高集中度

普华永道发布的 2021 全球市值 100 强的上市公司中，前十家公司有七家均为数字经济或涉及数字经济的企业，其中包括美国的苹果公司、微软、亚马逊、谷歌、脸书，和中国的腾讯、阿里巴巴。这首先说明了数字经济经营者已经在世界企业的集团中占据了十分突出的地位。同时，数字经济产生的网络效应和平台经济的网络外部效应带来了平台经济市场中十分明显的“马太效应”，即平台经济经营者可以在新产品进入市场或其自身进入市场时，通过激发用户的依赖度增加用户的转移成本，使其能够快速获得边际成本递减而带来的竞争优势，可以通过海量的用户和流量为其补充在竞争过程中所需要的数据和信息资源，为其长期保持其竞争力和提高市场进入门槛提供了重要基础。在这种情况下，在位的平台经济经营者如若没有获得先行者优势所带来的竞争优势，则无法与头部企业长期抗衡。此外，如果潜在市场进入者的预期收益无法充分补偿其进入市场的成本时，则会明显降低其进入市场的动机和实际行动，逐渐推动市场向“一家独大”的格局演变。

根据中国信息通信研究院发布的《平台经济与竞争政策观察（2021）》显示，我国数字要素驱动行业和数字化效率提升行业大多处于高集中度的状态，例如即时通讯、移动支付、游戏直播、搜索引擎、网络音乐、网上外卖、电商直播等市场中 CR4 均超过了 90%。② 这说明了上述平台经济市场中头部的四家企业占据了几乎整个市场。国家市场监督管理总局在 2021 年对美团点评

① http：//www.caict.ac.cn/kxyj/qwfb/ztbg/202105/t20210528_378126.htm。

② CR 即 Concentration Ratio，CR4 刻画了一个市场中头部 4 家企业的市场份额总和。

滥用市场支配地位行为的查证中，分析了我国境内网络餐饮外卖平台的市场中 CR2 在 2020 年高达 99.98%，说明了我国网上外卖市场处于极其明显的双寡头垄断格局。高市场集中度赋予了头部企业更强的市场力量，使其能够利用市场力量来制定市场规则。由于商业利润的驱动，头部企业的竞争策略的制定和执行将有可能趋近于抽取消费者福利和非公平竞争，以实现限制和排除市场竞争，并从垄断地位优势上获取商业利润的目标。可以看出，高集中度是目前数字经济市场中的一个主要特征，也是可能产生市场非良性发展和垄断行为的主要风险点。

2. 平台经济市场中差异化竞争的维度更加复杂

平台经济视角下，消费者更多地追求对市场提供服务的质量，而平台经济经营者的服务大多存在较强的同质性，例如线上零售行业，平台经济经营者主要工作是对买卖双方的供需信息进行收集、匹配、对接，并提供配套的交易服务，如支付和物流。这种服务在既定的技术和数据体量下并不存在明显的差异性，这就导致经营者需要通过更好的服务或更低的价格来获取用户，进而激发在自身平台上的网络外部性，提高用户黏性。但由于更低的价格带来的是经营者收益的降低，在没有短期降低经营成本的时候，商业利润也会随之下降。因此，平台经济经营者开始向横向和纵向产品差异化转移，在横向差异化层面，经营者大规模地尝试在其既定的平台上进行多市场的布局。例如美团点评，在最开始的网上餐饮点评和网上外卖配送业务的基础上，扩充到零售、交通、旅游等生活服务层面，实现了产品线和服务线的多市场布局，同其主要竞争对手形成了差异，并从中获得明显的市场势力。

在纵向差异化层面，同一个行业的潜在进入者也在积极寻找消费者增量扩充的路径。通过不同品类和不同层级的产品与服务向市场投放，可以捕捉对同类产品具有不同支付意愿的消费者。例如，在线上零售行业中，拼多多凭借拼单、低价的商业模式，在淘宝和京东长期占据的市场中获得一席之地。产品和服务的差异化在为平台经济经营者带来竞争优势的同时，也使他们获得了十分显著的市场势力和支配地位，这种市场支配地位又一次帮助他们提升了影响和改变市场结构的能力，使其所处的市场可以以他们的商业利润导向来调整和改变。这种调整和改变则很有可能不利于消费者和市场福利的增进，同时，也不利于市场竞争程度的动态变化和市场的开放性，且会成为数字经济市场中的一个主要的风险因素。

3. 平台经济生态不断延伸

平台经济所产生的丰富的生态系统使平台经济经营者的垄断行为趋于隐蔽密集、损害程度大、传播范围广。数字经济市场的高集中度和差异化趋势显著地改变了市场结构，同时也增加了经营者，尤其是头部经营者利用市场势力实施垄断行为的动机和实际操作。垄断行为在平台经济网络化的特征下，逐渐从市场前端的市场行为表现转移至市场后端的技术运行表现。在技术层面，经营者和消费者之间的信息更加不对称，就使得垄断行为更加隐蔽。此外，由于平台经济中的多市场布局策略的出现，平台经济经营者在其所处的平台上构建了一个广泛的平台经济生态系统，使经营者可以将其在一个市场中的力量快速地延伸至其他市场中。

平台经济的另一个特征是模糊了市场的边界。在反垄断实践中，通常将平台经济的相关市场界定和相关市场边界的分析作为一个基础性且重要的工作。由于平台经济经营者与消费者并非进行“面对面”的交易，而是通过互联网平台和移动设备来完成交易，因此，用户可以突破时间和空间的限制进行线上消费活动。这直接带来了用户在更多场景中的体验，但同时也产生了平台经济垄断行为产生的损害大规模传播的后果。例如，在亚马逊“自我优待”案中，亚马逊利用其作为电商平台所获得的第三方卖家数据来调整其自营品牌商业策略的制定，从而使亚马逊的自营品牌可以在零售市场中获得更强的竞争力和带来更大的收益。这一行为事实上违背了亚马逊作为一家电商平台企业的中立性，作为电商平台，应当发挥衔接买卖双方的作用，当其同时销售产品时，则兼具了零售商的身份，其中立性应表现在明显区别平台服务者与商品销售者这两个市场的边界。利用技术、数据等因素进行某个市场的优势转移则形成了对其绝对优势的滥用行为。同时，亚马逊代表的电商平台穿透了地区和时区的差异，涉及市场范围巨大，所以这种在线上零售生态下的滥用行为造成的损害和范围都较传统经济中的垄断行为要更大。

4. 平台经济市场中经营者的垄断行为更加复杂多样，且识别和查证困难

理解平台经济市场中的垄断行为和影响，离不开传统的产业组织理论对其进行必要的经济学分析，但是数字经济中的新特征又为传统理论带来了新的挑战。例如，传统产业组织理论并未深入地探讨数据要素、数据的可重复性对经营者的竞争带来的影响，并未对数据获取、数据封禁和数据共享带来

的市场结构影响进行深入分析。数据在平台经济中发挥了十分重要的作用，这一方面带来了平台经济经营者实施垄断行为的多样性和复杂性，另一方面也对传统理论在数字经济当中的应用带来了适用难题和改良的新要求。2019年11月，谷歌公司与美国的可穿戴设备公司Fitbit达成合并协议计划——谷歌以21亿美元收购Fitbit，获得其控制权。虽然美国司法部并未正式批准这起并购，但是欧盟委员会以附加条件的方式批准了这起并购，其主要的条件包括谷歌并不能将Fitbit的数据用于谷歌广告，以及谷歌必须承诺在征得用户同意情况下，维持Fitbit Web API的访问权限，且不能收取访问费用。聚焦这两项附加条件，前者涉及控制谷歌不能通过收购Fitbit增加其在广告市场的优势，后者主要约束了谷歌不能通过Fitbit Web API来进行用户数据的封锁，降低同类经营者获取数据资源和生产要素的空间和能力。从美国和欧盟的判决来看，不同国家（地区）的反垄断司法在数字经济中仍存在识别和查证的差异。除此之外，“谷歌- Fitbit”案涉及的核心要素是经营所需要的数据，对于附加条件的设定需要明确评估这起并购所产生的数据价值的增加和稀释，而现有理论并未对其提供比较可行的分析方案。

相似的问题也出现在美国自2012年开始的互联网企业（主要是谷歌和脸书）发起的多个领域内的并购中，部分行业内的专家和学者认为这种并购并未增加被收购方的收益和研发投入，反而产生了比较显著的降低（如脸书对WhatsApp和Instagram的收购），因此，让人对这种类型的收购的最终目的产生了怀疑。经营者集中大多为了追求企业在技术、创新、管理、市场等层面的协同效应，通过降低并购后的成本提高经营效率，并将效率所产生的福利转移至最终市场用户中，而上述并购并未显著地形成市场效率提升，反而将市场结构趋向于高集中度的状态。因此，对上述并购的质疑则在于其并非追求协同效应，而是谋求弱化竞争，即“扼杀式”并购（killer acquisition）。但目前对扼杀式并购的理论支撑十分匮乏。其主要的理论挑战是，并购所带来的协同效应通常是事后产生并展现出来的，同样的，并购对市场结构和市场效率的影响也是在并购发生之后一段时期才能较为准确地观察到。对于上述两个相反的力量的捕捉和评估运用“早期原则”虽然能够给出一个比较合理的分析方案，但是涉及很多市场中无形的竞争因素（如技术和数据），使得经营者集中的早期分析的准确度降低。

第四节　平台经济领域的反垄断实践

在平台经济市场规则随着经营者竞争手段和竞争要素动态变化中，各国政府对平台经济的反垄断规制也发生了较大的转变，这些转变也逐渐开始应对平台经济的快速发展和经营者行为的不断变化。以平台经济发展迅猛的国家和地区为例，中国、美国、欧盟、德国都在平台经济领域中的反垄断与竞争政策方面进行应对，其主要的方向可以总结为以下几个方面。

1. 在数字经济领域积极立法修法

总体而言，全球对平台经济的监管趋向于严格，一个具体表现形式为很多国家对平台经济的反垄断和竞争政策的制定进行了较明显的创新和调整。调整的特点主要侧重于三个方面：针对性、专业性和严格性。例如，在针对性方面，我国于 2022 年 8 月 1 日修订并实施的《反垄断法》明确规定了经营者不得利用数据和算法、技术等优势以及平台规则从事本法禁止的垄断行为；欧盟委员会颁布的《数字市场法案》主要针对那些在数字经济市场上具有明显支配地位的超级平台所实施的垄断行为和不公平竞争行为，尝试补充传统反垄断工具在数字经济中的新业态和新模式所产生的“新”垄断行为使用中可能出现的失灵现象。在专业性方面，德国联邦议会于 2021 年 1 月通过了《反对限制竞争法》第十修正案，其中系统地提升了数据治理在反垄断监管中的重要性，如对数据作为关键设施的界定和数据在滥用市场支配地位行为中的作用，对数据的治理需要技术上的协同。因此，第十修正案事实上也是对德国反垄断审查和执法过程中的专业性提出了更高的要求。美国参议院司法委员会于 2021 年 1 月以 16 票同意 6 票反对的投票结果，审议通过《美国在线创新与选择法案》（American Innovation And Choice Online Act）将监管客体范围进行了扩充，其与欧盟的《数字市场法案》都对数字经济平台的特征和市场力量做了更加严格地界定，其不仅限于营业额和市场价值的维度标准，还对平台的活跃用户数量做出了明确的规定，这一点也突出了在数字经济领域的实践中，经营者的价值核心已经不再限于具有财力优势，而更多转向生产优势尤其是以数据要素为主体的生产优势方面。

2. 明确平台经济经营者在市场中的主体义务

在平台经济大多数市场中，经营者应处于市场规则的接受者或有限影响者的状态，而非市场规则的制定者。而现有平台经济领域的实践所表现的则更多是以头部企业为主导的结构，头部企业成为制定市场规则、划定市场边界、影响市场准入的操纵者。《数字市场法案》《美国在线创新与选择法案》《提升特定数字平的透明度和公平性的法案》（日本）等法案都对特定数字经济经营者进行了明确界定和行为规定，其核心目的是规范数字经济领域中的头部企业的主体义务和责任。其中，“守门人”概念的提出和运用直接规范了数字经济中大型的经营者应遵守的标准和具体的行为。以《数字市场法案》为例，数字平台在过去三个财务年度在欧盟营业额达到 65 亿欧元/年或在上一财务年度平均市值或估值达到 650 亿欧元的、在上一财务年度月活跃用户超过 4500 万人或年度企业用户超过 1 万人的、过去三个财务年度中每年都能达到以上两个条件的，都被认定为“守门人”，反映出对大型数字经济经营者的界定包含了其财力和以数据为主的生产力的衡量，突出了数字经济经营的核心特征。同时，《数字市场法案》还对“守门人”提出了 18 条具体的义务，包括限制数据集中、强制数据共享、限制排他行为、限制自我优待等。这些调整一方面针对了数字经济经营的关键特征，即数据和数据通路问题——也是传统经济中并未出现的问题，另一方面对符合这些关键特征且可能产生实际损害的企业进行了行为上的严格限制和规定。

3. 细化平台经济经营者的行为合法性

由于平台经济市场结构较传统经济更加复杂，平台经济经营者利用其特定的优势实行垄断或不正当的竞争行为的复杂程度提高，考虑到技术性的行为在识别和查证中的困难，很多国家在反垄断执法过程中对平台经济经营者的行为采用了更加前置的规定，以细化经营者经营行为的合法性和合规性。例如，美国众议院反垄断小组委员会于 2020 年 10 月发布的《数字市场竞争调查》提出了对数字经济平台竞争行为的细化措施，包括禁止具有支配地位的平台经营相邻业务、禁止具有支配地位的平台实行自我优待、强调支配性平台的兼容性等方面。几乎所有措施都指向专属平台经济特征的经营者，并且很多措施也来自当前平台经济市场运行和规制的实践经验。具体而言，具有市场支配地位的平台经营相邻业务会极大程度地将经营者在某一市场中的支配地位转移至相邻市场，一方面，增加了经营者在跨市场过程中实现搭售的风险，另一方面，降低了被进入的市场的可竞争性和现有的竞争程度。同样的，强调具有市场支配地位的平台兼容性主要包含了数据共享和数据互操作。作为具有公共物品属性的数据，应当存在于“数据公地”中，而不能通过私有而提高数据的排他性和竞争性。因此，强化数据的流通和信息渠道的畅通也是对数字经济中基于数据的具体行为进行了合法性的规范。①

4. 丰富数字经济生态所涉及市场的界定

数字经济经营突破时区和物理空间障碍带来消费者体验的提升，同时，也增加了经营者跨市场经营的可能性和便利性，这就促成了经营者立足一个或少数几个基础业务并向其他业务和其他市场延伸的数字经济生态。数字经济经营者之间的竞争也不再限于在少数几个业务上的竞争，而是在整个数字经济生态系统中的竞争。例如，德国的《反对限制竞争法》第十修正案中强调了对数字经济经营者的市场支配地位认定中，可以考虑其在一个或多个市场中的支配地位，例如对资金和数据的获取能力、纵向一体化的情况以及对第三方的影响力等。这种关于市场边界的厘定不仅包含了有形市场边界，以及与市场关联的无形要素（如数据）的影响程度，还包括了经营者所涉及的纵向市场中整条产业链和供应链的关联程度。我国的反垄断实践也将纵向市场的关联纳入了全面的考量，在虎牙和斗鱼经营者集中案中，两家游戏直播平台的合并被禁止，其中就涉及合并后的平台可能会存在上下游市场中双向的纵向封锁风险。

5. 加强经济学理论在平台经济反垄断和公平竞争中的运用

关于数字经济市场规则的分析和科学解释离不开经济学理论的探索和更新，而对于数字经济领域反垄断的规制也离不开公平和效率之间的权衡。经济学理论在数字经济市场规则的科学制定和良性发展中发挥了主要的贡献作用，一方面侧重于经济学理论来帮助界定和衡量数字经济相关市场的边界，另一方面侧重于评估和预测数字经济中垄断行为所产生的风险。② 上海市市场

---

① 彭辉．数据权属的逻辑结构与赋权边界——基于“公地悲剧”和“反公地悲剧”的视角［J］．比较法研究，2022（01）：101－115。

② 朱战威．植入与冲突：反垄断法中经济学的功能边界［J］．北方法学，2021，15（03）：87－99.

监督管理局于 2019 年 6 月在对食派士涉嫌滥用市场支配地位行为开展的调查，便较为系统地运用了微观计量经济学方法对相关数据进行分析，通过评估以上海市为相关地域市场的外卖平台相关商品市场的需求价格弹性，来评估食派士所处的市场边界。该项调查分析在对经济学深入应用于反垄断实践中一方面进行了开拓性的探索，另一方面也为未来反垄断执法过程中的手段和具体方法提出了明确的路径。同时，平台经济市场的可竞争性也是目前衡量市场活力的重要因素，可竞争市场理论指出市场的竞争不应仅关注在位者所形成的市场结构问题，还应考察市场的进入难度，当市场的可竞争性较高时，则可以比较有效地制约在位者滥用市场支配地位行为的可能性。而平台经济的网络效应和网络外部性等特点高度提升了在位经营者控制市场进入门槛的能力，将市场进行“关闭”，提高了市场进入的难度，这种准入程度也需要经济学研究结合数字经济的特征进行严格分析和评估。

第三章　平台经济的市场特征

平台经济的运行特征是以数字技术作为主要驱动力、运用数据作为主要生产资料、基于现代化的互联网络作为主要的交易载体而展开的，因此，平台经济相较于传统经济具有十分独特的市场表现。本章主要围绕平台经济的特征，对平台经济中的主要参与者——经营者和用户（包括但不限于消费者）进行分析。分析的侧重点在于对平台经济产生的市场特性和市场表现进行关联性分析，进而对平台经济经营者的动机和行为展开探讨，最后挖掘平台经济中可能出现的不同于传统经济的市场运行状态。结合平台经济主要特征，本章着重探讨网络效应、网络外部性、多市场布局等三个方面，并进一步围绕上述三个主要方面讨论平台经济市场中的反竞争担忧，即平台经济市场中形成垄断状态的机制和平台经济经营者的垄断行为与潜在危害。

第一节　网络效应与零边际成本

1. 网络效应的概念和特征

网络效应（Network effect）也被称为组群内效应（Within - group effect）或直接网络效应（Direct network effect），其主要特征是用户能否受到使用同一个或同一类有形产品或无形服务的其他用户在接入和使用过程中的影响。在网络效应作用下，用户的实际效用并不单纯地来自于使用该产品或服务所带来的直接收益，还同时来自使用同样产品和服务的用户规模，这些用户即形成了关于特定产品或服务的网络（Network），因此，网络效应是一种外部效应，它对用户产生的收益和成本并不来自用户本身的行动，而是在于用户所处的网络环境为其带来的影响。

网络效应普遍存在于一种特定的环境中，在这种环境中，产品所产生的价值能够随着用户的使用规模发生十分明显的变化，当某种产品具有这种网络效应特征时，这种产品则可被称为网络产品。网络产品具有内在和外在双重价值，内在价值是产品本身在使用过程中的使用价值，外在价值是它们为使用者所构建的网络所产生的网络效应价值。有形的网络产品例如电话、传真，这些产品核心的价值是帮助使用者构建一种网络，即“电话-通讯”网络、“传真-信息收送”网络。在这个网络中，使用网络产品的用户连接越密集，进入该网络的用户能够获得的边际效用则越大。同样地，网络效应也广泛存在于无形产品当中，以互联网产品为例，比较典型的互联网产品是电子邮件。电子邮件兼具了通讯和信息收送的功能，当使用电子邮件的用户增加时，现存的用户和潜在的用户都能够通过这个网络获得相关服务所带来的效用。但是，我们需要进一步明确的是，网络产品和互联网产品并不能够划等号，网络产品是基于产品本身是否能够产生网络效应而进行定义的，而互联网产品是基于产品所处行业和所涉及的技术属性而定义的。具体而言，网络产品可以包含部分互联网产品，而那些非互联网的产品也可以成为网络产品。

网络效应的生成和不断扩张离不开该网络的组织者和参与者，例如古老的集市和展会，大多涉及产品、服务、艺术品等信息的传递。参与者能够从规模更大的集市中获得更多的信息甚至是资源，它是公众能够获得大量信息的场所，如 12 世纪至 13 世纪的法国香槟集市（Les Foires de Champagne）。香槟集市的兴起和发展主要在于其组织者香槟伯爵和布里伯爵的赞助，但由于 14 世纪中期法国国王腓力四世控制了香槟伯爵领地，强行推行国王的财政措施，使商人因国王的重税而无法从集市交易中获得更高的收益，破坏了集市的持续性，香槟集市所形成的信息网络和产品网络也逐渐消失。不难发现，组织者与参与者对一个网络的建立、发展和延续起到了同等重要的作用。进一步地，网络的稳定和发展同样离不开这个网络所形成的便利性。再以香槟集市为例，14 世纪商业银行与信贷的发展，伴以代理人和代理商的丰富，交易进入到了一个新的网络，即商号网络的兴起。商号使资本的持有人不再亲自通过集市展开交易和信息互换，而是以类似代理人的商号来完成所有交易，因此，资本持有者只需要与固定商号建立联系并通过商号加入网络便能够实现其盈利的目的。集市这种“旧的”网络便被商号这种“新的”网络所代替。

香槟集市的例子告诉我们，一个网络形成并能够在一定时期稳定发展和维持应具备以下三个要件。首先，这个网络应使尽可能大规模的用户能够通过加入该网络来增进网络的价值，并且，网络的价值可以在用户间进行共享，这要求网络具有较低的进入门槛，换言之，网络的进入应具有一定的普惠性。其次，这个网络需要有一个或若干个具有某种优势的集团利用某种规则进行组织，能够使进入网络的用户可以在一个统一的规则下活动，使他们的活动遵循统一的标准，不会由于标准和规则的缺位产生网络活动的失灵。最后，这个网络应带给用户相当程度的便利性，这种便利性直接产生了用户在加入网络后所获得的网络效应带来的外部性收益，并显著高于他们未加入网络时的收益，使用户形成加入网络并停留在网络内的动机。传统的集市所构建的网络涵盖了前两个要件，而第三个要件仅在某一特定的时期会得到满足，这是由于传统集市依旧受到了传统要素有界性的制约，而并没有跟随时代发展，也没有充分获得动态延续的技术提升为用户所带来的便利性。

反观数字经济环境下的平台，恰恰在上述第三个要素中进行了充分的补偿。所有的用户都围绕共同的互联网络进行交互，他们并不需要进行物理上的空间迁移，也无需耗费更多的精力来满足不同人群的时间差异，可以随时随地进行沟通，极大程度地增加了网络的可持续和可依赖性，这也提高了一个互联网环境中的网络可以聚集用户的能力。微信便是符合上述各项网络效应要件的一个新型的网络，它的基础功能是即时通讯，即在满足了通信服务提供的同时，也满足了用户对即时性的需求，这便形成了微信对于用户的内在价值。同时，数字技术的充分运用也增加了微信用户在使用该产品过程中的便利性，降低了用户在使用过程中的成本，使组织者（即腾讯公司）可以长期稳定地维持和发展这个网络。

无论是香槟集市还是微信，用户在使用过程中都吸收了其他用户的接入和使用所带来的福利，同时，自身的内在价值也为其他用户的福利产生了增益。这种网络效应被认为是一种正向的网络效应（Positive network effect）。例如，电话、电子邮件、微信，甚至是一种语言，当使用的人数越多，则网络规模越大，用户能够从其他用户使用中获得的收益也就越高。而网络效应也可能是负向的，即负网络效应（Negative network effect），当用户不断增加时，每一个用户能够通过该网络获得的效用越少。例如，交通网络和网络拥塞而导致持续过载的网络状态。① 产生这两种截然不同的结果的主要原因是，

① 杨舸．信息链接、技术嵌入与网络效应：共享经济下的社会网络［J］．浙江社会科学，2019（12）：66—72+93+157.

网络是否能够具有非竞争性和非排他性。通常情况下，对于用户而言，加入一个网络都是低成本或是无成本的，抑或是有成本但是成本低到足以允许一个庞大的集团接入。随着电子设备和互联网接入成本的持续降低，消费者使用移动电话、电子邮件和微信的成本也显著降低，他们可以比较容易地加入对应的网络中，使得这种网络处于非排他的特征，这种特征也适用于交通网络。但一些有形的网络在使用过程中会形成资源的占用，且这种资源无法被充分共享，则产生了竞争性。交通网络便是其中的一种，当使用交通路网的用户持续增加时，就会形成道路拥堵，降低在位用户和潜在用户的效用和预期效用。这种负向的网络效应产生的主要原因是，一些网络产品需要大量的传统要素来构成其运行资源，而传统要素大多存在着不可共享的特征，提高了产品在用户群体内的竞争性，使用户规模的增加形成了他们相互之间的"挤压"。不同于传统要素，平台经济下的网络产品所占用的资源十分有限，这是由于平台经济下的网络产品所需要的资源大多来自数据要素，在特定的平台载体上，同样的资源（如数据要素）可以在大规模用户中进行共享，降低了网络"拥塞"的情况，使平台经济下网络产品在使用过程中具有较明显的非竞争的特点。

因此，相较于传统的网络，平台经济领域中的网络不但具有网络效应中的几个要件所必需的特征，同时还具备了一种非竞争性，使平台经济所形成的网络效应不同于传统经济网络效应中可能会产生的"公地悲剧"问题，反而会制造出一种"公地喜剧"的效果，即其价值更多地来自用户的规模，而并非其本身的资源为用户带来的直接收益。例如，微信、Facebook、维基百科等平台，都形成了较为明显的"公地喜剧"特征，在这种效果下，所有平台的参与者都能够从其他参与者的加入和活动中获得效用，同时，参与者本身也能够为其他参与者提供效用增进的基础。①

2. 网络效应下的参与者行为

按照上述关于网络效应的定义，网络产品的参与者可以分为用户和组织者，用户可以划分为在位用户——正在使用网络产品的用户和潜在用户——尚未使用但可以成为在位用户的用户。组织者是网络产品的提供者和机制设

① 于立，王建林．生产要素理论新论——兼论数据要素的共性和特性［J］．经济与管理研究，2020，41（04）：62—73.

计者，在平台经济下所形成的网络中，大部分组织者都是商业主体，例如微信的组织者是腾讯公司。在位用户和潜在用户围绕网络产品形成了直接的互动关系，而组织者通过不断增加投入来激发网络效应以实现吸引用户接入的目标。这个过程通常可以被划分为两个阶段，第一阶段中，组织者通过产品的内在价值和一定程度的网络效应来吸引初始用户的接入；第二阶段中，组织者借助初始用户（即在位用户）的规模来强化其产品的网络效应，进一步吸引潜在用户的接入。因此，对于网络产品的组织者而言，能够帮助其形成核心竞争力的资源不仅在于其技术的规模和质量，还在于其能够捕获的在位用户规模，利用在位用户来吸引潜在用户的使用。

从定价角度来看，组织者可以通过直接或间接征收费用来获得收益，因此，组织者获得收益的主要路径来自直接费用和间接费用的制定策略。具体而言，直接费用是直接征收在用户的实际使用行为上，而间接费用可能征收在用户以外的其他个体或群体中（关于间接费用将在本章第二节详细阐述）。

本节首先分析网络效应下的直接费用制定以及网络参与者的行为，可通过一个简易的经济学模型进行分析。在平台经济市场内，任意一名消费者接入并使用一个网络产品所获得效用为 $U(f, r)$，其中 f 和 r 分别代表了消费者使用网络产品时承担的成本和获得的收益。令网络产品能够为消费者带来正向的网络效应，消费者的收益受到了使用同一个产品和服务的消费者规模的影响，即消费者在考虑是否使用该产品时，他的效用包含了对使用同一个产品的消费者规模的预期，将这个预期数量定义为 n^e，则消费者的效用函数可以改写为 $U(f, r(n^e))$，其中 $\frac{\partial U}{\partial f}<0$，$\frac{\partial U}{\partial r}>0$，$\frac{\partial r}{\partial n^e}>0$，因此，$\frac{\partial U}{\partial n^e}>0$。上述关系说明了，消费者的效用递减于使用网络产品的成本，递增于网络产品带来的网络效应，此外，由于网络产品的网络效应又受到了使用该产品用户数量的正向影响，因此，消费者的效用递增于该网络产品的用户规模。

基于以上特征，可以将消费者效用函数表达为一个具体的函数形式：

$$U(f, n^e) = a\theta n^e - f \tag{3.1}$$

其中，$a>0$ 刻画了网络效应为消费者带来的边际效用，体现了 1 单位网络效应的提升能够提高消费者 a 单位的效用水平；θ 描述了消费者对这个网络产品的偏好，同时假设市场中的消费者对网络产品的偏好具有差异性，不同的消费者对同一个网络产品存在不同的偏好。令偏好 θ 纵向分布于区间 $[0, \bar{\theta}]$

中，越靠近 0（$\bar{\theta}$）的消费者对该产品的偏好越低（越高），当消费者不使用该产品时，效用则为 0，边际消费者——使用产品和不使用产品都能够获得同样效用的消费者的偏好满足条件：$a\theta n^e - f = 0$，此时，边际消费者的偏好为：$\tilde{\theta} = \frac{f}{an^e}$。偏好水平大于边际消费者偏好水平的消费者将使用该网络产品，因此，使用网络产品的消费者数量可表达为：

$$n = \bar{\theta} - \frac{f}{an^e} \tag{3.2}$$

假设消费者对网络产品的预期使用量具有完美预见（Perfect foresight），因此在均衡时，$n = n^e$，公式（3.2）则可以进一步表示为：$an^2 - \bar{\theta}an + f = 0$，求解上述等式可以得到均衡时的网络产品需求（即用户实际规模）：

$$n_L = \frac{\bar{\theta}}{2} - \frac{\sqrt{\bar{\theta}^2 - \frac{4f}{a}}}{2}; \quad n_H = \frac{\bar{\theta}}{2} - \frac{\sqrt{\bar{\theta}^2 - \frac{4f}{a}}}{2} \tag{3.3}$$

（3.3）给出了在均衡时的网络产品用户规模的两个水平，但其中只有 n_H 是一个稳定的均衡。其原因在于，当消费者数量停留在 n_L 时，所有消费者（包括潜在消费者）都会预期当他们使用产品的数量继续提高时，他们的效用都会随之提升，即 $a\theta n_H - f > a\theta n_L - f$。因此，消费者群体内会产生一种协同行为，使潜在消费者持续加入网络并使用网络产品，使得最终的用户数量增加至 n_H。

通过比较静态分析可以得到$\frac{\partial n_H}{\partial a} > 0$，说明了当消费者从网络效应中获得的边际效用提升时，均衡用户数量也会增加。这个结论背后的逻辑比较直观，消费者加入平台的核心动因是他们能够从中获得网络效应带来的效用，随着网络效应的增强，每一名消费者的加入所带来的边际效用都能够得到更大的提升，使网络和网络产品对消费者更具吸引力。这一结论也体现出，经营者如果希望增加网络产品的用户数量并从中获益，其主要的经营策略则应是尽可能降低用户加入网络和使用网络产品时的成本 f，并同时强化用户能够从该网络中获得的边际效用。围绕这一特征，比较典型的网络产品例如微信，它从初始的基础功能（即时通讯）逐渐扩张到微信支付、腾讯会议、微信群、公众号、小程序等附加功能，不断增加消费者在使用同一个微信网络时所获得的边际效用，增加并巩固了消费者数量和消费者黏性。

从经营者视角出发，其通过网络产品的盈利路径可以分为直接收益和间接收益。直接收益可以通过直接向用户征收使用费用获得，以协会为例，它是通过征收会费将用户纳入同一个网络中，使会员可以在网络中进行实体产品或虚拟信息的交换，每一位协会的会员能够从本协会规模提升中获得更多的交易机会。若用户的直接费用由经营者征收，则经营者的利润函数可以表示为：

$$\pi \equiv \prod(f) = (f-c) \cdot \left[\frac{\bar{\theta}}{2} - \frac{\sqrt{\bar{\theta}^2 - \frac{4f}{a}}}{2}\right] \tag{3.4}$$

其中 $c>0$ 是经营者的单位成本。① 经营者利润最大化条件为：$\frac{\partial \pi}{\partial f}=0$，可进一步表示为：

$$\frac{\bar{\theta}}{2}\left(\bar{\theta}^2-\frac{4f^*}{a}\right)^{\frac{1}{2}}-\frac{\bar{\theta}-\frac{4f^*}{a}}{2}+\frac{f^*-c}{a}=0 \tag{3.5}$$

其中 f^* 是经营者利润最大化的费用。通过对（3.5）全微分可以得到：

$$\frac{df^*}{da}=\frac{-\frac{f}{a}\left(\bar{\theta}^2-\frac{4f}{a}\right)^{-\frac{1}{2}}+\frac{3f}{a^2}}{-\frac{\bar{\theta}}{a}\left(\bar{\theta}^2-\frac{4f}{a}\right)^{-\frac{1}{2}}+\frac{3}{a}}>0 \tag{3.6}$$

（3.6）反映出以对用户征收接入费用为主要盈利方式的经营者的定价特征，当用户对网络产品越依赖时，或用户对使用同一个产品的用户规模更加关注时，经营者则更加有动机征收更高的费用来获得利润。具体而言，当用户（包括潜在用户）对网络产品的依赖度提升时，提供该产品的经营者通过网络效应控制用户的能力也随之提升，使其市场势力逐渐增强，这赋予了经营者较强的定价能力，通过制定较高的接入费以获得商业利润。

通过目前对平台经济的实践观察可以发现，很多具有网络效应的经营者并不会直接向用户收取费用，尤其是平台经济领域中的经营者，通常不会以直接费用的形式来获得利润，而是通过用户流量的增加，吸引第三方接入，并收取费用，我们将其定义为网络产品经营者的间接收益。例如，经营者可

① 本章主要考察平台经济市场特征，因此我们选用较为简单的垄断模型来探讨，在下一章我们将着重探讨特定市场特征下的垄断和竞争的差异分析。

以利用网络产品的用户流量增加其在广告商、第三方增值服务提供商市场中的盈利。我们将在下一节着重讨论这种趋近于网络外部性的方式，而在组群内网络效应广泛存在的网络产品中，上述盈利模式普遍存在。为简化分析，假设经营者所面对的第三方市场是完全竞争的，使得经营者在第三方市场中是一个价格的接受者，将该价格定义为常数 p，则网络产品经营者的利润函数可表达为：

$$\pi=p\cdot\left[\frac{\bar{\theta}}{2}-\frac{\sqrt{\bar{\theta}^2-\frac{4f}{a}}}{2}\right] \tag{3.7}$$

从（3.7）可以发现，经营者此时的利润目标与其用户的效用目标呈现出一致的方向，换言之，用户效用随着网络效应强度增加而增加，与之相伴的，在第三方市场中的既定价格下，经营者的利润也递增于网络效应。经营者此时会产生增加网络效应投入的动机，进而提升他与用户之间的共同收益目标，即通过强化 a 实现其利润的提升。令经营者强化和改善网络效应的成本为 $\frac{\beta a^2}{2}$，其中 $\beta>0$ 为经营者改善网络效应的效率水平，β 越高（越低），效率水平越低（越高），此时，经营者的利润最大化条件 $\frac{\partial\pi}{\partial a}=0$ 可以写为：

$$p\left(\bar{\theta}^2-\frac{4f}{a^*}\right)^{-\frac{1}{2}}-\beta a^*=0 \tag{3.8}$$

其中 a^* 是经营者利润最大化时的网络效应投入程度，对（3.8）全微分可以得到：

$$\frac{da^*}{dp}=\frac{2fp(a^*)^{-2}\left(\bar{\theta}^2-\frac{4f}{a^*}\right)^{-\frac{3}{2}}+\beta}{\left(\bar{\theta}^2-\frac{4f}{a^*}\right)^{-\frac{1}{2}}}>0 \tag{3.9}$$

不等式（3.9）反映出，当经营者能够从第三方获得更高的边际利润时，即当 p 增加时，经营者有动机通过更大的投入来增加网络效应的强度。具体而言，当网络产品的经营者和网络产品的用户在网络效应下的利益方向一致，且经营者能够有机会从用户以外的第三方获得收益时，经营者则有动机通过提高网络效应的投入水平获得利润。通过上述经济学分析不难发现，当网络产品经营者存在于一个竞争程度较明显的第三方服务市场时，他在该市场的定价能力会被激烈的市场竞争所抑制，经营者则更加有动机通过提高自身网络产品的价值，即网络效应来获得供其盈利的资源，通过增加用户数量使他获得利润的基础更加稳固。例如，在微信所形成网络中，当腾讯公司可以通过其关联的第三方获得更高收益时，它则更加关心第三方所关切的用户流量，则推动腾讯公司为建立和维护自身网络效应而进行投入。

无论是直接收益还是间接收益，网络产品的经营者在用户市场的操作都与用户所获得的网络效应紧密相关。但是，由于直接收益的策略往往会降低用户福利，弱化用户加入网络的动机，使网络效应在费用增加时被弱化，因此，平台经济经营者往往关注于间接收益的策略制定。此外，平台经济和传统经济在网络效应层面所表现出的另一个主要差异是，用户在前者环境下可以享受到更高的便利性和智能化，显著地降低用户在使用一个产品时的成本。在间接收益模式下，用户的使用成本与该产品的便利性高度相关，当成本明显降低时（例如微信和香槟市集两个例子的对比），用户的加入对经营者通过提升网络效应而带来的收益的水平和幅度将会极大提升，因此，经营者将会对网络效应进行更多投入来进一步吸引用户的加入。

3. 零边际成本

成本是企业获得竞争力的关键因素之一，当成本能够实现有效降低时，便能够较为有效地提升企业在竞争过程中的市场势力和相对竞争力。平台经济与传统经济一个主要的不同在于，平台经济经营者运用数据作为主要的生产资料，而数据可以实现可重复的使用，这种要素特征可以使数据的投入和使用具有可叠加性。从边际成本视角来看，当一个平台经济经营者投入资金开发软件、提供服务、购置硬件完成后，这一系列固定成本的投入可以服务一个较大的用户群体，当这个群体规模持续增加时，由于经营者初始的投入所构建的技术资源和数据资源可以同时满足大多数用户的使用需求，使经营者无需为用户增量承担更大的成本。换言之，每增加一个单位的用户，经营者为其付出的成本就会较上一个用户增量有所下降，这便呈现出边际成本递减的效果。依旧以微信为例，不难发现，微信在第 10000 位用户增加到 10001 位用户时的边际成本要低于在第 10 位用户增加到第 11 位用户时的水平。同样的例子可以从线上游戏所形成的网络中体现出来，线上游戏的核心价值一方面来自游戏本身，另一方面来自玩家在游戏场景中的互动，使一个特定的游戏产品的受欢迎度同时来自上述两点，当用户在不同线上游戏间进行选择决策时，他通常会考虑这个游戏的渗透率，即现有的和未来的用户数量，使玩家基于潜在的游戏互动而产生的效用来制定自己的决策。

边际成本递减在企业的成本函数中发挥的重要作用，使企业总可变成本并不会显著地随着用户数量的增加而增加，总可变成本描述了用户数量增加而带来的非固定的成本的变化程度。由于用户规模的增加可以由经营者初始对技术和数据的投入尽可能充分地吸收，使得在一定用户规模下，企业的总可变成本虽然增加，但是其增量是持续下降的。基于上述特征，可以将数字经济经营者的成本函数表示为：

$$TC(n)=T+VC(n)=T+\mu\cdot n^{\alpha},\ \alpha\in(0,1) \tag{3.10}$$

其中，T 表示了固定成本，例如经营者开发软件、购置硬件的成本，这些成本通常并不直接随用户数量而显著发生改变的成本；μn^{α} 描述了经营者的总可变成本，即 $VC(n)$，其中 n 是用户数量，通过（3.10）可以计算该经营者的边际成本，

$$MC(n)=TC'(n)=\alpha\cdot\mu\cdot n^{\alpha-1} \tag{3.11}$$

其中 $\alpha\in(0,1)$ 着重刻画了用户对这个产品或服务所提供的技术平台或数据池能够分享的程度，也就描述了经营者对技术和数据的投入能够满足组群数量增加的效率。具体而言，α 越靠近零，这种效率则越高。当 $\alpha=1$ 时，这种效率消失，即趋向于传统经济时的总可变成本形态。用户增加对边际成本的影响可以通过（3.11）进一步分析，即

$$MC'(n)=\alpha\cdot(\alpha-1)\cdot\mu\cdot n^{(\alpha-2)}<0 \tag{3.12}$$

说明了边际成本是随着用户增加而降低的，这主要是由于用户的不断增加，在经营者既定的技术投入水平下，增加的用户可以更大规模地分享经营者已经通过投入固定成本而形成的技术和数据资源，使经营者在用户规模不断增加时无需投入更多的成本。而随着用户数量的进一步提升，经营者的边际成本将趋近于零，换言之，$\lim_{n\to\infty}MC(n)=0$，即当 $n\to\infty$ 时，$MC(n)\to 0$。

与边际成本递减规律相伴的是数字经济可以呈现较传统经济更加明显的规模经济，（3.10）所描述的经营者的单位成本可以表达为：

$$AC(n)\equiv\frac{TC(n)}{n}=\frac{T}{n}+\mu n^{\alpha-1} \tag{3.13}$$

当用户数量持续增加时，单位成本呈现的变化趋势可以表示为：

$$AC'(n) = -\frac{T}{n^2} + \mu(\alpha - 1)n^{\alpha-2} < 0 \tag{3.14}$$

说明了，当用户数量增加时，经营者的单位成本也会类似于边际成本出现明显下降的趋势，即出现了经营者规模经济效果。(3.14) 所表现的规模经济并不仅限于数字经济中，反观 $\alpha=1$ 时的传统经济环境，规模经济依旧存在，而平台经济展现的主要不同是，其单位可变成本也会随着用户数量的增加而降低，这种降低会带来平台经济较传统经济更加明显的规模经济效果。如图 3-1 所示，在同样的用户数量增加的趋势下，传统经济和平台经济经营者都能够实现规模经济，但是相较于传统经济经营者而言，平台经济经营者在面对同样的用户数量增加时，其平均成本的下降量更大，换言之，为下降到同一个平均成本水平，平台经济并不需要达到像传统经济一样的用户规模便可以实现。这主要是由于平台经济经营者的平均可变成本也将随着用户规模的增加而降低，而这一个特征并不会普遍地出现在传统经济活动中。

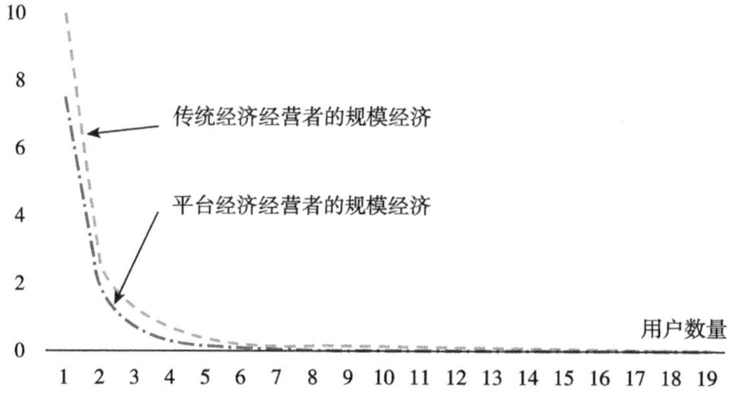

图 3-1 传统经济和平台经济的规模经济

驱动平台经济中的规模经济形成并相较于传统经济更加明显的另一个因素是，平台经济中的用户数量的增加并非像传统经济中表现出“线性”的变化。这是由于传统经济的用户增加主要来自在传统市场交易中产品和服务的销售，主要在于产品品质、价格、品牌对用户的直接吸引，而平台经济除了上述因素以外，网络效应也发挥了吸引用户的功能。在网络效应存在情况下，并且网络效应递增于用户规模，平台经济中的产品对用户的吸引力也能够产生递增的效果，这也驱使了用户数量将随着网络规模的增加呈现出边际增加的效果。这种效果通常被称为梅特卡夫定律（Metcalfe’s law），具体而言，给定用户的数量 n，一个具有网络效应的产品内的用户连接数 $L(n)$ 将能够达到：

$$L(n)=\frac{n(n-1)}{2} \tag{3.15}$$

可以发现，当用户数量大于 1 个单位时，连接数量则随着用户数量递增且边际递增，即 $L'(n)>0$，$L''(n)>0$。进一步地，用户之间的连接增加，就产生了用户之间由于互联而产生的流量增加，一方面，增加了用户间可能产生交易的概率，另一方面，也增加了用户为了实现更大范围的互联而对数字经济产品的依赖度，在直接收益和间接收益模式下，平台经济经营者都能够通过这种互联程度获得收益空间，因此（3.15）所表示的连接数量也可以比较直接地反映出具有网络效应的产品本身的价值。

从成本视角出发，无论是边际成本递减还是规模经济，都体现出网络效应带来的产品价值的增加，且相较于传统经济而言，这种关于成本的变化趋势将在平台经济中更加明显。因此，不断增加投入维持和发展自身的网络效应是大多平台经济经营者的主要策略。其主要目的可以归纳为以下几点，首先，网络效应直接增加了用户在选择产品后的获得效用，增加了经营者的用户规模，无论是经营者选用直接费用还是间接费用的定价模式，都能够构建并强化其获得商业利润的基础。其次，在梅特卡夫定律的作用下，用户数量的增加可以形成边际成本递减并推动零边际成本的快速到来。最后，获得大量用户虽然是平台经济经营者的一个主要目标，但其背后的原因是用户的获取可以增加自身在生产资料方面的获取能力，增加自身市场力量的同时也弱化了竞争者和潜在竞争者的生产能力，强化自身在市场中的支配地位。

第二节 网络外部性与倾斜式定价

1. 网络外部性

在本章第一节所讨论的网络产品中，有一种产品是经营者通过用户之间的参与和交互程度的提升来吸引第三方加入网络进行互动，并从中获得间接收益。第三方的互动使现有的网络效应所产生的效果变得更加复杂。在这种情境下，我们首先需要回答的问题是：为什么第三方会加入进来？影响第三方加入平台的主要因素是什么？例如，广告商或第三方增值服务提供商，他们加入网络的主要原因是这里存在大量的潜在顾客，当网络产品用户的规模不断增加时，他们与潜在顾客群体在未来实现实际交易的概率也就增加，进而强化了他们加入网络的动机。我们通常将这种情形称之为网络外部性（Network externality）或间接网络效应（Indirect network effect）。网络外部性描述了一个群体受到其他群体的影响，因此，网络外部性不会明显地发生在同一个组群内部的用户之间，而是发生在相互独立的不同组群之间，因此网络效应有时也被称为跨组群效应（Cross-group effect）。在平台经济中，平台经营者往往发挥了连接多个组群的功能。在网络外部性下，作为组织者的平台经营者同样发挥了重要的作用，平台经营者的主要策略是寻找并激发能够产生网络外部性的若干群体，并将它们聚集在自身所形成的可以使用户进行互动或交易的平台上，并提供必要的、配套的服务，以增加交易的完整度。由网络外部性为基础的市场通常可以被称为双边或多边市场，也即是本书所讨论的平台经济市场。

同网络效应一样，网络外部性并非是数字化平台经济所独有的，传统经济中也存在大量的平台市场和平台经营者。比较常见的是支付卡平台。支付卡平台虽然关联了若干金融系统，但其核心是通过支付卡这个实体关联了持卡人和商户。对于具有大量持卡人的支付卡而言，商户则更加愿意接收此类支付卡，这是因为商户能够通过引入这种支付方式来增加持卡人在商户内消费的便利性和交易完成概率。与此同时，能够接受某种支付卡的商户数量增加时，潜在的持卡人也会预期到其持有的支付卡能具有较广的使用范围，进而会增加他们持有并持续使用该支付卡的动机。可以发现，在支付卡这种平台市场中，支付卡主要功能是连接了持卡人和商户，属于比较明显的双边市场。同时，双边市场中的两端用户（在平台市场中，我们通常将接入平台的群体称为用户）对对边的用户都具有一定的吸引和依赖，这种状态可以被称为正网络外部性（Positive network externality）。类似的平台如购物商场、设备软硬件都属于具有正网络外部性的平台。

除此之外，同方向的网络外部性并非总是同时存在的，一些平台可能同时存在正网络外部性和负网络外部性（Negative network externality），例如报纸、杂志、网页、短视频平台、综合视频平台等，都存在着一种非对称的网络外部性。如图 3 - 2 所示，平台吸引用户加入并获得提供给广告商的流量，广告商在用户使用过程中植入广告，在某种程度上降低了用户的使用体验和使用效果，进而降低了用户在平台上展开活动的效用，弱化了用户对那些植入广告较多的平台的偏好，换言之，平台所涉及的广告对用户产生了负网络外部性。这种非对称的网络外部性事实上也改变了平台的经营模式和竞争策略。

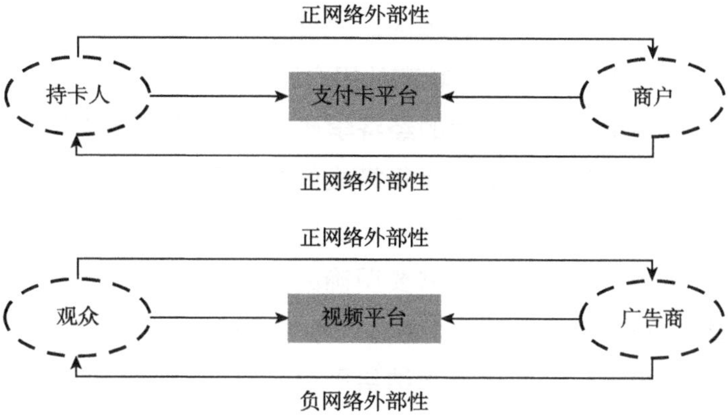

图 3 - 2　网络外部性

相较于传统经济，数字经济中的平台化经营更加普及，其主要原因是数字经济更加侧重于以一种轻资产的投资来实现对信息的使用，作为信息传输的主要载体，平台可以通过技术化手段更大程度地将具有相互吸引的多个群体聚集在平台上，实现他们的信息交互，推动实际交易的完成。平台的技术属性使这种信息交互更加便捷，规避了传统经济中的平台受到时间和空间的约束带来的交易成本。除此之外，数字经济平台可以利用对用户数据的整合和分析，探索用户在供需过程中的偏好特征，更加有效且快速地满足用户在不同层面的需要，实现多个群体间的交互，所以，数字经济领域的平台经营大多可以比较快速地从双边市场布局延伸至多边市场布局（这种多市场布局的情形将在本章第三节详细探讨）。

2. 网络外部性下的平台定价

网络外部性对用户产生了吸引（正网络外部性）和/或排斥（负网络外部性）的效果，这种效果是网络外部性通过影响用户效用而直接产生的，它通常是平台定价的主要基础。一般来说，正网络外部性的存在可以使接入平台的用户在互动过程中均能获得收益，这种收益提高了用户对平台的依赖度，进而提高了他们接入平台的收益，同时也增加了他们接入平台后承担成本的意愿，平台经营者可基于用户来自网络外部性的收益和可承受的成本来制定合理的价格。但与此同时，平台的定价并不会因为对称的正网络外部性的缺位而消失。在不对称网络外部性下，即便平台某一边的用户对对边用户存在较明显的排斥效果，平台依旧可以获得收益。此时，平台的定价将会进一步权衡两边或多边用户对彼此的依赖程度。通常情况下，平台的定价能力将在那些具有对其他群体产生排斥心理的用户群体中弱化，其主要的定价行为将发生在那些对对边用户依赖程度较高的用户群体中。

我们同样可以用一个一般性的经济学研究框架对平台经营者的定价问题进行分析。在一个具有双边市场运行模式的数字平台环境中，平台连接了两个相互独立的群体，定义为 A 和 B，平台的主要盈利是来自两个群体加入平台时所缴纳的费用，即接入费。需要明确的是，平台所制定的费用有时也可以通过征收抽成费来实现，即两个群体在平台上进行信息交互并实现了交易，在成型的交易上按照一定的比例缴纳给平台一定的费用。比较典型的接入费例子是传统的报刊、杂志，无论读者和广告商是否进行了实际的交互或实现了产品推广的价值，他们都需要缴纳加入报刊这种平台的费用，有线电视也同样具有这个特点。关于抽成费比较典型的例子是房屋中介平台，他们在买卖双方发生实际交易之前是不征收费用的，通常在房屋交易实现后，基于房屋成交价格收取一定抽成费用。

定义两个群体中任意一个群体 i，$i=A$，B 的用户偏好 θ 纵向分布在 $[0, N_i]$ 的区间内，他们接入平台后的效用为：

$$u_i = a n_{-i}\theta - f_i \tag{3.16}$$

其中，a 为一个用户群体对另一个用户群体的依赖程度，n_{-i} 为对边群体内的用户数量，f_i 为平台对群体 i 所征收的接入费用，当用户不加入平台时，他们的效用为零。(3.16) 的设定与上一节所讨论的网络效应一个主要的差异是，在网络效应中，用户的效用主要来自使用同一个网络产品的用户规模，而在网络外部性作用下，用户的效用主要来自接入同一个平台的另外一个（或几个）用户群体的规模。同时，这个规模在相互依赖程度 a 的作用下对用户效用产生了放大或缩小的作用，即 a 反映出平台上一端的用户来自另一端用户规模的边际效用水平。

群体 i 中接入平台的用户数量可以表示为 $n_i(u_i \geqslant 0)$，即效用水平不低于零的全部用户都有接入平台的动机，成为平台接入的实际用户，因此，群体 i 加入平台的用户数量为：

$$n_i = N_i - \frac{f_i}{an_{-i}} \tag{3.17}$$

根据（3.17）不难发现，当平台一端用户更加依赖对边用户和/或对边用户数量提升时，换言之，当 a 提高和/或 n_{-i} 增加时，i 端用户数量会提高。同时，这端用户的数量与其接入平台所缴纳的接入费用成反比，即 f_i 增加，i 端用户的接入动机降低，用户数量随即减少。此外，一端的用户加入平台的数量还存在明显的跨边效应，这种效应通常被称为在平台上的溢出效应（Spillover effect）。如图 3-3 所示，当 B 端用户的接入费用 f_B 提高时，会直接降低 B 端用户的接入，即 n_B 下降，根据（3.17），当 A 端观察到 B 端用户数量降低时，其来自网络外部性的收益也会随之降低，进而降低 A 端用户对平台的接入动机，形成了一端的价格对另一端用户接入的抑制效果。因此不难发现，在平台市场上，两端用户存在较为明显的互补关系，使他们对任何一端制定的价格都具有比较明显的一致性变动，换言之，即便对某一群体的用户接入费用控制不变，对另一个群体用户接入费用的变化也会影响到这端用户的接入动机，同时随着他们的对边用户而发生同方向的变化，这种变动主要来自两个用户群体相互间产生的正网络外部性。

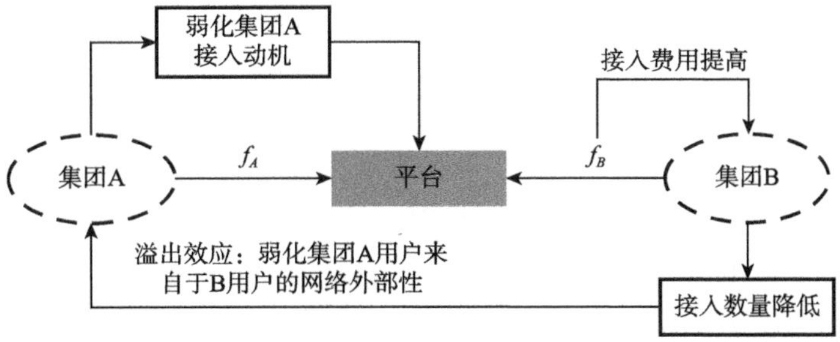

图 3-3　网络外部性和溢出效应

基于上述分析，我们进一步考察平台对两端用户的定价机制，可以将平台的利润函数表示为：

$$\pi \equiv \prod(f_A, f_B) = f_A n_A(f_A, n_B) + f_B n_B(f_B, n_A) \tag{3.18}$$

在（3.18）中，为了简化分析，我们将平台服务两端用户的单位成本假设为零，平台通过制定对两端用户的接入费用 f_A 和 f_B 来最大化其利润，则平台经营者的利润最大化问题条件 $\frac{\partial \pi}{\partial f_A}=0$ 和 $\frac{\partial \pi}{\partial f_B}=0$ 可以表示如下：

$$f_A{}^* = \frac{n_A \cdot \frac{\partial n_B}{\partial f_B} - n_B \cdot \frac{\partial n_B}{\partial n_A} \cdot \frac{\partial n_A}{\partial f_A}}{\frac{\partial n_A}{\partial f_A} \cdot \frac{\partial n_B}{\partial f_B}\left(\frac{\partial n_A}{\partial n_B} \cdot \frac{\partial n_B}{\partial n_A} - 1\right)};\quad f_B{}^* = \frac{n_B \cdot \frac{\partial n_A}{\partial f_A} - n_A \cdot \frac{\partial n_A}{\partial n_B} \cdot \frac{\partial n_B}{\partial f_B}}{\frac{\partial n_A}{\partial f_A} \cdot \frac{\partial n_B}{\partial f_B}\left(\frac{\partial n_A}{\partial n_B} \cdot \frac{\partial n_B}{\partial n_A} - 1\right)} \tag{3.19}$$

（3.19）中的$f_A{}^*$和$f_B{}^*$表示了平台对两侧用户所征收的利润最大化费用，虽然（3.19）中的表达式较为复杂，但其可以概括为关于平台定价两方面的效应，其一是来自平台收费对用户接入数量的直接影响，即f_i对n_i的影响，其二是一端用户接入对另一端用户的接入数量的跨边影响，即n_i对n_{-i}的影响。当上述任何一个影响在平台两端用户间呈现出不对称性时，即当平台两端的用户之间所形成的网络外部性不对称时，平台对两端用户的收费就会产生差异，进而形成了平台对不同用户的差异化定价策略。在这个讨论中我们更加关注一个核心问题是：什么因素导致了两端用户收费的不同？通过比较（3.19）中两个价格可以发现，$f_A{}^* > f_B{}^*$的条件是：

$$n_A \cdot \frac{\partial n_B}{\partial f_B} \cdot \left(1 + \frac{\partial n_A}{\partial n_B}\right) - n_B \cdot \frac{\partial n_A}{\partial f_A} \cdot \left(1 + \frac{\partial n_B}{\partial n_A}\right) > 0 \tag{3.20}$$

条件（3.20）突出了当平台对两个不同群体内的用户进行定价时，围绕价格机制的两个主要因素：

（1）当A端用户对接入费用越不敏感（即越缺乏弹性）时

和/或

（2）当A端用户越依赖B端用户时（即$\partial n_A/\partial n_B$越高时），

平台对A端用户收费则越高于B端用户。在这个条件的基础上，存在一种较为极端的情况，如果B端用户对A端用户的依赖度很低甚至不存在依赖时，即当$\frac{\partial n_B}{\partial n_A} \to 0$时，$f_A{}^*$会始终大于$f_B{}^*$且两个价格的差距会十分大，甚至会出现平台对$B$端用户征收零费用而对$A$端用户征收大于零且较高费用的情况。这个结果背后的主要逻辑是，平台的定价机制并不完全基于成本而实现（这个结果我们从上面平台零成本的假设中便可以看出），而是基于平台所接入的两个用户群体间相互产生的依赖程度而实现的。具体而言，当一端用户对另一端用户十分依赖时，前者对平台的需求价格弹性则很低，即缺乏弹性。因为这类用户的收益主要是通过平台提供的交易机会来实现的，使得平台在这一端用户所形成的市场中的力量增强，赋予了平台在这一端用户群体中制定较高接入费用的能力。而反观某一个用户群体具有依赖程度低、不依赖，甚至对对边用户产生负向的网络外部性的情况，此类用户对平台的需求价格弹性将会急剧增加，即当平台征收一个微量的费用时，用户也会呈现较大程度的转移或者离开，而其对边的用户也会因为此类用户的离开而降低接入动机（这个过程是来自上述溢出效应），使得平台上的整体交易规模下降，缩小了平台的盈利基础。因此，平台会基于用户对平台不同的需求价格弹性对不同的用户制定差异化的价格，以实现利润最大化的目标，这种定价模式被称为倾斜式定价。

倾斜式定价在平台经济中十分广泛，比较典型的例子是电商平台。电商平台属于比较明显的双边市场模式，如淘宝、京东作为平台的组织者（通常被称为平台经营者），平台上的卖家（通常被称为平台内经营者）和消费者在平台上进行信息交互和商品交易。由于卖家的主要利润是来自其与消费者在平台上的交易，这使其更加依赖平台为其带来的信息对接和匹配，而消费者相较于卖家而言具有更多的外部选择（Outside options），如线下消费或其他电商平台，因此对特定的电商平台的需求价格弹性较卖家更高，就会出现电商平台市场中的倾斜式定价，卖家通常对平台缴纳接入费或抽成费，而消费者无需缴费。诸如电商平台的例子中的倾斜式定价的产生还有另外一个原因：平台所接入的两类用户的规模间存在着较大的悬殊，相较于平台内的卖家，平台所涉及的消费者规模巨大，当平台对消费者接入平台进行定价收费时，消费者迁移为平台带来的损失将比卖家迁移带来的损失更大，即平台对消费者进行定价时来自用户流失所形成的机会成本会更大。

3. 多边市场

在平台经济领域内出现的很多平台经营中涉及了多个类别的用户群体的接入，这些用户之间存在相互的依存关系，平台在这种情境下的定价就显得更加复杂。例如，抖音、快手、西瓜视频、Bilibili 类短视频和综合视频平台；斗鱼、虎牙类游戏直播平台等，他们的主要双边市场特征来自主播和观众（消费者）之间的互动，上述两者之间存在着较为明显的正网络外部性。主播的资源通常是平台通过投入而获得的，虽然有些平台不存在创作者激励计划，但是平台对建立主播和观众之间的互动的投入也可以纳入其建立网络外部性的投入成本内。但需要进一步明确的是，平台的盈利单纯靠与主播分享收益这种路径是否有效？主播的打赏与平台进行分成这种方案比较类似于上一节所讨论的平台抽成费的制定。这种方案通常会产生两种效果，一种是降低了主播接收打赏的动机；另一种是激励主播通过丰富内容产品来增加打赏的动机，两种动机产生两个极端，平台的收益则在这两种极端间游走。因此，平台通常会引入双边市场以外的其他用户群体来对这种动态不确定性进行平衡，较为普遍的方式是引入广告或者直接引入产品销售者，通过直播带货或者植入广告的形式收取第三端费用，平衡盈利，同时也弱化了主播在两种极端中的不确定性。

但是，多边市场涉及的用户结构较为复杂，为较为清晰地表达平台与多个用户群体间的关联，可以将平台所涉及的用户群体划分为三类：流量类用户（简称A端）、成本类用户（简称B端）、收益类用户（简称C端）。从A、B两端关联的视角来看，平台的运行模式与双边市场模式基本一致，但当B端用户并不以销售产品（如电商平台内经营者一样）为主营，而是以分享内容为主，通过以内容产品的附属品来获得收益，则B端接入平台的收益动机相较传统双边市场的卖家的动机会更加复杂，这便使平台将B端看作收入一侧并对其定价收费的不确定性增强。

此外，B端有时也会产生平台在运行过程中的主要成本。对于内容产品的运作，平台需要通过技术投入和数据计算来进行归类和聚类，以规范内容的范围和用户的偏好归属，同时，平台还需要对内容细节进行比较充分的监督和管理，这就会造成平台的成本。在一些有创作者激励的平台中（如西瓜视频、Bilibili），平台都会以比较明确的激励计划来支付给主播一定的费用，这就形成了在上一部分所说的差异化定价机制和倾斜式定价，而平台通常不会对A端收费，这就进一步需要平台通过第三方接入来实现成本补偿和利润获取。

平台C端则扮演了为平台补偿成本的角色。平台C端更像双边市场中对平台的需求价格弹性较低的组群，他们需要借助平台的流量来将自身产品或产品信息投放给用户，并增加产品销售和信息推广的范围和成功率。如图3-4所示，在接入平台接入广告或直接销售的过程中，平台会依据用户对产品的实际需求以及C端对平台的依赖程度进行定价，实现利润。在这个过程中就需要关联A、B、C三端之间的逻辑关联，平台的收益主要来源，即C端关心的是平台的流量，而平台的流量主要来自A端，而A端流量的贡献主要来源于B端的吸引力。这就给出了具有多边市场特征的平台的运行逻辑脉络，可通过创作者激励计划大量吸引B端，扩充B端在数量和质量以及内容上的丰富程度，进而吸引A端用户接入，通常可以将其称之为是一种“公域流量”，这种流量的生成通常是具有偶然性的，即用户偶然地被某个或某几个内容吸引。在这个过程中，平台需要进一步投入来巩固用户的依存，即将“公域流量”

转变为“私域流量”，这个过程需要平台建立能够吸引用户的内容群体和B端群体，将用户对内容产品的关注从一种偶然性变成长期性和稳定性。当稳固的“私域流量”建立完成后，C端的进入就完成了“私域流量”向销售量的转变，进而完成了平台盈利的闭环。①

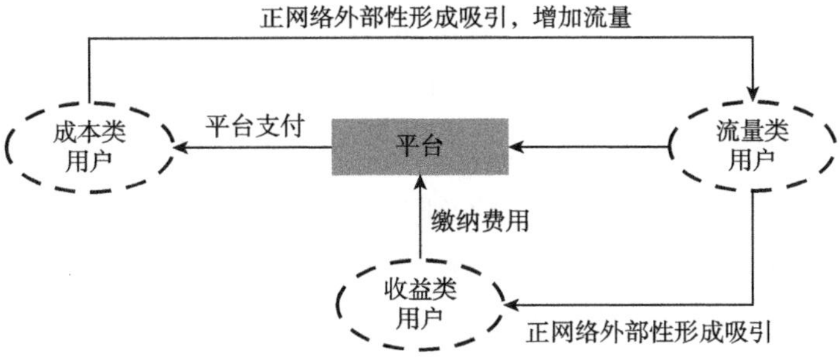

图3-4　多边市场

在这个闭环下各个参与者大多能够实现共赢的状态，首先，A端用户可以从内容产品上获得福利提升，满足其对内容产品的需要。其次，B端用户可以通过内容分享获得必要的成本补偿。再次，C端用户可以借助平台大规模的公域流量实现产品销售或产品信息的传播。最后，平台在C端用户的接入下获得盈利。这种闭环的价值创造大多是一种基于外部性的价值，即不同组群间的网络外部性产生的相互依赖和价值生成。除此之外，平台的价值创造还存在于更大的外部性范围中，即平台事实上通过这种商业模式创造了新的职业，如职业主播等。这种职业创造也丰富了劳动力市场，为闲置劳动力提供了就业空间。

第三节　多市场布局与范围经济

1. 多市场布局

为了科学界定平台类别、合理划分平台等级，推动平台企业落实主体责任，促进平台经济健康发展，保障各类平台用户的权益，维护社会经济秩序，国家

① 王勇，刘乐易，迟熙，等．流量博弈与流量数据的最优定价——基于电子商务平台的视角[J]．管理世界，2022，38（08）：116－132.

市场监督管理总局于2021年10月公布了《互联网平台分类分级指南（征求意见稿）》，提出了互联网平台分类的标准。其中，超级平台除了规定用户规模、经济体量和限制能力以外，还规定了平台的业务种类，即核心业务至少涉及两类平台业务。超级平台的出现和兴起并不是静态的，它通常表现了数字经济市场的一个动态演变。从域外经验来看，超级平台通常是（大型）数字经济经营者的成长路径，例如Facebook、亚马逊和谷歌，他们的发展通常经历三个主要阶段：（1）以网络效应为主的组群内用户管理和经营阶段；（2）以网络外部性为主的跨组群用户管理和经营阶段；（3）以一个核心业务为主的多边经营阶段。其中，第三个阶段就是超级平台所涉及的多个平台业务体现。

我国主要的数字经济市场也呈现了比较明显的超级平台特征，即平台经济经营者在其初始的（且成功的）主营业务基础上，建立多个可以触及消费者的子市场，形成多市场的布局。其中，线上零售、网络外卖、短视频、综合视频、游戏直播、网络导航等市场中多市场布局的特征尤为突出。而且，这些市场大多呈现了较高的市场集中度，也体现出多市场布局的方式可以较为有效地捕捉市场中的用户，形成经营者在市场中的支配地位。

多市场布局形成的具体原因和主要形态，与消费者对不同产品和服务的互补性有关，具体而言，是消费者对类似领域中的不同消费场景的互补性。例如，在线上零售领域中，消费者的消费者场景包括（但不限于）特定商品购买、线上支付、线下物流等，同时，可以包含即时外送业务（如美团跑腿、美团买菜等），消费者的消费场景可以在其整个消费领域继续扩张，如订餐、打车、购票等。同一个平台内的业务转换可以极大程度节约消费者在不同平台间进行切换过程中的转移成本，并提高消费者在消费过程中的效率，增加消费者对平台的依赖度。对于消费者消费场景的互补性的理解，可以将其看作是平台为消费者提供了灵活的混合捆绑（Mixed bundling），这种混合捆绑基于业务种类和业务间的相互补充程度，消费者可以灵活地选择（或选择不捆绑）。表3-1给出了混合捆绑下消费者剩余的简单数例，消费者面对平台提供的两种业务，具有差异化的支付意愿，当单独购买的价格低于支付意愿时，消费者则会由于较高的消费者剩余而选择该商品。当平台基于某一个基础业务向另一个业务扩张时，则自然为消费者提供了可供选择的商品捆绑，如业务1与业务2的捆绑销售，当这个混合捆绑的价格不高于单独销售的价格之和时，消费者在需要两个业务时则会选择混合捆绑。

表 3-1　混合捆绑与消费者剩余

	消费者支付意愿	单独购买价格	消费者剩余
业务 1	10	8	2
业务 2	8	6	2
业务 1+业务 2	18	14−	4+

平台经济领域中的混合捆绑相较于传统经济有三个主要特点。首先，平台经济中的混合捆绑能够较为显著地降低消费者的转移成本。消费者在同类消费领域中的不同消费场景通常是需要同步完成的，例如商旅业务中的机票、酒店、接送机业务通常同时发生，消费者在同一个平台完成全部操作可以降低其搜寻和转移其他平台完成交易的成本，因此，在表 3-1 中消费者所面对的价格将在两种业务合并在一个平台时有所降低。其次，平台为消费者提供的捆绑和全部业务具有在特定消费场景下的整合性和针对性。平台在进行业务扩张时都会基于其初始业务而进行类似的业务扩张，如交通出行领域、外卖送餐领域、线上零售领域，大多是在类似领域中的不同消费场景的整合，这样更加能够符合消费者在消费场景同步情况下的业务整合。最后，也是平台经济中的一个重要特征，就是平台能够将其作为业务的组织者所产生的网络外部性叠加。为理解这个特征，可以将一名代表性消费者接入平台后的效用函数表示为：

$$u \equiv U(f, n_1, n_2, B(n_1, n_2)) \tag{3.21}$$

结合表 3-1 和（3.21），消费者的效用主要来自平台上所接入的业务 1 和业务 2 的提供者数量 n_1 和 n_2，以及两种业务的整合为消费者带来的互补效果 $B(n_1, n_2)$。消费者同时受到了接入平台成本 f（例如使用费用、接入费用、抽成费用等）的负向作用。因此，消费者效用的特征可描述为：$\frac{\partial u}{\partial f}<0$，$\frac{\partial u}{\partial n_1}>0$，$\frac{\partial u}{\partial n_2}>0$。此外，定义消费者不加入平台时的效用水平为零，则接入平台的消费者数量可以表示为：

$$v \equiv V(u \geqslant 0) = V(f, n_1, n_2, B(n_1, n_2)) \tag{3.22}$$

进一步地，我们考虑业务 1 的提供者接入平台的动机，他们的接入主要来自平台吸引的消费者数量，也即是平台在业务 1 和消费者之间建立的网络外部性，将网络外部性刻画为 v，则有：

$$n_1 = N\ (v) \tag{3.23}$$

考虑用户与业务的提供者之间存在着正网络外部性，因此，$\frac{\partial n_1}{\partial v}>0$。当平台建立业务 2 并在其他条件不变时增加业务 2 的供给规模和供给效率，则该行为可以对业务 1 产生一种连带效果，即：

$$\frac{\partial n_1}{\partial n_2} = N'\ (v)\ \left[\frac{\partial V}{\partial n_2} + \frac{\partial V}{\partial B} \cdot \frac{\partial B}{\partial n_2}\right] > 0 \tag{3.24}$$

从（3.24）的结果上看，这种连带效果事实上是一种对新业务的增进效果，它背后的逻辑可以从以下思路展开。如图 3－5 所示，第一，当平台的业务数量提升后，消费者能够通过平台获得业务 2 的直接效用增加，提高了消费者接入的动机，即$\frac{\partial V}{\partial n_2}$所展现的效果，消费者数量的提高，增加了业务 1 提供者接入的动机，这个变化并不直接受到业务 1 和业务 2 在供给侧关联的影响。第二，如果两种业务在消费者的消费场景中存在一定的互补性，则消费者会由于两种业务捆绑而在接入平台后获得更高的福利，进一步增加了消费者接入的动机，也同时进一步增加了业务 1 供给者接入平台的动机和数量，即$\frac{\partial V}{\partial B} \cdot \frac{\partial B}{\partial n_2}$所展现的效果。我们可以由此发现，虽然平台的成长过程中并未对业务 1 进行过多的建设投入，但是其对业务 2 的建立和推广，可以通过消费者对不同业务产生的依赖将网络外部性在不同的业务间进行转移，形成网络外部性的叠加效果。

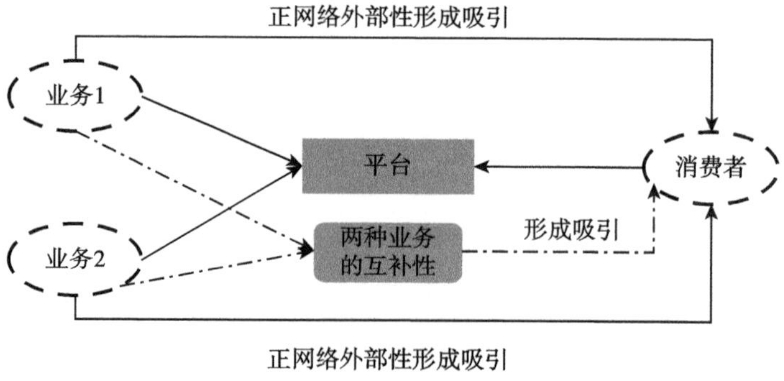

图 3－5　多市场布局的运行机理

2. 范围经济

从平台多市场布局的产品设计视角来看，平台经济经营者所面对的一个核心问题是：应如何权衡和选取不同的业务线和业务组合？回答这个问题可以从平台经营者对多市场布局的范围经济特征展开，范围经济（Economies of scope）通常指的是生产多个产品的成本低于分别生产这些产品的成本总和，即

$$TC(Q_1,\cdots,Q_n) < \sum_{i=1}^{n} TC(Q_i) \tag{3.25}$$

其中，TC 描述了经营者的成本函数，Q_i 是生产产品 $i=1, 2, \cdots, n$ 的产量。但我们需要同时明确的是，厂商在多个产品生产的过程中需要考虑两种相反的效应：协同效应（Synergy effect）和蚕食效应（Cannibalization effect），前者指的是厂商在生产过程中能够激发生产设备和生产资料相互协作而形成生产力增加的效果，后者指的是由于生产设备和生产资料的有限性，而导致资源无法在多个产品生产中进行充分调配而形成的生产力下降。蚕食效应在传统经济中表现得比较突出，这是由于有形的生产资料、人力资本、厂房和设备仪器等不能够得到充分的共享，使厂商在涉及多个产品线经营的时候需要使生产经营活动在不同产品线之间进行让渡和转移，这就需要厂商在单产品、多产品和产品数量上进行合理权衡，以保障其生产效率。

在平台经济中，蚕食效应可以得到很好缓解，是由于平台经济中的生产和经营大多发生在网络空间中，平台经营者对多个业务的推广和维护并不需要占用过多的物理空间和实体资源。同时，平台经济的生产要素主要以数据为主，平台经济经营者的数据来自平台上不同组群间用户的互动，因此，多个业务经营一方面不会显著增加经营者面临的蚕食效应；另一方面还会提高经营者的数据获取量，进而增加经营者来自协同效应的收益。这就比较直观地说明了平台经济中范围经济的生成强化经营者进行多个业务经营动机的过程。此外，经营者在实现范围经济的过程中更多地关注了如何激发和运用协同效应，而并不会显著受到蚕食效应的阻碍。

我们继续利用一个简易的经济学模型分析平台经济经营者进行多市场布局的动机，令平台经营一个业务和经营两个业务的利润分别表示为 π（1）和 π（2）。无论哪种模式，平台的流量都来自不同用户群体在平台上的互动，因

此，相关业务提供者（例如平台内经营者）更加关注平台连接的用户数量，定义 v 为平台接入用户的数量。平台通过向业务的提供方收取接入费用 f 获得利润。本模型与以上理论分析中的基础模型稍有不同的是，我们在这里嵌入了平台经营业务时的成本 c。具体而言，当平台仅经营业务 1 时，其成本为 $c(v_1)$，当平台同时经营业务 1 和业务 2 时，其成本为 $c(v_2)$，其中 $v_1=V(n_1)$，$v_2=V(n_1, n_2)$，说明了不同业务量下，用户能够触及的业务提供者规模不同，进而导致了平台在不同情况下的成本也不尽相同。由于平台经营的主要要素是来自用户参与所形成的数据，因此，当用户量增加时，数据体量增加能够带来比较明显的成本优化，即上一节所提出的边际成本递减，可以表达为 $V'(\cdot)<0$。此外，当平台经营两类业务时，还需要承担一定的蚕食成本（虽然上文指出蚕食成本在平台经济中并不明显，为了刻画更加真实的情境，模型引入了蚕食效应的成本参数），令蚕食效应带来的成本为 mn_1n_2，其中 $m>0$ 表示了蚕食效应的程度（m 越大，蚕食效应越显著）。基于此，两种经营模式下的平台利润可以刻画为：

$$\begin{aligned}&\pi(1)\equiv\pi_1(f_1, c_1(v_1))\\&\pi(2)\equiv\pi_1(f_1, c_1(v_2))+\pi_2(f_2, c_2(v_2))-mn_1n_2\end{aligned}\tag{3.26}$$

平台经营两类业务的动机来自条件 $\pi(2)-\pi(1)>0$ 的成立，说明了经营两类业务能够为平台经营者带来较经营单个业务更高的利润，通过对 $\pi(2)-\pi(1)$ 关于 f_1 进行比较静态分析可以得到：

$$\frac{\partial\pi_1}{\partial c_1}\left(\frac{\partial c_1}{\partial v_1}\cdot\frac{\partial v_1}{\partial n_1}-\frac{\partial c_1}{\partial v_2}\cdot\frac{\partial v_2}{\partial n_1}\right)+\frac{\partial\pi_2}{\partial c_2}\cdot\frac{\partial c_2}{\partial v_2}\cdot\frac{\partial v_2}{\partial n_1}-mn_2\tag{3.27}$$

（3.27）所反映的表达式水平越高，则平台选择两类业务经营的利润越大，其经营两类业务的动机则越强。具体而言，（3.27）展现了平台经营多个业务决策的三个主要因素：（1）第一项表达了平台能够通过增加业务数量对既定存在业务的增值，进而所获得的来自既定存在业务的利润增量，其中 $-\frac{\partial c_1}{\partial v_2}\cdot\frac{\partial v_2}{\partial n_1}>0$ 表达了当业务 2 加入后，用户因为网络外部性而增加的数量，进而降低了业务 1 经营中的边际成本所带来的利润增量。（2）第二项表达了业务 2 加入之后为平台带来的利润。（3）第三项表达了业务 2 加入之后，其对业务 1 的资源挤占量，即蚕食效应。（3.27）所展现的平台经营者多市场布局的核心在于因素（1），即新的业务加入后，能够带动多少用户接入平台，进而对已存在业务的价值溢出，以及这种溢出对已存在业务所产生的利润增加量。因此，在多市场布局中，$\frac{\partial v_2}{\partial n_1}$的程度则十分重要，它反映了平台引入新的业务对消费者的各种消费场景连接的紧密度，换言之，反映了在消费者视角下，新加入的业务与已存在的业务的相互补充程度。

从价格层面来看，当平台引入第二个业务后，它的定价机制也随之发生了改变，我们进一步写出平台在经营两个业务时的利润函数：

$$\pi(2) \equiv \prod(f_1, f_2) = (f_1 - c_1(n_1, n_2)) \cdot n_1(f_1, n_2) + (f_2 - c_2(n_1, n_2)) \cdot n_2(f_2, n_1) - mn_1n_2 \quad (3.28)$$

考虑平台对业务 1 所制定的利润最大化接入费用的条件为：$\frac{\partial \pi\ (2)}{\partial f_1}=0$，进一步得到

$$f_1^* = c_1 - n_1 \cdot \frac{1}{\frac{\partial n_1}{\partial f_1}} + \frac{\partial c_1}{\partial n_1} \cdot n_1 + \frac{\partial c_2}{\partial n_1} - (f_2^* - c_2) \cdot \frac{\partial n_2}{\partial n_1} + mn_2 \quad (3.29)$$

上述利润最大化接入费用包含了关于多市场布局中的两个定价特征，首先，$\frac{\partial c_1}{\partial n_1} \cdot n_1 + \frac{\partial c_2}{\partial n_1} < 0$ 描述了在多市场布局下两个业务之间对消费者的互补而形成的规模优势。在两种业务互补的情况下，消费者体量增加，强化了平台的盈利路径，进而降低了平台的成本，可以被理解为范围经济的生成过程。其次，$-(f_2^* - c_2) \cdot \frac{\partial n_2}{\partial n_1} < 0$ 是在消费者感知下，两个业务的提供者对彼此接入数量的关切，即当一个业务的提供者数量增加时，另一个业务的提供者也增加了接入的动机，形成了业务提供者群体间的规模经济。

上述两个特征都对平台向业务提供者的定价有降低的作用（根据对称性，平台对业务 2 的提供者的定价也具有同样的效果），这说明了，在多市场布局下，由于多个业务对消费者能够产生比较明显的互补效果，增加了消费者加入平台和使用相关业务的规模，提高了平台在连接供需两端时的规模，在蚕食效应并不十分显著的时候，可以比较有效地降低对业务提供者的费用。但在平台经济运行的实际过程中，这个结果并不会无条件发生。《互联网平台分

类分级指南（征求意见稿）》中提出关于超级平台的另一个特征是具有超强的限制商户接触消费者（用户）的能力，这说明了平台在布局多个业务时，可能同时伴随着利用较强的网络外部性（即消费者的依赖度）而形成的控制市场的能力，这种能力赋予了平台更强的在多个业务市场中的市场势力，提高了其定价的能力，这种可能形成平台在其领域垄断的风险问题，将在本书后续章节进行深入讨论。

第四节　平台经济中的垄断风险

平台经济不同于传统经济的特征改变了平台经济市场的运行规则，以及平台经济经营者的策略行为。平台经济经营者为了寻求更高的商业利润可能会引起潜在的垄断行为，当此类垄断行为的形成机制并未广泛出现在传统经济市场中，则可能会使我们产生在平台经济市场中特定的的反竞争担忧，这种反竞争情况通常形成于平台经济特征所构成的垄断状态。垄断状态通常描述了一个相关市场中只有一个或少数几个厂家的情况，垄断的市场一般表现出较高的市场集中度，即头部少数几家厂商的市场份额总和接近整个市场的份额，同时，垄断市场内部的经营者通常具有较强的市场势力。本节将基于上文关于平台经济市场的特征，讨论平台经济领域中的市场垄断形成的机制和路径，以及反竞争担忧。关于平台经济市场中具体展现出的垄断行为和具体损害，将在第九章和第十章进行具体延伸和讨论。

1. 网络效应下的用户扩张

网络效应的存在反映了平台经济与传统经济较为突出的差异，虽然网络效应也可存在于传统经济中，但在数字技术的嵌入下，网络效应在平台经济中的表现更加广泛和显著。网络效应带给平台经济经营者的一个主要的影响是经营者获取消费者、占据市场的方式变得更加丰富，平台经济经营者并不需要像传统经济经营者一样通过改良生产过程、优化流通渠道、提升产品品质、构建品牌优势等方式来捕捉市场，而是可以通过消费者群体的力量来吸引潜在消费者和控制在位消费者，进而实现开拓市场的目的。具体而言，那些具有网络效应的产品经营者在进入市场后就快速实现对消费者的捕捉，构建稳定的在位消费者群体，使那些在位的消费者基于网络效应来吸引潜在的消费者。在网络效应的作用下，经营者可以以较快的速度占据市场，形成明显的垄断地位。同时，网络效应还可以生成在位消费者对产品本身以及其所形成的网络的依赖，这主要是由于在位消费者在已成型的网络产品中承担了较高的转移成本。具体而言，消费者的转移并不完全在于其失去了现有产品为其带来的效用，而且还同时失去了离开这个网络所带来的与其他消费者互动形成的效用，即网络效应为其带来的外部性效用。

平台经济经营者运用网络效应实现垄断地位需要关注几个要素。首先，同类产品的网络效应通常具有同质化特征，例如，即时通讯这种产品对消费者产生的网络效应大多体现在消费者大量加入该网络时，能够获得的即时通讯服务。虽然目前的即时通讯产品具有多个市场的分布和渗透，例如在线支付、在线购物、在线咨询等，但其基础都是来自主营服务所带来的消费者流量的增加。网络产品的同质性需要经营者具有比较明显的先行者优势来获得相对竞争力，通过先行者优势快速捕捉消费者，同时提高消费者的转移成本，形成并巩固垄断地位。先进入市场并触及消费者的经营者可以获得更加明显的竞争优势，如表 3－2 所示，用户通过网络效应产生的效用由梅特卡夫定律中的连接数量 $n(n-1)/2$ 计算，当用户转移后，如果新的经营者能够为其提供 R 的基础效用，当在位经营者的用户规模不断提升时，用户的转移成本将持续增加，即函数 F 为关于网络连接数量的增函数，使得新经营者为获取用户所投入的基础效用也应随之增加。

反观新进入市场的经营者，其投入可能会面对两方面的约束。一是经营者的投入能力并不能够随着用户转移成本的增加而增加，换言之，新的经营者的投入水平并不能充分补偿用户的转移成本。例如，新的经营者的投入能力在给定阶段内只能给予用户 R 的基础效用，当在位经营者的产品所形成的网络效应已经为用户带来大于 R 的效用时，新的经营者将不能通过为用户提供基础效用而推动用户的转移，使其市场份额无法在短期得到提升，进而新的经营者的收益无法补偿其进入市场时承担的成本，使新的经营者退出市场。二是新的经营者不能有效地像在位经营者一样从网络效应中获得更大的竞争力量，这是由于潜在面对比较明显的网络效应产品的时候，消费者通常会择一而接入，这是由消费者群体的一致行动决定的。当一个产品并没有接入过多用户时，潜在的和在位的用户均有较大动机停留在具有更多用户规模的产品上。这就导致了新的经营者所面对的剩余市场（Residual market）规模降低，由剩余市场为其带来的用户数量降低，进而降低了网络效应所形成的竞争力，在表 3-2 中则表现为新的经营者能够为用户提供的基础效用水平 R 也会随着在位经营者的用户数量 n 持续下降。

表 3-2　用户福利与转移成本

用户数量	网络效应产生的效用水平	用户转移后的福利
1	0	$R-0$
2	1	$R-F$（1）
3	3	$R-F$（3）
4	6	$R-F$（6）
5	10	$R-F$（10）

其次，网络效应下的竞争依旧依赖技术的更迭和市场的开发。以腾讯公司的微信和中国移动的飞信为例，飞信是中国移动在 2007 年推出的一款即时通讯产品，对于当时的互联网环境和个人移动设备的运行能力来讲，飞信可以比较好地实现即时通讯的便利性和降低用户成本，以此来捕捉消费者，并通过网络效应实现在即时通讯市场中的规模经济。但是 2011 年微信推出后，在一年内用户数量就增加 1 亿人。对比上述两个网络产品的差异，微信的主要竞争优势在于技术特征和市场特征，从技术角度来看，微信随着个人移动通信设备和整个互联网环境的发展而推出并进行快速且频繁的创新，迎合了在互联网宏观环境发展下消费者对于互联网产品体验度和功能的需要；从市场角度来看，微信对消费者来讲并不是新兴事物，它的初始发展离不开腾讯公司初始即时通讯产品 QQ 的积淀，换言之，大量的微信用户都是从 QQ 用户中转移而来的。互联网和移动设备的快速发展使 QQ 逐渐走向移动互联，在 2007 年到 2011 年初微信进入市场的中间阶段，腾讯公司利用 QQ 和移动 QQ 进行了在消费者层面的过渡，维系了大量的忠诚消费者。在微信推出之后，它也开拓了除了文字类的信息传输以外的其他多元化的信息传输服务，并逐步开发基于即时通讯的业务线，在提高了消费者的体验感的同时也降低了消费者从飞信转移的成本，另外，也增加了其他新的经营者进入市场后的竞争成本，逐渐巩固了自身的垄断地位。

最后，信息和产品的渠道封锁并不是网络产品运作中的成功手段。我们继续探讨上述关于飞信和微信的案例。飞信在推出之后仅限于中国移动的手机用户使用，对其市场中的主要竞争对手如中国联通的用户限制使用。从表面来看，这个策略是通过飞信产品来增加中国移动相对于中国联通的竞争力，但是其背后的逻辑是将飞信能够产生的网络效应固定在了中国移动约 9 亿的用户规模内。① 因此，飞信对其他电信经营者封禁的同时，也封禁了本可以通过飞信形成网络效应的用户之间的通路，将自身的产品固定在了一个既定的范围内。此外，飞信产品在推出之后一方面限制了跨网短信业务；另一方面对日度信息发送数量设定了上限，对供给量约束背后的逻辑事实上是一种价格机制，飞信在推出后的一段较长的时间内对用户并不是完全免费的，这与微信的定价机制完全不同。如上文所述，数字经济中具有明显网络效应的产品通常可以通过对组群内用户间产生的网络效应的开发，以及对组群间用户形成的网络外部性的开拓这个逻辑实现盈利，即通过灵活的倾斜式定价获得利润，而在飞信的初始定价机制中并未充分实现激发网络效应的目标。因此，跨网封禁和定价机制的不合理也会限制数字经济产品网络效应的发展和应用。

2. 网络外部性下的用户跨边扩张

用户跨边所产生的相互作用是网络外部性下的主要特征，这就构成了平台经济经营者的主要竞争路径，是通过激发用户的网络外部性的效果来提升平台成长。类似于网络效应下的经营者竞争策略，网络外部性下的竞争策略也并不侧重于一个定价机制，或者说，并不单纯地关注定价机制的决定性。网络外部性的存在使得经营者的主要竞争目标在于如何提升平台的规模，固定平台两端或者多端的用户体量，而定价只是在平台成长和发展过程中的一个组成部分。

在用户体量提升方面，平台经营者通常会首先识别其接入的用户组群对对边用户和平台本身提供的服务的依赖程度，这种依赖程度包含了对产品和服务的依存度，同时也反映了用户对接入价格的承受能力。如上文分析所述，对于那些对平台交易依赖程度较低或转移成本较低的用户组群，以及对价格接受程度较低的用户组群，平台经营者通常都会选择免费的形式接入此类用户。因此，平台此时的利润主要来自那些对平台本身提供的产品和服务依赖度较高的，或对价格变化的反应并不明显的组群。当这两类组群出现时，平台上的两个或多个相互依赖的组群也逐渐呈现出来。平台的主要任务就是不断地激发这些相互依赖的组群之间的互补性，通过他们之间的依赖程度来增加他们对平台的依赖程度。在这个过程中，平台竞争的侧重点则是通过吸引那些

① 2018 年 11 月中国移动累计移动用户约为 9.22 亿。

更加“灵活”的用户来关联那些“不灵活”的用户，前者是那些对平台依赖度不高的用户，这些用户对平台较低的依赖程度体现在他们的转移成本很低，而他们不使用平台时福利的下降程度也相对较低；而后者则呈现相反的特征，他们的主要福利提升路径更多地依赖平台以及平台为他们提供的对边用户的接入。

因此，平台的竞争和垄断地位的形成大多需要一个初始步骤，就是通过零价格或者补贴的形式吸引那些“灵活”的用户，通过捕捉“灵活”用户来实现用户跨边扩张，即在平台上利用这些用户跨边吸引“不灵活”用户的增加。当两个组群用户快速扩张时，平台能够形成的交易机会也随之增加，平台一方面可以运用这种潜在的交易获得利润，另一方面可以运用交易所形成的数据来进行多边扩张，增加多业务经营下的利润。

不同于网络效应下的竞争，网络外部性下的竞争存在比较显著的不确定性，这就导致平台对竞争工具的选取出现一定程度的困难。这种不确定性主要来自三个方面。首先，平台在经营过程中，主要以对两边或多边用户提供服务为主要形式。这种服务无论出现在哪个领域，都以信息的对接、匹配、交易为基础来实现。例如，网约车行业是以交通资源信息为基础的、外卖送餐行业是以餐饮供需信息为基础的、线上零售行业是以产品的供需信息为基础的，因此，平台的竞争路径具有十分明显的同质性，这就会为平台控制用户增加很大难度。其次，平台内经营者也具有较明显的同质性，一个平台在没有外生力量干预时，呈现了多归属（Multi-homing）的特性。因此，平台内经营者可以在不同的平台间进行切换，就导致用户可以在不同的平台内选择到几乎同样的产品，形成了平台内经营者的动态转移所造成的不确定性。最后，平台上的双边和多边用户会由于多归属性按照自身福利水平的变化进行不同平台的选择，产生了比较明显的溢出效果。具体而言，当用户组群 A 被平台 2 的组群 B 吸引后，平台 1 的组群 A 会逐渐转移至平台 2，这个过程中获益的不仅只有平台 2 和平台 2 上的组群 B，平台 1 的组群 B 也会逐渐放弃平台 1 上的交易而逐渐将经营重心和较好的交易条件置于平台 2，使平台 2 在短期获得了较强的竞争力甚至是较强的市场支配地位。上述特征之所以在网络效应下不易发生是因为网络效应吸引用户的主要路径仅发生在用户本侧的群体中，而对跨边用户所产生的影响很小甚至几乎没有。

倾斜式定价是平台寻求垄断的一种表现形式，体现在平台对一端或几端用户高度的补贴上，形成了平台所涉及市场中的价格竞争。不同于传统经济单边市场的价格竞争，平台市场中的价格竞争对平台经营者存在若干挑战。

首先，通过补贴一端用户来激发用户对平台的接入程度和流量可以牵引另一端用户由于较高的交易机会而接入，但是当该平台的竞争对手同时补贴平台的另一端用户时则会出现流量扭曲，使双方都无法获得补贴下希望获得的交易体量。如图 3-6 所示，平台 1 和平台 2 分别补贴需求侧的用户 A 和供给侧的用户 B，但当两端用户分别加入平台 1 和平台 2 时却产生了需求和供给无法得到充分满足的现象，使平台的补贴趋于无效。因此，平台通常会对两边都进行补贴，这就形成了更大规模的价格竞争。其次，价格竞争在平台竞争中往往会形成伯特兰德悖论（Bertrand paradox）式的结果，当平台所提供的服务和平台内经营者所提供的产品之间的同质性十分明显时，均衡价格只能停留在平台运营的单位成本水平或更低，平台趋于平分市场，这种价格并不会对各个平台的市场份额产生过多的影响。伯特兰德悖论主要发生在类似于平台竞争这种产品差异化不明显且用户的转移成本较低的市场中。对于那些重资产投资的平台来讲，价格竞争会增加平台经营过程中的成本压力，通常不具有长期性。对于那些轻资产投资的平台来讲，虽然价格竞争可以维持较长的一段时间，但是由于伯特兰德悖论所产生的经济利润下降的问题并未得到根本性的解决，因此，也不会给平台带来明显的垄断地位。同时，对于那些数字要素驱动型的和数字化效率提升型的行业来讲，平台的价格竞争会带来更大规模的损害，因为这些行业大多具有数字经济和传统经济共存的特征，当数字经济经营者由于价格竞争拉低市场平均价格时，传统经济经营者无法通过快速的技术改进和经营策略调整来应对这种低价格，使其在消费者快速转移的过程中失去市场，进入到无法展开经营的困境，在 2015—2018 年期间发生的网约车平台的价格战对传统巡游车行业就产生了十分明显的冲击。

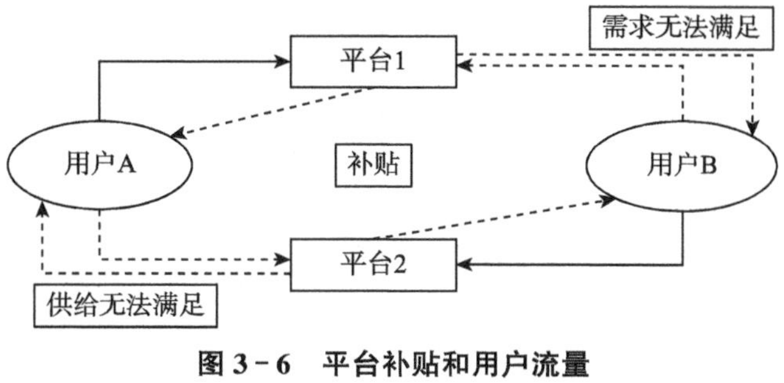

图 3-6　平台补贴和用户流量

除了价格手段以外，平台竞争中还会通过使用外生的方法来实现垄断地位的建构和提升，比较常见的方法是平台经营者将用户的多归属性改变为单归属性（single-homing）。平台经营者通过协议等方式，要求一端（或者多端）的用户在接受服务时只能选择该平台进行接入和交易，这种方式在缩小了供需双方的交易路径的同时，也弱化了用户的价格比较能力，使用户无法灵活地在多个平台间进行转移，从而形成了单归属的状态。通常来讲，单归属操作对平台而言是较价格机制更加有效的一种方法，因为它可以通过单归属一边用户而获得另一边或另几边用户的接入，高效地通过控制单边来获得整个平台的发展。平台的单归属操作并不适用于全部的平台，因为在单归属协议生成的时候，涉及了平台与平台内经营者关于这个协议进行的谈判，平台的谈判力量来自其对谈判对方的控制能力，以及谈判对方在谈判失败后的外部收益，也可以称为分歧回报（Disagreement payoff）。当平台在谈判初始就控制了具有规模的消费者体量，平台内经营者在谈判过程中就需要考量在谈判失败后转移到其他平台而失去的现有消费者数量。换言之，赋予平台谈判力量的根本是在于这个平台在消费者市场中的控制力和控制规模。反观势均力敌的平台经营者，他们在与自身的平台内经营者谈判过程中能够获得的谈判力量就并不显著，这是由于平台内经营者在不同平台间接入时能够获得的消费者数量相差不多，因此，他们与特定平台谈判时产生的失败成本也不会具有明显的差异。这说明了，通常单归属操作多出现在那些已经具有比较明显的市场支配地位的平台中。此外，单归属操作还具有一定的动态叠加效果，如图 3-7 所示，平台连接供给侧和需求侧的两端用户，并尝试对供给侧用户进行单归属操作，当单归属开始实施后，需求方用户就会部分地流入该平台，增加了该平台在后续的单归属操作中的谈判力量，同时巩固了对现有供给侧用户的控制力量，使平台可以周而复始地通过单归属操作控制市场。

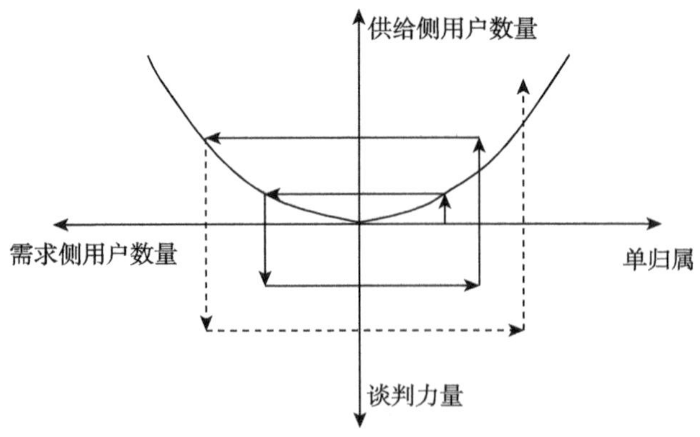

图 3-7　单归属与平台谈判力量

从反垄断和反不正当竞争的视角来看，单归属操作从交易方式、交易方法和交易场所角度都限制了用户的自由选择权，供给侧的用户在多归属环境下（即存在多个可供交易的平台）只能基于协议选择一个平台投放自身的产品，而同时，需求侧用户在需要特定供给侧产品的时候只能通过单归属的平台进行购买，这就构建了平台在特定产品的交易过程中形成的垄断者的地位。但是这种垄断地位的形成是通过控制供需双方而实现排挤竞争对手的方法完成的，直接地损害了这个特定产品领域中的平台市场公平竞争的环境。例如，美团和阿里巴巴“二选一”案就体现了上述问题带来的损害，本书的第九章将对这些问题进行具体的分析。

3. 多市场布局下的跨边用户扩张

当数字平台发展到一定程度时，平台经营者通常会进行多市场布局的策略。多市场布局的具体形态是，平台经营者利用其一个或多个成熟的业务，向与现有业务相关的方向开拓新的业务，实现用户规模和交易规模的扩张。从多市场布局的理论基础来看，其核心是帮助平台经营者构建一个明显的范围经济环境，通过运营多个业务，将不同业务间的互补性激发出来，获得更多的交易机会和潜在的商业利润。就范围经济而言，平台经济的多市场布局相较于传统经济具有两点主要的不同。

第一，平台经济实现多市场布局的资源发生了重要的改变。平台经济经营者进行业务扩张时，其主要运用的资源是数据，通过利用数据所携带的信息实现在新的业务线上快速构建规模经济的目标。而经营者所使用的数据是已有业务所涉及的用户在交易过程中所产生的。不同于传统经济，平台经济领域中的数据要素具有可叠加、可重复利用的特点，平台经济经营者在新的业务中承担了更少的获取要素的成本。

第二，平台经济中的多市场布局能够更好地构建业务间的互补性。平台经济的需求侧存在一个较为明显的特征是消费者消费的场景化比较突出。不同于传统经济，平台经济经营者通常会将消费者的诸多消费场景分割，并通过不同的业务渗透进去，再利用一个平台将多个场景整合起来。这种从分割到整合的过程直接提高了消费者在同一个平台上的体验度，使消费者潜在的多个消费行为都能够在一个平台上完成。

基于上述特征，平台经营者的多市场布局将从增加业务互补性的过程中增加用户的黏性。用户黏性的具体体现是用户在多个平台间进行切换时的转移成本增加，使平台可以在业务扩张的过程中形成更强的“吸盘效应”吸引并保留更多的消费者。消费者的黏性是平台经营者进行多市场布局所产生的直接效应，而多市场布局所形成的垄断机制则是基于平台所形成的网络外部性而产生的。具体而言，在平台仅经营一个业务时，它所形成的网络外部性是单线的，为消费者和一个领域的产品或服务的卖家提供信息匹配服务，当一边的用户规模增加时，也会增加另一边的用户接入和停留的动机。当平台经营者基于现有成熟业务向另一个新的业务延伸时，平台则会与新业务领域内的经营者形成联络，这部分经营者接入平台的直接动机是，平台是否能够为他们与消费者之间建立一个比较稳定且强大的网络外部性，使他们在接入平台后就能够在短期进行高效交易，快速提升他们在接入平台后的交易规模和商业利润。然而，上述逻辑背后的主要问题是：平台能否为新业务中的卖家提供交易的基础取决于平台是否能够在现有业务中形成良好的交易基础，换言之，新的业务领域中的卖家接入平台的动机一方面涉及平台在这个领域中能够产生网络外部性的直接因素，在另一方面，且更重要的是，平台现存的经营基础是否已经构建了比较良好且稳定的网络外部性。

因此，不难发现，在那些多个业务同时经营的平台上，存在着两种平台可以控制的外部性，其一是平台在不同的业务中，为卖家和消费者之间所建立的单线的网络外部性，其二是当消费者关于多个业务之间存在着互补关系时，不同业务中的卖家对其他业务中卖家与消费者之间的网络外部性。这种外部性更加类似于一种跨业务的网络外部性。形成上述特点的主要原因是，平台所连接的卖家群体和消费者群体之间具有相当程度的非对称关系。具体而言，平台所连接的卖家大多处于多个不同但相互补充的领域中，他们在商业模式、盈利模式、产业特征上具有明显的差异，而平台为这些卖家所提供的交易机会的主体都指向了消费者，换言之，供给侧的规模和类别更多，而需求侧更加具有一致性。当需求侧中的消费者进行消费决策时，他们在考虑一个业务带来的收益的同时，也会考虑多个业务的整合为他们带来的整体收益，这使得不同业务中的卖家会将其他业务卖家在消费者消费场景中的重要程度纳入自身盈利的考量，也进一步影响了他们接入平台的动机。

在多市场布局发生后，平台自然而然地强化了两个方面的力量，第一，消费者的需求能够在同一个平台更多、更丰富、更集成地得到满足。第二，某个特定业务中的卖家不但可以享受到平台本身为他和消费者之间构建的互补关系，也可以获得其他业务与消费者之间的互补关系所带来的溢出效果。

上述两种力量增加了平台经营者在多个市场中的用户扩张和在不同业务领域中的控制力量，这种控制力量可以表现在平台经营者在某一端市场内的定价能力上。当某一端的卖家更加依赖平台所提供的消费者规模或/和更加依赖平台现有业务产生的外部性时，平台则在这一端能够形成更强的定价能力，这一端的经营者便成为倾斜式定价模式中支付较高费用的一部分群体。因此，在平台经济经营者实施多市场布局的策略下，运用倾斜式定价进行价格竞争对平台经营者而言则更加灵活。平台经营者一方面可以运用消费者和平台内经营者（如平台内的卖家）之间初始的网络外部性基础进行定价，另一方面则可以运用消费者对同一个平台所提供的多个类别的卖家组群而产生的协同性实施定价。其中，第二个效应多发生在能够有效形成产品聚类的平台上，这种聚类的直接体现是消费者在单一平台上需求的满足程度大幅度提升，进而增加了对潜在消费者的吸引和在位消费者的保留。而其间接效果则是平台可以利用消费者的规模更加有效地吸引卖家的接入，并使卖家对平台交易产生更大的依赖度，降低卖家对于平台的需求价格弹性，使平台在卖家一侧市场所形成的支配地位增强，提高了平台在此类市场中的定价能力，也进一步提高了平台在多市场布局中的商业利润。

第四章　数据要素视角下的平台经济市场特征

作为平台经济中主要的生产资料，数据要素在平台经济市场中发挥了重要的作用。数据来源于用户在平台上活动过程中的信息表达，被平台经济经营者所收集，通过整合、聚类和运算，形成了符合平台经济经营者特定经营目标的生产资料，并加以使用。我们需要明确的是，数据要素的生成并不完全在于用户在平台上实现了实际交易，用户只要在平台上进行活动则能够留存相关的信息，并以数据的形式展现出来。因此，平台对数据的获取并不单纯依赖平台交易，而是平台若能够对用户形成吸引，则在既定的用户流量下便能够形成规模化的数据收集。

由于数据通常来自市场经济活动的参与者群体，在经营者的权利层面，并不会大规模地出现仅有特定的经营者有资格获得并使用数据的情况。因此，数据应具有比较明显的公共物品属性，即具有非排他性和非竞争性，这种特征使得数据应可以在不同的经营者之间进行传播并被广泛地、可叠加地使用。但若干实践观察所展现的情况并非如此，一些平台经济经营者将数据和数据传播渠道进行封锁，试图形成数据要素市场的垄断状态，进而帮助自身构建市场中的支配地位。关于数据的垄断问题将在余下几章中详细讨论，本章着重关注的内容是，数据在平台经济供需两侧所表达的具体特征，以及平台经济经营者通过数据要素实现经营增效的过程。

第一节　数据的宏观属性

本节将从一个宏观视角讨论数据作为生产要素在经营者生产中发挥的作

用，来理解平台经济中的数据要素在生产中与其他要素之间的关系，以及经营者的产出在数据作用下的演变。将一个代表性厂商的生产过程刻画为一个“柯布-道格拉斯”生产函数：

$$q=Y(A, D)=A^{\alpha}\cdot D^{\beta} \tag{4.1}$$

其中，A 描述了传统生产要素的集合，例如资本、劳动力等，把传统生产要素集成为 A 主要原因是我们主要关注的是数据要素在生产过程中发挥的作用；D 描述了数据要素，α 和 β 刻画了两类要素在生产中的贡献率，且 $\alpha+\beta<1$ 反映了规模报酬递减规律。两种要素的价格分别被外生定义为 r 和 g，则代表性厂商的成本函数可以表示为：

$$C(A, D)=r\cdot A+g\cdot D \tag{4.2}$$

厂商的最优化问题是在既定的要素贡献和要素价格下，最小化其成本，因此，在厂商实现最优化时，其要素投入应满足条件：$\frac{\partial q}{\partial A}=r$ 和 $\frac{\partial q}{\partial D}=g$，即

$$A^{*}=\left[\left(\frac{\alpha}{r}\right)^{1-\beta}\left(\frac{\beta}{g}\right)^{\beta}\right]^{\frac{1}{1-\alpha-\beta}};\ D^{*}=\left[\left(\frac{\alpha}{r}\right)^{\alpha}\left(\frac{\beta}{g}\right)^{1-\alpha}\right]^{\frac{1}{1-\alpha-\beta}} \tag{4.3}$$

（4.3）描述了厂商的传统要素与数据要素的投入水平，将其代入（4.1）并进行数值模拟，将主要结果描述在图 4-1 中。

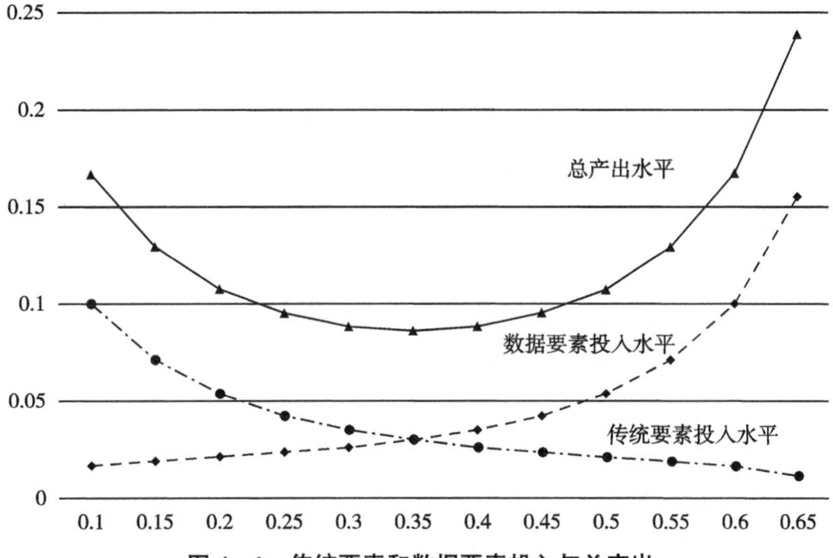

图 4-1 传统要素和数据要素投入与总产出

图 4-1 的横坐标描述了数据要素在总产出当中的贡献率，即 β 的变化水平。可以发现，当数据要素在厂商生产过程中的贡献率逐渐增加时，厂商投入数据要素的比重逐渐增加，而传统要素的比重随之降低。这说明了，当数据要素和传统要素在生产中依旧存在一定程度的互补关系时，一种要素的贡献率会直接推升该要素在生产过程中的投入程度，厂商会在既定成本约束下，将其资源释放到一个能够带来更大边际收益的要素上。从产出角度来看，它随着数据要素的贡献率的增加呈现一种“U 型”的变化。这个结果背后的主要原因是，当数据要素的贡献率从一个较低水平逐渐提升时，厂商会逐步增加对数据要素的投入，并减少对传统要素的投入。但此时，传统要素的贡献率依旧保持在一个较高的水平，因此厂商的产出会随着其主要贡献要素的投入水平下降而下降；但随着数据要素的贡献率提升到一定水平，根据图 4-1 的具体情形，这种贡献率约为 35%，数据要素对产量的提升能够充分补偿传统要素对产量的降低，进而实现产量整体提升。具体而言，当数据要素的贡献率持续提升，并且厂商对数据要素在生产经营过程中的依赖程度已经逐渐超越传统要素时，厂商可以通过数据要素对产出贡献率的进一步提高来获得更大的产出水平，此时，随着数据要素对产出贡献率的提高，总产出也从一个较低的水平实现了提升。

以上关于数据要素在厂商生产过程中的特征反映出一种简单且直观的数据要素对生产效率增进的逻辑，它主要出现在一些新兴的数字经济行业中，这些行业更多地依赖数据作为一种相对独立的要素进行生产，并不过多地依靠数据要素与传统要素的整合与再配置。这主要是由于新兴的数字经济行业大多属于轻资产投资行业，而这些行业并不完全依赖传统要素的不断投入而满足经营的目标，而是更多地依赖新型要素（例如数据）来完成经营。但是，在另一种情形下，传统经济中的经营者进行数字化转型的过程中，厂商依旧需要依靠较大量的传统要素进行生产，数字化的嵌入机制是帮助传统要素实现传统资源的再配置，进而实现生产效率的提升，此类情形较多地发生于数字要素驱动行业中的厂商。数字化转型提升了传统要素的生产效率，对于此类行业内的厂商，我们可以将他们的生产函数表达为：

$$q=A(D)^{\alpha}=(A_0+kg)^{\alpha} \tag{4.4}$$

在（4.4）中，数据要素在厂商的生产函数中被刻画为 $D=A_0+kg$，其中 A_0 是厂商的基础技术水平，在未进行数字化转型时，这种技术水平融合至传统要素实现了传统要素的再配置，并试图达到通过数字化转型实现增效的目的。而在厂商进行数字化转型时，或其数字化转型完成后，厂商基于数据融合后的传统要素生产力水平增加了 kg，其中 g 是厂商进行数字化转型而进行的投入，$k>0$ 是厂商进行数字化投入所带来的技术边际增量，当数字化投入增加一个单位时，厂商传统要素的生产力水平增加 k 单位。将（4.1）用（4.4）代替并分析厂商成本最小化情形下的最优数据投入，可以得到：

$$D^* = -\frac{A_0}{k} + \left(\frac{\alpha\beta}{g}\right)^{\frac{1}{1-\alpha}} \cdot k^{\frac{\alpha}{1-\alpha}} \tag{4.5}$$

相较于基础模型分析，（4.5）所展现的不同在于，$\frac{\partial D^*}{\partial \alpha}>0$ 且 $\frac{\partial D^*}{\partial \beta}>0$，说明了随着传统要素和数据要素对厂商产出贡献率提升，厂商会加强对数据要素的投入水平。这说明了，在数字化转型下，传统要素和数据要素之间的替代关系被弱化。这是由于数据要素在此类行业中并不单纯的以一种独立的生产要素存在，而是通过与传统要素的整合形成了传统要素的优化，形成了一种关于传统要素和数据要素的配置形态，在这种传统要素的再配置情境中，厂商进行的数据要素投入可以更好地为传统要素带来增益，实现了两种要素共同提高生产力的效果。此外，厂商的产出水平和数据要素投入水平还受到了厂商数字化转型过程中数据要素的重要程度的影响，即数据要素能够为传统要素的生产效率提升的程度为 k 的影响。具体而言，通过 k 的取值可以将厂商划分为两种形态，其一是当 $k=0$ 时，厂商并未进行数字化转型，这种情况和基础模型所分析的类似，数据仅仅作为一种单独的要素进入到厂商的生产经营过程中。其二是当 $k>0$ 并逐渐增加时，厂商所使用的传统要素的数字化增益将逐渐提升，推动厂商提高对数字化要素的应用，数字化转型的效果提升。

第二节 数据的微观属性

从微观视角出发，数据作为生产要素对于微观个体产生的效果可以归纳为以下三个方面。首先，数字经济经营过程呈现了一种动态创新性，创新的主要工具除了技术以外，还需要数据对其进行增益。例如，数字交通领域的创新，通常可以运用其在之前经营过程中所捕获的交通运输数据来进行分析，识别交通效率增进的创新点，进行针对性的创新。经营者可以从这种动态创新的过程中获得在相关市场内在某个业务中的先行者优势，从而获得相对竞争力。

其次，数据可以比较清晰地表达需求侧的信息体量和信息质量。具体而言，平台经济环境下的消费者偏好具有比较明显的差异性，这种差异性在传统经济中是难以被经营者充分识别出来的，便导致传统经济活动中消费者的偏好和经营者的具体行为决策之间会存在扭曲，进一步导致了供需失灵的情况。在平台经济中，供需双方的相互搜索和依赖，以及实际发生的交易都能够生成供经营者所使用的数据资源，经营者可以运用这些资源较为充分地识别消费者的偏好，并加以聚类，使其在业务经营和业务扩展中更具有针对性，从而捕捉更多的消费者，有效提升和稳固经营者的市场份额。

最后，数据可以为数字经济经营者缓解供应链信息闭塞的问题，数字经济经营者如果以平台形态开展业务，则其主要经营手段是提供与信息匹配有关的服务，而非大量的实体产品。实体产品的供应大多由平台所连接的卖方提供，而消费者的需求信息可以通过数据的形式转移给产品的提供者，可以推动提供者以销定产，实现精准化生产的目标。

综合上述三类特征，数据在微观数字经济载体中的运用可以总结为创新驱动性、市场识别性和信息传递性三个特点，数据的灵活流转可以构建数字经济生产经营过程中的可重复利用、可叠加的要素。

在经营者创新驱动方面，我们以网络效应为例来建立一个简单的经济学模型进行分析。具体而言，一名平台经济市场中的消费者对一个特定产品（这种产品可以是一种具有网络效应的网络产品）的偏好 θ 纵向分布在区间 $[0, N]$ 中，消费者的效用函数则可以表示为：

$$u=s\theta+an^{e}-f \tag{4.6}$$

其中，$s>0$ 描述了消费者对网络产品的依赖程度，基于本书前章所讨论的网络效应特征，这种依赖程度主要来自网络产品为消费者带来的直接价值，例如产品本身的特性。n^{e} 表示了消费者在对是否接入互联网平台时对其用户数量的预期，可以被视为是该产品的网络效应能够为用户带来接入后的福利增量，因此，用户在决定是否使用该产品时会将网络效应纳入决策中。同时，$a>0$ 刻画了网络效应的强度，即 a 越高，则消费者通过网络效应而获得的效用增量也就越大，这种效用主要是网络产品为消费者带来的间接价值。f 表示了用户接入网络时的成本，这个成本并不一定来自经营者对消费者征收的费用，也同样可以表达为消费者使用该产品时的间接成本。此外，当消费者不使用该网络产品时其获得的效用为零，因此，用户的数量可以表达为那些偏好不低于边际消费者偏好的消费者总和，即

$$n=N-\frac{f-an^e}{s} \tag{4.7}$$

在均衡时，消费者对实际用户数量存在完美预期使得 $n=n^e$，说明了在均衡时，网络产品的实际用户数量与用户对该数量的预期一致。通过将 $n=n^e$ 代入（4.7）可以得到数字经济产品的实际用户数量：

$$n=\frac{sN-f}{s-a} \tag{4.8}$$

平台经济经营者的主要利润来自获取用户的数量，如上文所述，具有组群内效应的产品经营者并不一定直接从组群内用户获得，而是利用用户的体量和流量通过第三方经营者获益。基于此，将这个网络产品经营者的收益刻画为一个关于 n 的函数，简言之，定义该经营者的收益为 $e \cdot n$，其中，$e>0$ 表示了用户数量为经营者带来的边际收益。此外，经营者可以通过产品数字化创新来提高用户接入平台后能够获得的网络效应，即经营者承担成本 C 进行创新来提升 a 的程度，进而使其产品对消费者更加具有吸引力，使产品的用户规模提升，同时也提升经营者能够获益的空间。将经营者关于数字化创新投入的总成本函数描述为：

$$C(a)=(k_0-\beta n)\cdot a \tag{4.9}$$

其中，k_0 为创新的基础边际成本，当用户数量增加时，经营者可以激发大量用户在其产品所形成的网络中进行互动，并用这个互动过程中所产生的数据来优化其创新效率。因此，随着用户数量增加，经营者在创新过程中可以享受到 βn 的成本降低，其中 $\beta>0$ 描述了用户互动所形成的数据为经营者带来的边际成本降低程度。当 β 增加时，经营者通过用户规模而获得的成本降低程度将提升。在极端情况下，经营者捕捉的用户数量为 0，此时其创新成本为$k_0 a$。

经营者通过最大化其利润来制定创新投入，基于（4.8）和（4.9），可以将经营者的利润函数表示为：

$$\pi \equiv \prod(a) = e \cdot \frac{sN - f}{s - a} - (k_0 - \beta \cdot \frac{sN - f}{s - a}) \cdot a \quad (4.10)$$

经营者利润最大化满足条件：$\prod'(a) = 0$，此时经营者的创新投入水平为：

$$a^* = s - \sqrt{\frac{(sN - f)(e + \beta s)}{k_0}}$$

通过比较静态分析可以发现，$\frac{\partial a^*}{\partial \beta} < 0$，说明了当用户所带来的数据为其创新效率带来更大的提升作用时，经营者有动机减少创新的投入来实现利润最大化。分析上述创新投入水平在成本层面的影响可以做以下操作：将 a^* 代入（4.10）并在 $\beta = 0$ 是对偏导进行评估，即

$$\frac{\partial C(a^*)}{\partial \beta}\Big|_{\beta=0} = -n\left[s - \sqrt{\frac{(sN - f)e}{k_0}}\right] - s(sN - f)\left[\frac{(sN - f)e}{k_0}\right]^{-\frac{1}{2}} < 0 \quad (4.11)$$

说明了当 β 从零逐渐增加时，经营者的成本逐渐递减。上述结果反映出，当用户参与程度逐渐增加且用户数据可以为经营者创新带来效率提升作用时，经营者的创新成本可以随着数据的质量水平而降低。

在消费者偏好识别方面，数据主要发挥了细化和聚类消费者偏好的作用。例如，在搜索引擎市场、在线零售市场、数字化交通市场、网络评价市场等，消费者根据自身的偏好进行搜索。平台经济经营者可以根据用户所展现出的数据进行用户识别和用户聚类的分析，通过细化分析尽可能降低由于用户的偏好差异而带来的信息对接错位，减少由于信息不充分导致的供需扭曲进而产生大量交易成本的情况。为进一步理解利用数据来识别消费者偏好并提高经营者商业利润的逻辑，我们可以考虑在一个平台市场内，经营者的利润来自对买卖双方的供需信息的匹配和交易成功完成，此时，用户信息的精准识别主要发生在网络外部性作用的情况下。令卖方和买方的数量分别为 n_S 和 n_B，由于双方在平台上存在网络外部性，因此买卖双方的数量具有相互影响的特征，即双方的接入数量都受到对边用户接入数量的影响，可以将其表达为函数形式：$n_S(n_B)$ 和 $n_B(n_S)$。我们进一步定义买卖双方之间存在着正向的网络外部性，因此，$n'_S(n_B) > 0$，$n'_B(n_S) > 0$。由于需求侧的消费者具有差异化的偏好，因此消费者的实际需求并不能通过平台嵌入交易而充分

获得，对于消费者而言，他们的数量存在一定的不确定性，我们将其刻画到消费者数量中，n_B（n_S，σ），其中 σ 表达了消费者的需求无法充分满足时的数量偏离程度，且 $\frac{\partial n_B}{\partial \sigma}<0$，$\frac{\partial^2 n_B}{\partial \sigma^2}<0$ 说明了偏离程度越高，消费者数量则越低且降低程度随着偏离程度的增加而递增。平台通过对数据收集和数据分析的投入提升消费者偏好信息的整合和聚类，以降低消费者数量由于信息不充分而导致的偏离程度，令平台的投入为 I，其承担成本 C（I）降低偏离程度，则有 σ'（I）<0。给定平台对买卖双方的抽成费用 f，平台的利润函数表示为：

$$\pi \equiv \prod(I) = f \cdot n_S(n_B) \cdot n_B(n_S, \sigma(I)) - C(I) \tag{4.12}$$

（4.12）刻画了平台经营者的盈利路径是通过对买卖双方在成功交易基础上征收抽成费用来实现。平台利润最大化满足条件：Π'（I）$=0$，通过（4.12），可以将它进一步写为：

$$f \cdot \frac{\partial n_B}{\partial \sigma} \cdot \sigma'(I^*) \cdot (n_S' \cdot n_B + n_S) - C'(I^*) = 0 \tag{4.13}$$

此部分的理论分析更加关注平台对消费者信息的优化能够为平台实际运行所带来的效果，换言之，平台对用户信息收集所产生的收益如何影响其定价机制，因此，通过对（4.13）进行全微分可以得到：

$$\frac{df}{dI^*} = -\frac{(n_S' \cdot n_B + n_S) \cdot \left(\frac{\partial^2 n_B}{\partial \sigma^2} \cdot \sigma' + \frac{\partial n_B}{\partial \sigma} \cdot \sigma''\right) + 2\left(\frac{\partial n_B}{\partial \sigma} \cdot \sigma'\right)^2 - C''}{\frac{\partial n_B}{\partial \sigma} \cdot \sigma'(n_S' \cdot n_B + n_S)} \tag{4.14}$$

（4.14）中的表达式说明了，在 C'' 较小时，$\frac{df}{dI^*}<0$。这个结果对我们关于数据对平台产生的效果的分析十分重要，首先，$C''>0$ 说明了平台对消费者信息聚类的成本是边际递增的，但是，当其边际成本随着聚类投入的增加而产生过多的增量时，平台需要通过较高的抽成费用来补偿其投入成本，即此时的（4.14）表现为 $\frac{df}{dI^*}>0$ 的状态；但当 C'' 较小时，平台的抽成费用可以随着其需求聚类的投入的增加而降低。这个结果背后的逻辑是，当平台对用户需求信息进行投入并产生聚类后，消费者的接入数量会因平台所实现的精准匹配而增加，在网络外部性作用下，供给者数量也会随之增加，进而提高了平台上能够产生实际交易的规模，提高了平台的盈利空间，形成了平台交易的规模经济，平台此时则有动机通过降低抽成费用与供需双方共享规模经济带来的收益。

在一般情况下，平台通过运用数据对用户互动和交易的精准度提升的投入所产生的价格效应可能会存在一种动态的变化。具体而言，当平台（尤其是初创平台）本身的用户体量不大且技术有限时，它对信息的投入效率不高，便会出现C''较高的情形，这个时候，平台则会提升对交易的抽成费用而对其投入成本进行补偿。随着平台的用户规模提升，它从用户使用所产生的流量中获得的数据体量增加，进而对需求信息的投入效率显著提高，这帮助平台快速地实现规模化，使其所制定的抽成费用逐渐下降。这里需要进一步强调的是，本部分所讨论的数据在经营者中发挥的作用并未将市场结构纳入考察，换言之，除了数据以外，市场结构也会对经营者的定价行为产生影响。例如，较强的市场支配地位会增加用户对平台的转移成本，而增加在位平台的定价能力，此时，（4.14）所表现的价格结构将受到该市场支配地位的影响，我们将在下一章对这个情形进行深入分析。

第三节　互联互通与多归属

2021 年 9 月 9 日，工信部有关业务部门召开“屏蔽网址链接问题行政指导会”，提出有关即时通信软件的合规标准，要求 9 月 17 日前各平台按标准解除屏蔽。数字经济平台在竞争过程中为了维持自身的竞争力和市场支配力，通常会通过设置标准、实施屏蔽、妨碍用户使用等方式来建立和稳固自身市场，工信部对平台解除屏蔽回应了平台用户需求的同时，也为构建良性、开放、健康、可持续的互联网生态提供了必不可少的基础。

平台经济领域中的互联互通的层次并不单一，目前使用较广的一种方式是基于网络信息系统的视角进行分类，主要包括孤立状态、连接状态、共享状态、整合状态和生态开放状态。互联互通的基础是建立连接，在此基础上，较低层次的互联要求平台经济经营者或网络系统之间可以实现数据共享和低层次的兼容，可以实现基本的数据交换和功能互操作，基本的数据互操作机制得以建立。中等层次的互联互通作意味着互相连接的各主体之间实现了数据结构和数据信息化意义上的动态一致性和标准化，参与主体对于所分享数据有共同的理解和价值实现目标。高等层次的数据互操作意味着参与主体之间数据和网络生态的互相开放，并且有完备的数字基础设施、清晰的数据权利界定相支撑。平台经济中的互联互通意味着经营者可以在一个以数据为基础的环境中展开竞争，事实上是一种构建公平竞争环境的方式。我们需要注意的是，互联网互联互通并不是为经营者建立一种“合作”的状态，而是在数据“融合”的过程中让经营者可以在合理的市场机制中进行“竞争”，换言之，是一种通过完善数字经济中的要素市场而构建的一种“竞合”过程。①

平台经济中的互联互通实现的主要形式是关于数据和接口的兼容或共享。其中，兼容属于较低层级的互联互通，通常指的是用户可以在不同平台所提供的不同的产品和服务之间进行低成本甚至是零成本的转换。例如，一些平台的用户并不能将某一个产品的信息在不同的经营者所控制的环境中进行平滑且高效的共享，使发送者的信息不能在被接收者所使用的平台上展示，一般体现为传输乱码等。兼容性与不兼容性在传统经济和平台经济中都存在，在传统经济中，经营者通常通过硬件与软件的不兼容，使用户不能灵活地在不同的软硬件之间进行选择，在转移成本大幅度增加时，用户只能选择一种产品。如图 4－2 所示，经营者 1 和经营者 2 生产销售两种相互补充的商品，通常具有完全互补的关系，如必须配套使用才能产生功能的软件和硬件。经营者为了充分控制消费者，有动机封闭两种产品之间的相互兼容性，即经营者的硬件并不能运行其竞争者的软件，使得消费者在选择某个硬件时，必须同时选择该经营者销售的软件，经营者从中可以从产品的销售和使用的全流程控制消费者。传统经济市场中，这种不兼容性带来的市场区隔十分显著，主要是因为消费者对于两个经营者的产品通常是趋于完全替代的，即不同经营者的产品都能够为消费者带来几乎等同的效用，如电脑和操作系统、移动电话和操作系统及其配套附属系统（如电子支付系统），因此，消费者通常择一而购买，这就导致了不同的经营者可以通过不兼容比较稳定地控制一个组群的消费者。

反观平台经济市场中，经营者的产品供给和消费者的选择变得更加复杂。第一，不同于传统经济，用户在不同经营者之间的切换更加灵活，这主要是

① 王申，许恒，吴汉洪．数据互操作与知识产权保护竞合关系研究［J］．中国工业经济，2022(09)：24—42.

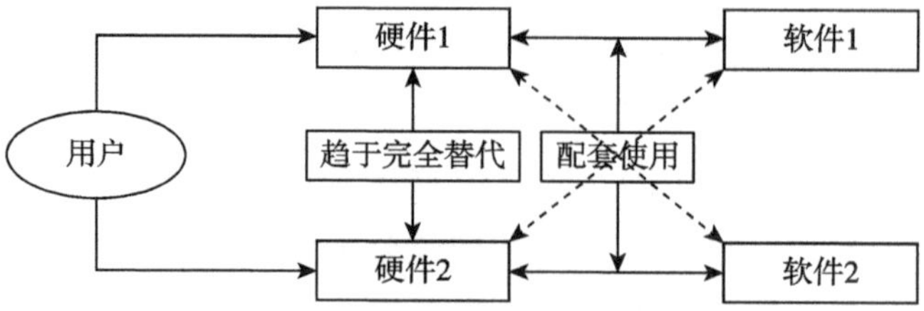

图 4-2　传统经济中的产品不兼容

由于平台经济中的产品具有无边界和非实体的特征，在产品获取和产品转移时，用户承担的成本都较传统经济时的更低，使得用户对不同的平台经济产品都存在不完全替代的特征。第二，平台经济经营者的平台化经营特征使其关联至少两个组群的用户，当一个组群的用户由于某种因素而依赖一个平台时，该平台可以自然而然地捕捉到与这个组群存在高度依赖的另一个或另几个组群的用户。如图 4-3 所示，平台经营者连接了 A、B 两个组群的用户，用户接入不同平台的成本通常较低，例如，在智能设备中安装不同的应用程序，使平台对用户而言具有比较明显的多归属的特征。平台在为用户提供基础服务的同时还为他们提供附属设施服务，例如，线上零售平台除了为买卖双方提供信息对接和匹配以外，还提供配套的支付、物流、售后、咨询等服务，当两个平台的附属设施与竞争平台的服务并不兼容时，用户在选择一个平台进行交易的时候，就必须选择该平台的附属设施。这时，平台之间的竞争则可以被视为是平台通过其基础服务或附属设施来争夺消费者，使消费者在多归属的环境下自发地在平台的相对竞争力下形成单归属。

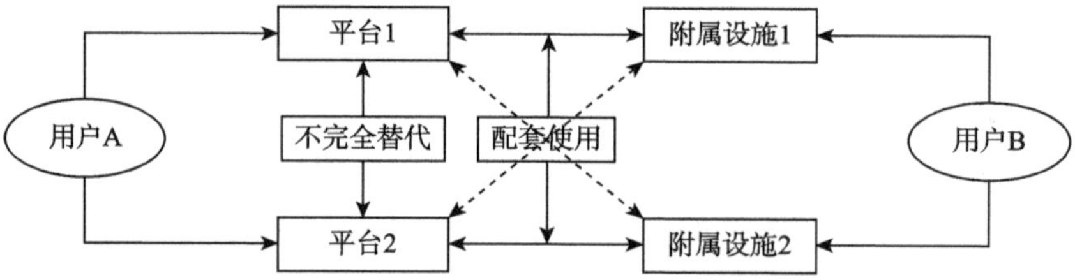

图 4-3　数字经济平台中的不兼容

上述关于平台的不兼容性在平台侧和用户侧产生了两个不同的效果，在平台侧，他们可以通过不兼容性，利用一个业务捕捉用户。具体而言，当他们通过基础服务或者附属设施捕捉到用户时，这个用户则自然成为该平台的全流程消费者，这是由于两个平台的基础服务与附属设施是完全不能互补的，这种效果为平台带来更加稳定的收益。但在用户侧，由于在选择一个平台时，他全部关于特定产品的消费行为几乎都需要依靠这个平台，使这个平台对于该用户形成了某种程度的垄断者。此外，由于用户在选择一个平台时，就被“搭售”了另一种商品（附属设施），便会导致附属设施之间的竞争被平台的不兼容性弱化，进一步在附属设施领域弱化了用户消费过程中的福利。在亚马逊“自我优待”案中，亚马逊被质疑在为其“Buy Box”服务选择优胜者的时候，会将更多的便利提供给亚马逊自营业务和那些使用亚马逊物流服务的第三方卖家。通过这种方式倒逼第三方卖家“自发地”选择亚马逊的附属设施——亚马逊物流，干扰物流市场的公平竞争。

平台经济中的经营者选择不兼容的另一个主要原因是，平台经营者所连接的两边或多边用户之间存在较明显的网络外部性，当平台经营者可以通过不兼容降低一端用户的多归属时，也自然而然地降低了与这一端用户互补的另一端或者另几端用户的多归属，使这些用户也自发地向该平台靠拢。有时这种单归属趋势是来自平台经营者所涉及的用户自主行为，即用户在使用平台和其附属设施中可以获得更好的体验感，从而形成用户的使用习惯，增加对该平台的需求，也牵引了和这些用户相关的其他用户向平台靠拢。由于这种单归属趋势确能够为平台带来更强的市场力量和获利空间，激发了平台通过不公平的行为来构建这种单归属的状态。平台经营者的“二选一”行为便是一个比较典型的行为，从 2020 年底上海的英文外卖订餐平台“食派士”，到 2021 年阿里巴巴和美团的“二选一”，都是通过控制特定卖家只能接入特定平台来干扰消费者在平台间的选择。平台通过协议等方式要求特定的卖家只能接入自己的平台，从而使这些卖家的消费者只能通过该平台完成消费，形成了消费者在平台间的单归属。这种方式直接帮助了平台在其连接的两边或多边成为一个垄断者，一方面更加稳定地控制了多边市场，另一方面帮助平台获得垄断利润。

另一种不兼容的方式更加倾向于以占据市场为目的对竞争对手排挤。在平台经济中，用户获得福利并不完全在于从平台上直接获得产品和服务，还包括用户与同组群和其他组群间用户的交互，这种交互包括了用户间的信息传递。用户之间可能存在着某种联系，但这些用户并不一定仅从一个平台获得信息，当平台间将这种信息传递渠道阻隔时，用户在传递信息时就会增加成本。其主要表现为，平台 1 的用户将信息传递给平台 2 的用户时，这些信息并不能充分地在信息接受者所处的平台环境中充分打开，就形成了信息的屏蔽或相关数据的封禁。

综合上述两种不兼容的形式，主要特征是增加了用户在不同平台间进行转移的成本，其主要的原因是平台可以通过这种方式获得比较稳定、确定的市场份额和收益。从不兼容的反面，我们可以进一步分析平台兼容行为的动机和对应的条件。与不兼容相比，兼容这种行为对平台而言并不会造成大量的损失。试想图 4-3 中的虚线被打开，即用户在选择一个平台时可以自主地选择该平台或其他平台的附属设施，这种情况会造成某个平台在附属设施市场中用户的流失，但同时我们必须认识到，该平台的附属设施也可以从其竞争平台的相关市场中捕捉到用户。由此可以发现，对于任意一个平台而言，当其基础服务或附属设施相对自己的竞争对手更具有竞争力时，平台间的兼容性可以使该平台在两个市场捕捉到竞争对手的用户，来补偿自身用户流出所产生的损失。平台的网络外部性会对上述影响产生叠加效果，这是由于当平台通过两个市场获得用户时，另一端或另几端的用户也会向该平台靠拢，增加平台在双边或多边市场中的控制力。从整个市场的角度而言，平台开放业务的兼容性可以使其涉及的相关市场进入到一个比较开放的竞争环境中，使任何其相关联的市场都不会因为不兼容而覆盖在竞争市场之后，有利于数字经济所涉及的更多的市场的竞争性，有利于通过竞争来提升服务和产品质量。

实现平台间兼容的核心在于平台是否有能力利用引入用户的收益来充分补偿流出用户的损失，衡量的关键应在于以下几个方面。第一，平台是否在其经营的全部领域具有较为明显的竞争力。考虑图 4-3 的平台竞争，当平台 1 在基础服务中具有较强的竞争力，而在附属设施中竞争匮乏时，平台 1 会在基础服务上引入更多的用户，而在附属设施市场流出大量用户。一方面，其用户流失产生的损失并不会显著地被引入用户带来的收益所补偿；另一方面，若平台盈利主要路径在于附属设施，平台 1 则通过引入用户为其竞争对手的“搭便车”行为创造了有利条件。第二，平台所连接的其他用户更加接近基础服务还是附属设施。平台连接的其他用户是平台在更大数字经济生态中实现竞争力提升的主要因素，当其他用户更加依赖附属设施与对边用户产生交互时，开放附属设施的兼容可能会对平台用户的流出产生负向的叠加效果。第三，兼容性互通的动机在于平台间在不同业务上不同程度的兼容博弈。平台的决策涉及与竞争对手的互动，即平台在制定自身兼容决策的时候都需要考虑其竞争对手的反应，当平台都能够预期到在兼容时，竞争对手都会继续实施不兼容策略，而导致用户的外流，则平台都不会有进行兼容的决定，进而形成了关于平台兼容的“策略失灵”的情况。

平台经济互联互通的另外一种形式是数据的共享，有时也称之为数据的互操作（Data interoperability）。数据互操作最初的概念由国际电工组织（IEEE）界定为“两个或多个系统或网络组件交换信息和使用所交换信息的能力”。[①] 在此之后，数据互操作的概念随着不同互操作方式的开发而不断得到补充，例如句法互操作、语义互操作和语用互操作等，其中后者是目前技术上最广泛认可的一类数据互操作性，即有关增进协作系统之间在所分享数据方面相互理解的互操作性。[②③]

数据互操作并不是只发生在平台经济中，目前其在平台经济领域被高度关注的主要原因在于数据是平台经济经营者的主要生产要素，在要素市场的竞争中，由于经营者的竞争和利润目标而导致的数据价值扭曲问题较传统经济领域更加显著，其可能产生的损害更加严重。这些主要问题体现在诸如上文所提及的数据封禁问题、“大数据杀熟”问题、用户隐私安全问题，可以主要归纳为数据获取上的扭曲和数据使用上的扭曲。从竞争的视角来看，数据获取上的扭曲主要是通过获得专属于经营者自身偏好的数据并加以控制，来实现排挤竞争对手的目的。通过构建以数据为主导的垄断力量，经营者可增强自身的市场控制力。数据使用上的扭曲也可成为数据的滥用，经营者获得以数据为主的市场控制力之后，则利用该力量对其涉及的用户进行更大程度且不公平的福利抽取，这点可以表现为具有市场力量的经营者对其用户的剥削。例如，“大数据”杀熟是利用数据来识别个体消费者的偏好，并通过大数据分析来对单个消费者或极小规模的消费者群体进行差别对待的行为。“大数据”杀熟的操作机制类似于一级价格歧视，这种操作在传统经济中并不常见，这是因为传统经济中的技术手段和数据作用不足以使经营者投入大量成本来进行数据收集和数据分析，而在数字经济中，数据的作用至关重要，而技术

① Geraci, A. (1991) IEEE Standard Computer Dictionary: Compilation of IEEE Standard Computer Glossaries. IEEE Press.

② Park, J., & Ram, S. (2004) Information Systems Interoperability: What Lies Beneath? ACM Transactions on Information Systems 22, pp 595—632.

③ Asuncion, C. & van Sinderen, M. (2010) Pragmatic interoperability: A systematic review of published definitions. Enterprise Architecture, Integration and Interoperability, IFIP Advances in Information and Communication Technology, Springer, pp 164—175.

的进步也可以使经营者更加有效地获取、分析和使用数据，形成以价格为主体的对用户的差别对待行为。

数据互操作在经营者层面的体现类似于兼容，它是在经营者要素市场中的一种兼容性，通过可以交换和共享一部分的生产资料，经营者可以在更大的要素市场获得数据。与此同时，数据互操作事实上也是公平竞争的一种场景构建，数据的共享使经营者不会在要素市场中尝试获取自身的垄断力量，而实现竞争力的路径逐渐向产品市场趋近。经营者为了获得自身在市场中的相对竞争力，则会有动机提升自身产品的品质、降低价格，通过更加公平竞争的方式捕捉消费者。

数据互操作的运行机制需要关注三个主要问题。首先，数据互操作并不在于经营者之间的数据交换甚至是数据交易，因此，数据互操作需要一个独立的第三方平台来构建“数据池”，使数据的属性重新回到公共物品范围中，使数据在使用过程中可以尽可能实现非竞争和非排他。这一点对平台经济的公平和可持续竞争环境的构建十分重要，目前的平台经济的竞争环境处于较为封闭的状态，这就需要市场的可竞争性来使更多的经营者尤其是初创企业加入市场开展竞争，而平台经济的主要生产资料为数据，对数据的开放可以使初创企业更加容易地获取生产资料，对平台经济的市场开放和竞争具有推动效果。

其次，根据数据的特征进行多层次的监管，第三方平台对数据的共享和必要的监管应考虑数据本身的属性。具体而言，数据的价值可以划分为商业价值和社会价值，商业价值通常指的是数据在使用过程中对生产经营效率提升所带来的价值，并且，该价值可以在市场中各个参与者之间实现较为充分的共享，即数据的价值化得到全市场的体现。数据的社会价值主要包含了其安全性，包括个人隐私、国家安全等，这种数据在使用过程中一方面可能会产生安全风险，另一方面在流通过程中可能会造成隐私泄露，也许这类数据的使用可能会产生一定的商业价值，但是其社会价值受到的风险损失并不会被商业价值的提升充分补偿。这就要求在建立数据互操作平台的过程中需要对数据本身属性进行分类，对那些可能会产生社会风险的数据应进行强监管甚至不予共享。

最后，数据共享者和数据接受者在分享和接收数据过程中会产生成本和收益，例如，经营者在自身收集数据时会承担相应成本，在其分享这部分数据时应进行怎样的成本补偿；同样地，在经营者获得数据时，该数据可以为其带来潜在的收益，这部分收益应与数据的分享者进行怎样的共享。这就需要在数据互操作流程中建立一个比较完善且科学的数据定价机制，数据定价机制的主要思路可以从两条路径展开，第一种路径是基于“成本－收益”的方法，这种方法对经营者而言更加可行，它通过收集数据产生的成本和使用数据获得预期收益来制定数据在获得过程中的价格，当数据的定价介于成本与收益之间时，就可以将数据的流通形成完整的循环。第二种路径是基于社会总福利的方法，这种方法相较第一种方法更加宏观，但更加符合数字经济发展过程中的整体社会需求。这种定价的核心目标是提升社会总福利，并以满足数据分享者的基本成本补偿需要来进行定价。通常的理论基础是通过拉姆齐定价（Ramsey pricing）的方法来实现，即以社会福利最大化为目标，以数据分享者的成本补偿为约束条件进行定价。[①] 比较两种定价方法，第二种定价方法的关键在于对数据分享者的成本补偿程度的设定，当成本补偿程度较低时，社会福利水平确能得到良好提升，但这种情形下的数据价格通常较低，会弱化数据分享者的分享动机。而第一种定价方法虽然能够满足数据的供需两方的利益诉求，但过高的定价会导致数据的接受者在使用数据时以较高的产品价格对其获得数据的成本（即数据价格）进行补偿，不利于社会总福利的提升。

① Ramsey F P. A Contribution to the Theory of Taxation [J]. The Economic Journal, 1927, 37: 47－61.

第五章　平台经济市场中的定价行为

平台经济市场中经营者的定价策略更加侧重于对倾斜式定价的运用，其主要原因在于网络效应和网络外部性广泛存在于平台经济市场中，使经营者更加关注这些效应为其带来的用户规模化所形成的成本降低与市场份额的获取。平台经济中用户规模化的主要体现形式是经营者所获取到的流量急剧增加，巨大的流量一方面可以降低经营者在建立产品平台、运营产品、销售产品、服务用户过程中的边际成本；另一方面经营者可以通过流量控制和流量保守量来提高其实施倾斜式定价的能力。因此，数字经济中的定价行为更多地涉及了经营者面临的成本和流量的整合。相比于制定价格而言，经营者更加关注于其能够获得的流量多寡，以及给定的流量能够为其带来多少的成本折减，换言之，流量是经营者获得商业利润的主要工具。进一步地，经营者则将从以价格为竞争手段的观念逐渐转移至通过流量来获得竞争优势的手段，进而通过庞大的流量来形成以低成本为关键基础的竞争力，以及定价能力，最终实现商业利润的获取。

第一节　以流量为基础的定价模式

网络效应是平台经济市场中的重要特征，以网络产品和服务为主要经营业务的平台经济经营者通常会通过激发用户在使用过程中所形成的网络效应来获得商业利润。如上一章所述，经营者在经营过程中通常不直接从用户身上获得直接收益，而是利用用户所生成的流量间接地创造收益。其背后的逻辑主要在于两个方面。第一，网络产品的主要价值来自该产品能够在用户群体中产生的网络效应，网络效应能够增加用户的依存度和潜在用户的接入动机，而网络产品通常又具有高投入成本、低复制成本的特征，换言之，在其建立的初始阶段，经营者需要投入较高的研发成本，而在其运行阶段，每一名用户的接入并不会显著增加其边际成本，这使网络效应主导的规模经济快速形成，经营者则能够在规模经济中获得市场竞争力，构成其盈利的基础。

第二，网络产品经营者的流量创造事实上是一种生产资料获取的过程，当平台经济经营者持有流量所产生的海量数据时，则能够凭借吸引这些流量和数据的互补者盈利，即利用网络效应所获得的要素来激发潜在的网络外部性，通过两个或多个集团间的互补性创造交易条件，实现盈利目标。例如，Facebook 的主要盈利路径是基于自身平台大量的用户流量，通过广告接入，以广告费用来实现盈利。用户的接入动机是在 Facebook 平台上可以实现与他人的互动和交流，这种交互的强度与其为用户带来的收益则源自于 Facebook 所形成的网络效应。当用户大规模接入后，Facebook 则获得了庞大的流量，与用户具有明显互补关系的集团，如广告商、第三方增值服务提供商，则有动机进入这个庞大的流量系统获得更大概率的交易机会。换言之，以 Facebook 为主的网络产品经营者是将传统商家的潜在交易机会以一种社交平台的形式集成化，再出售给这些商家。有时，平台经济经营者的数据和技术优势能够帮助他们定向地将特定的信息传递至特定的用户群体，也就进一步精准地将交易机会“打包”出售给商家。

分析平台经济经营者的定价模式和价格特征，我们可以首先考虑一个以直接收益为主要盈利模式的网络产品经营者，即经营者通过对用户直接征收接入或使用费用获得利润。在一个特定的平台经济市场中，产品的需求函数为：$n \equiv N(p, a)$，其中 p 为经营者向用户制定的费用，a 为产品能够在用户群体间产生的网络效应强度，进一步地，假设$\frac{\partial N}{\partial p}<0$，$\frac{\partial N}{\partial a}>0$ 说明了用户的接入和使用动机受到价格的抑制作用，但同时也受到了网络效应的促进作用。当网络产品能够产生的网络效应较强时，用户则可以通过使用网络产品在与其他用户互动时获得更大的效用，进而增加用户的接入动机，提高了网络产品的使用量和用户规模。此外，基于上文所讨论的网络效应产生的边际成本递减规律，定义网络产品经营者的成本为 $c(n)$ 且递减于用户数量，即 $c'(n)<0$，也同时反映出经营者规模经济与网络效应之间的正向关联。经营者的利润函数可以表示为：

$$\pi \equiv \prod(p) = (p - c(n)) \cdot n(p, a) \tag{5.1}$$

经营者通过向用户制定费用最大化自身利润，当经营者的利润达到最大化时，满足条件：$\frac{\partial \pi}{\partial p}=0$，即

$$\left(1-c'(n)\cdot\frac{\partial n}{\partial p}\right)\cdot n+(p-c(n))\cdot\frac{\partial n}{\partial p}=0 \tag{5.2}$$

或进一步写为：

$$\frac{p-c}{p}=\left(1-c'\cdot\frac{\partial n}{\partial p}\right)\cdot\frac{1}{|\in|} \tag{5.3}$$

其中，$\in=-\frac{\partial n}{\partial p}\cdot\frac{p}{n}$刻画了用户对网络产品的需求价格弹性，（5.3）中左侧描述了该网络产品经营者在消费者市场中的勒纳指数（Lerner index）。通过（5.3）右侧的表达不难发现，相较于传统的垄断市场结构而言，由于$1-c'(n)\cdot\frac{\partial n}{\partial p}<1$，当经营者的成本递减于用户规模时，他在用户市场中的定价呈现降低的趋势。[①] 这主要是由于用户数量的增加会在网络效应作用下提升网络产品吸引更多用户的能力，进而增加经营者通过直接费用获得商业利润的空间，这便使经营者有动机通过降低价格来吸引更多的用户接入，从而快速地形成规模经济。进一步地，当网络产品在用户群体内产生的网络效应逐渐增强时，即$c'(n)$下降的程度增加时，例如平台经营者的成本函数呈现出比较明显的边际成本递减趋势，即$c''(n)$较大时，便会使经营者降价的动机更加显著。这个特征反映出网络产品的经营者往往可以对其用户制定一个较低的或接近于零的接入费用，即便经营者在市场中处于近乎于垄断的状态，这种低价格甚至是零价格的状态都有很大的出现可能性。这主要是由于经营者的主要利润来源是在于用户体量的增加而带来的成本大幅度降低，用户体量又受到用户所缴纳的费用的反向影响，促使经营者通过降低价格来吸引用户接入，增加用户在网络产品中的使用体量。因此不难发现，网络效应的存在可以从成本的视角解释经营者与消费者之间存在着十分明显的共益关系，经营者为获取更大的成本降低，通过价格的降低与消费者之间共享更大范围的收益。

我们进一步一般化上述分析框架，考虑一个竞争结构下的网络产品市场。

---

① 在一个传统的垄断市场中，勒纳指数表现为$\frac{p-c}{p}=\frac{1}{\varepsilon}$。

在上述模型基础上加入市场中的一个新的网络产品经营者 E，新进入的经营者的产品虽然也可以在消费者群体中产生网络效应（将其定义为 a_E），但是消费者在选择过程中将会考虑在位经营者和新经营者的产品用户规模，以及在在位经营者和新进入的竞争者之间切换所承担的转移成本。因此，可以将 a_E 表示为 $a_E(a)$ 且 $a_E'(a)<0$，说明了在位经营者产品的网络效应强度的提高会弱化用户转向新的网络产品的动机，进而使经营者 E 所经营的网络产品的网络效应效果降低，使其能够吸引消费者接入的能力减弱。这种弱化效应不利于经营者 E 在进入市场后捕捉消费者的能力，也无法显著地增加其经营的网络产品的使用规模，这便会增加消费者接入经营者 E 的网络产品的成本。上述成本不仅包含了已经使用在位经营者产品的消费者的转移成本，同时也增加了潜在消费者，即新经营者可以吸引的消费者群体的机会成本。这是由于潜在消费者在制定自身接入决策时，会考虑两个经营者所提供的产品为其带来的预期效用，当在位经营者的用户规模较高时，潜在消费者接入在位经营者所获得的效用会明显高于接入新经营者时的效用，增加了他们接入新经营者时的机会成本。延续（5.3）的逻辑，可以将经营者 E 的利润最大化条件写为：

$$\frac{p_E-c_E}{p_E}=\left(1-\frac{\partial c_E}{\partial n_E(a_E(a))}\cdot\frac{\partial n_E}{\partial p_E}\right)\cdot\frac{1}{|\in_E|} \tag{5.4}$$

其中，$c_E>0$ 刻画了经营者 E 的单位成本，n_E 是使用经营者 E 所经营产品的用户数量，而 p_E 是经营者 E 对其用户制定的价格。通过 $a_E'(a)<0$ 可以发现，经营者 E 在消费者群体中能够产生的网络效应受到了在位经营者产品网络效应的抑制作用。具体而言，当 a 增加时，由于 $a_E'(a)<0$，使 $\frac{\partial c_E}{\partial n_E(a_E(a))}\cdot\frac{\partial n_E}{\partial p_E}$ 逐渐增加，降低了经营者 E 的勒纳指数，进而约束了经营者 E 的定价能力，使经营者 E 并不能像在位经营者一样在网络效应中获得明显的市场势力。在这种网络效应的制约下，为了满足利润最大化目标，经营者 E 只能通过提升价格来补偿成本，换言之，作为一个网络产品的经营者，他无法有力地将网络效应作为其制定价格的关键基础，而是像传统经济经营者一样，通过价格的提升来获得利润。这个过程会给经营者 E 带来两方面影响。第一，在位经营者已经在消费者群体中形成的网络效应增加已接入用户的黏性，同时增加潜在用户的接入动机，使新经营者可以吸引的消费者规模降低。第二，新经营者无法获得用户大规模提升而带来的成本降低，则通过

价格提升的手段来补偿成本，而价格增加则会进一步弱化用户接入的规模。两方面的影响都会直接导致新经营者在用户市场中处于竞争劣势，进一步地，当经营者 E 的市场进入成本较高时，他的收益将无法充分补偿其进入市场所投入的成本，会降低其进入市场的动机。上述理论分析说明了网络效应对平台经济市场价格的影响，网络效应可以成为价格以外影响用户选择的工具，较强的网络效应可以增加其所对应的产品在市场中运行的稳定性，对经营者稳固其市场份额形成保障。这种稳定性并不一定来自网络产品本身性能的提升，而更多的是在于用户能够通过这个产品获得的与组群内用户交互所产生的效用的增加程度。此外，当网络产品之间并未出现比较明显且互补的差异性时，经营者更大程度地追求在市场中的先行者优势，通过更先于竞争对手捕捉消费者的行动来建立和稳固其产品的网络效应，实现对潜在竞争对手的进入遏制。

上述情况在平台经济市场中的用户存在多归属特征时依旧适用，互联网的发展和移动智能设备的普及使平台经济中用户使用各种网络产品的便利性极大增强，降低了用户在多个网络产品间切换的成本。但是，如果网络产品之间并不存在较大的差异性或互补性，用户将存在一种对特定网络产品的协同一致，即逐渐靠拢一个特定的产品，这种协同一致会带动更多的用户和潜在用户的接入，形成这种产品的用户规模。因此，网络产品在用户市场的成功一方面在于其与对手展开动态博弈过程中的先行者优势；另一方面关联到一种产品与其他同类产品在用户市场中能够形成的差异性和互补性，这种特性会形成用户在面对多个产品选择时的转移成本，当转移成本逐渐形成规模后，不同产品的用户接入量将实现一种“平衡”，并不会造成明显“一家独大”的形态。一个比较典型的例子是目前普遍使用的两种移动支付方式，微信支付和支付宝，两种产品都具有一定程度的网络产品特征，但并未出现明显一家独大的现象。根据中国支付清算协会发布的《2020 年移动支付用户问卷调查报告》数据显示，2020 年用户使用微信和支付宝的比例分别为 92.7％和 91％，体量基本持平，这里我们首先需要强调的是，由于两种支付方式并不存在互斥性，因此上述两个数据中存在相当程度的共同用户。形成这个现象的主要原因是，微信和支付宝在提供移动支付服务基础上，还为用户提供了其他服务，而不同的服务提供商所涉及的服务具有比较明显的差异性，加之用户在两种软件间进行切换的成本极低，使用户从这种互补性上获得的收益远高于切换成本，产生了两种主要的移动支付方式共存的结果。

上文提到，当网络产品的网络效应持续提高时，经营者会与用户形成一种共益的状态，以低价格甚至是零价格吸引消费者，扩大网络效应所带来的成本递减效果。当网络产品经营者以直接收益的方式开展经营活动时，其价格显然不会降低至零的水平，仅当经营者可以打开除对用户收费以外的其他至少一条经营渠道时，他才能够实现价值创造路径的转移。

网络产品经营者除了对用户收费以外的其他盈利渠道主要体现在广告和第三方增值服务接入方面，在上文中提到，这种方式是平台经营者的间接盈利方式。为理解平台经营者在用户以外的集团中定价的模式和特征，我们在上述基础研究框架中，加入一个第三方渠道，该渠道中的经营者应具有两个主要特征。第一，该渠道中的经营者通常以增加交易机会和获取商业利润为主要接入目标，即这些经营者是利润最大化者。第二，该渠道中的经营者与网络产品的用户之间存在比较明显的互补性，即这些经营者的利润获取并不是与平台直接交易，而是通过平台创造的场景与用户进行交易。此外，我们需要进一步明确的是，这种互补性并不一定是对称的，即相较于用户而言，经营者更加依赖于用户接入网络产品的体量，展现出了一种关于平台两端用户集团间的非对称的网络外部性效果。这主要是由于用户使用网络产品的动机并非要通过网络产品而获得第三方服务的信息并实现效用的提升，而是追求网络产品为自身带来的互动空间和网络效应，这一个特点也是网络效应下的产品和网络外部性下的产品之间的主要不同。因此可以看出，同是接入网络产品所构成的空间，用户的效用目标大多来自网络产品本身和网络产品所构建的网络带来的网络效应，而第三方产品和服务的经营者的效用目标多会穿透网络产品进入到网络空间，进而触及用户，同时，第三方经营者触及用户并不是其最终目标，而是进入到网络产品在用户群体间构建的公域流量中，通过激发公域流量中用户的偏好来实现交易的形成，获得商业利润。

考虑一个通过第三方产品和服务的经营者接入来获得商业利润的网络产品经营者，将第三方产品和服务经营者的接入视为是网络产品经营者的另一个盈利路径，第三方经营者的商业利润主要来自他与使用网络产品的消费者之间存在可能实现的交易或建立的交易机会。例如，通过网络产品经营者所构建的网络空间，将产品和服务销售给消费者，或将产品或服务的信息以广告的形式传播至消费者群体中，并创造交易机会。因此，第三方经营者通过网络产品所形成的网络空间让消费者形成依赖，成为网络产品经营者吸引第三方经营者接入的主要力量，使网络产品经营者可以通过第三方经营者的接入获得收益。

这里我们并不强行设定第三方经营者的接入和消费者对产品的使用对网络产品经营者的盈利路径是相互补充的，即网络产品经营者依旧以上述两条路径获得收益。如图 5－1 所示，平台经营者通过经营的网络产品在消费者（用户）群体中构建网络效应，并向用户制定使用费用获得直接收益。同时，平台经营者接入第三方经营者，在明显的网络效应下，第三方经营者的收益主要来自其进入用户网络并与用户接入而获得的实际销售量，在这个基础上，平台经营者对第三方经营者和用户发生的实际交易量向第三方经营者征收费用。因此，平台经营者的收益也将来自第三方经营者与消费者的互动，即平台的间接收益。从图 5－1 中不难发现，网络产品的用户的关注点在于网络产品能否为其带来更大的网络效应以提高效用，同时，他们的使用动机也受到了网络产品价格的影响，第三方经营者的利润来自网络产品吸引用户的体量，因此，他们的接入动机也收到了平台经营者对其定价的影响。

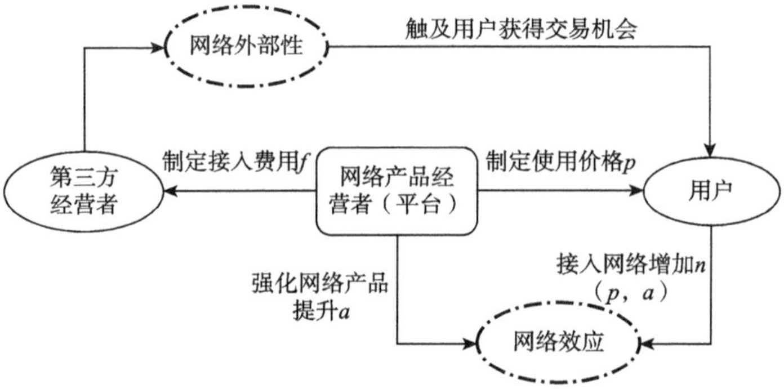

图 5－1　平台经营者对第三方经营者的定价模式

基于上述特征，可以将第三方经营者在网络产品空间中发生的实际交易量描述为 $Q(n)$，且 $Q'(n)>0$，说明了当使用网络产品的用户数量提高时，第三方经营者能够实现的交易量也随之提升，将平台经营者对第三方经营者的定价定义为 f，反映出平台对第三方经营者和消费者每次实际交易发生后获得的间接收益。除此之外，消费者接入平台的动机来自他们从网络产品中获得的网络效应强度，较强的网络效应能够为消费者在接入后的互动带来更高的效用。此外，消费者在接入网络后需要承担一定的成本，即平台经营者征收的使用费用，将使用费用和网络效应强度分别表示为 p 和 a，消费者实际接入的数量则为 $n(p, a)$，并且基于消费者偏好关于成本和收益的特征，可知 $\frac{\partial n}{\partial p}<0$，$\frac{\partial n}{\partial a}>0$。平台经营者利用网络产品开展生产经营活动时的利润函数可以表示为：

$$\pi \equiv \prod(p) = f \cdot Q(n) + (p - c(n)) \cdot n(p,a) \tag{5.5}$$

这个部分中，我们侧重于分析平台经济经营者在间接收益下对消费者的定价机制，因此（5.5）依旧尝试分析消费者使用网络产品时所需要缴纳的费用，延续（5.2）的逻辑，平台经营者的勒纳指数可以求解为：

$$\frac{p-c}{p} = \left(1 - c' \cdot \frac{\partial n}{\partial p}\right) \cdot \frac{1}{|\in|} - f \cdot Q'(n) \tag{5.6}$$

相比于（5.3），网络产品经营者在增加盈利渠道后的勒纳指数出现了进一步降低的趋势，这个趋势从（5.6）中的$-f \cdot Q'(n)$中可以体现。具体而言，（5.6）中关于平台经营者的定价揭示出了目前网络产品市场中的两个主要的特征，第一，平台经营者盈利渠道的改变产生了价格的转移。在网络产品的销售和使用过程中，消费者不仅扮演着买方的角色，同时还为网络产品形成的网络空间贡献规模，网络产品经营者利用逐渐庞大的网络规模吸引第三方经营者接入，并实现盈利。因此，销售网络产品可以被视为是网络产品经营者获取生产资料的过程，这种生产资料可以帮助经营者在另一个买方群体（即第三方经营者所构成的买方群体）内获取收益。如图 5－2 所示，当第三方经营者高度依赖网络产品用户规模所带来的收益时，网络产品经营者的动机将从“向用户销售产品”逐渐转移至“吸引用户使用产品”上，进一步通过更低的价格吸引用户，扩大网络产品的规模，进而形成在第三方经营者市场中的定价能力。因此，（5.6）展现出当n随着p的下降而不断提升时，第三方经营者可以构成的实际交易$Q(n)$也随之提高，继续弱化网络产品经营者在消费者端定价的动机。当n的规模到达一定程度时，消费者所接受到的价格会接近于零，甚至低于零，这种超低价格、零价格甚至是“负”价格体现在网络产品经营者给消费者的补贴或其他非货币的福利上，但其根本目的在于快速地吸引消费者的接入，扩大网络产品的使用量。

第二，网络产品经营者在第三方经营者集团中的定价与市场竞争间存在着连带的关系。如图 5－3 所示，平台经营者对第三方经营者的定价能力还同时受到了第三方经营者对网络产品经营者之间进行切换的灵活程度的影响。当第三方经营者选择平台的灵活度降低时，其便提高了对在位平台的依赖程度，进而降低了第三方经营者关于平台定价的需求弹性，增加了平台经营者

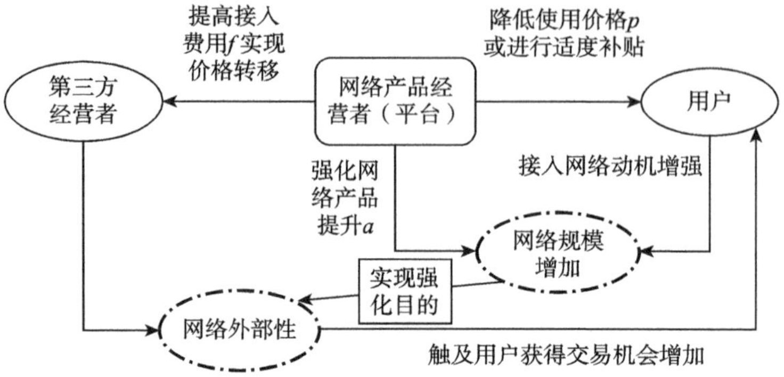

图 5-2 网络产品在不同群体间的价格转移

在这个集团中的定价能力。第三方经营者选择平台的灵活度受到了在位平台的市场支配地位的影响，而支配地位又受到了消费者对网络产品选择的影响。考虑可竞争的平台市场，存在在位平台经营者和其竞争平台，两者提供的网络产品服务存在明显的同质化，就竞争程度角度而言，具有先行优势的网络产品经营者能够捕捉更多的消费者，以更短的时间达到网络产品较大的使用规模，进而获得能够捕捉第三方经营者的要素。因此，网络产品经营者在第三方经营者市场中的定价关联于其在消费者市场中的控制程度。如图 5-3 所示，若竞争平台能够通过强化自身产品的网络效应从在位平台上争夺更多用户时，其具有的用户规模能够吸引第三方经营者从在位经营者平台转移，使得在位平台经营者减弱了利用用户规模对第三方竞争控制的能力，进而降低了在位平台经营者制定价格的能力。

这种竞争格局同时也反映出网络产品经营者的一种动态的盈利过程：首先，以低价或补贴的形式快速获得在消费者集团中的支配地位，再利用提升的消费者规模从第三方经营者集团中获利。同时，当网络产品经营者在消费者市场中的支配地位不断提升时，它对两端的定价倾斜程度也会提升，即不断通过低价格吸引消费者，并通过对另一端的高价格进行补偿。在这种情况下，竞争平台所面对的竞争压力将会显著提升，一方面，它需要利用更大的投入来增加消费者使用网络产品时能够获得的效用，另一方面，也需要利用更具有竞争力的接入费用来吸引第三方经营者的接入。对竞争平台而言，构建网络效应和维系网络外部性给他带来了明显的成本压力，这进一步回应了网络效应下的竞争力的提升更加需要平台经营者通过先行者优势快速实现用户规模的重要性和必要性。

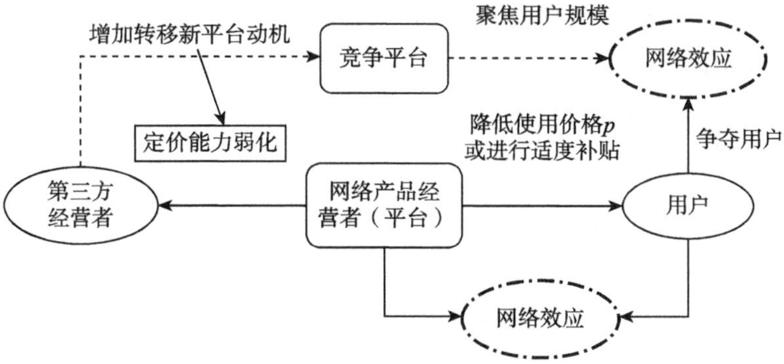

图 5-3　竞争平台与平台定价

以上两个关于平台经营者的定价模式和特征揭示了网络产品市场可竞争程度被弱化的可能性，这种弱化并不一定来自经营者自身竞争力和技术能力等原生属性带来的市场势力，而是产生于网络产品本身的特征为经营者所带来的市场势力。具体而言，网络产品特征使消费者在使用产品和不断接入网络的过程中形成了一种消费者可以在组群内产生效用的网络空间，构成了消费者群体中的“公地喜剧”。网络产品的公地喜剧源于平台经济中的网络产品大多属于信息产品，即具有无形化、易传播、易复制的特征。在平台经营者的运作下，消费者既可以低成本地、不受到时间和空间约束而获得产品，又能够通过特定产品的使用获得价值。同时，这种价值的获取门槛很低，即没有特定的排他性，获取价值的过程不受到其他消费者使用的限制，即没有明显的竞争性，使得消费者可以比较清晰地判定使用产品的预期收益远高于成本。

以微信和 Facebook 为例，用户在接入这些网络产品时的主要收益来自产品的直接价值和间接价值。直接价值体现了产品本身的即时通讯特征，以更低的成本代替电话、短信、邮件等通讯方式；间接价值体现在产品的社交属性，用户通过社交属性增加了其在社会资本层面的价值获取。这种社会资本在于网络产品构建的社会网络中用户与用户之间的共益性互动，随着共益性程度的增加，用户能够在网络中得到更多的无形收益，如声誉、信任、合作等。

当用户能够感知到网络产品构成的“公地喜剧”所带来的收益时，吸引用户的接入和使用则不再高度受到经营者行为的直接影响，而是受到经营者所运行的产品所构建出的网络对消费者福利的影响。当这个网络的运行规模、运行规则、运行便利度都能够符合消费者的预期时，消费者会持续接入并增加对这个产品的黏性。这使得经营者捕捉消费者、获得消费者市场中份额的能力不断加强，进而以消费者的感知和自我选择对其他经营者“关闭”市场的大门。反观图 5-3，平台经营者所运行的网络如果存在明显的同质性，则消费者通常会进行协同性的选择行为，会长期趋于接入一个产品，而经营者的博弈时序和捕捉消费者的手段（如定价和补贴等）则在这个过程中发挥了积极的作用。进一步地，当平台经营者具有比较稳定的用户群体时，稳固性将传导至第三方经营者集团中，一方面形成了对第三方经营者较高的接入费用，另一方面也阻碍了新进入网络产品市场的经营者可以通过接入费来获取收益的路径。其背后的主要逻辑是，即便新进入市场的网络产品经营者以更低的价格吸引第三方经营者，第三方经营者也并不会有很强的动机转移至新的平台上，因为他们实施转移会失去较多的现有交易机会，承担过高的机会成本。这会进一步弱化新进入的网络产品经营者的收益或预期收益，降低其进入程度，形成网络产品市场中高集中度的效果。

第二节　以网络外部性为基础的定价模式

就平台经济经营者的经济活动而言，用户群体之间的互补性也能够为经营者带来流量，形成其盈利的重要基础。互补性体现的是用户群体之间的互动，而网络效应带来的流量更多的是用户群体内的相互影响。厘清流量和互补性两种要素带来的模式差异，应理解平台经济经营者和用户之间的供需关系，在网络产品范畴中，消费者更多的是寻求网络产品所带来的网络效应，并从自身所处的群体内部获得由网络效应带来的效用。此时消费者效用所表达的需求更多的是来自其所处群体内部，与经营者吸引的其他用户群体并不存在直接的供需关系。但在互补性所形成的网络外部性下，消费者接入经营者运营的平台并不从其本身所处的组群内部直接获得收益，而是从接入平台的其他组群（用户）中获得需求的满足，进而实现效用的提升。同时，对于消费者所对应的其他组群内部参与者而言，也会从接入平台中获得收益。因此，平台经济经营者在互补性为基础的商业模式中，更加关注如何构建和稳固几个用户群体间的互补性，从他们的互动中盈利。反观以流量为基础的商业模式，网络产品经营者则更加关注消费者端的低价或免费作为手段，以及第三方经营者端的收费作为目的的逻辑。不难发现，以互补性为主要盈利模式的平台经济经营者通常以平台的形式展现在各个用户群体间，通过构建一个或多个使这些用户群体进行互动的平台，创造用户之间的互动流量，平台通过不同定价方式获得商业利润。

1. 接入费用

接入费用（Access fee）是平台经营者比较常用的一种定价模式，是基于用户的实际接入平台行为来进行收费，接入费用属于一种固定的、与用户在平台上后续交易不直接相关的费用。因此，接入费用相当于是用户接入平台的固定成本，类似于平台对用户征收的一种“门票”。一些涉及内容的产品，如咨询服务、内容共享、信息共享的平台会选择以接入费用将用户引入其内部平台中进行交易。虽然上文所提及的倾斜式定价反映出，在平台交易的过程中，某些用户群体在接入过程中是零价格的，但是，它并不来自一种外生设定的假设，而是这些接受零价格的用户与其他用户之间存在着必然的差异。为解释这种差异，我们借助 Rochet 和 Tirole（2006）的分析，讨论影响平台对接入集团的定价差异背后的逻辑。①

作为一个简化的经济学分析，考虑在一个平台经济市场中，一个平台接入两个用户群体，这里我们设定这两个群体之间具有比较显著的互补性，即存在着对称的正网络外部性，例如电商平台的买方和卖方。定义卖方为 S，买方为 B。两个群体接入平台的成本为平台对他们分别制定的接入费用，分别定义为 p_S 和 p_B。两个群体中的用户具有差异性，使得他们并不会全部接入平台。这种差异性可以来自用户对不同平台间的横向产品差异，也可以来自用户对平台交易本身所产生的纵向产品差异，导致两端用户所构建的群体并不会被一个平台所垄断。两个用户群体接入平台的数量取决于另一端用户的接入数量和他们所需要承担的接入费用，前者反映了平台在两个群体间所构建的交互场景，主要来自两个用户群体间的互补性在平台上所产生的网络外部性；后者则反映了成本对用户接入动机的抑制作用，因此可以将两个群体接入平台的用户数量分别描述为：

$$N_S = (N_B(N_S, p_B), p_S);\ N_B(N_S(N_B, p_S), p_B) \quad (5.7)$$

① Rochet J C, Tirole J. Two-Sided Markets: A Progress Report [J]. Rand Journal of Economics, 2006, 37 (3): 645-667.

其中，假设$\frac{\partial N_S}{\partial N_B}>0$和$\frac{\partial N_B}{\partial N_S}>0$描述了两个用户群体之间的网络外部性而产生的群体间互补性。由于网络外部性形成的两端用户间的关联，使得一端价格对另一端用户的接入动机也产生了影响，本书上文中已经介绍这种影响可以被视为是一种关于价格的跨边溢出效应。具体而言，当一端用户接受到的价格增加时，这端用户接入平台的数量降低，在网络外部性下，对边用户也会降低接入动机，呈现出价格对跨边用户的反向溢出效果。利用上述价格效应下互补性所带来的间接影响可以将（5.7）改写为：

$$n_S \equiv N_S(p_S, p_B);\ n_B \equiv N_B(p_B, p_S) \tag{5.8}$$

其中，$\frac{\partial n_S}{\partial p_B}<0$，$\frac{\partial n_B}{\partial p_S}<0$，说明了价格的变化不但使对边的用户群体规模降低，同时对另一侧的用户接入数量也存在负向影响。具体而言，如果一端用户支付的价格增加，将导致其接入量降低，在网络外部性作用下，对边用户的接入数量也会降低，反映出一边用户的价格变化对另一侧用户的接入亦产生负向影响。平台经营者通过向两端用户征收接入费用实现利润的最大化，此时平台的利润函数可以表示为：

$$\pi \equiv \prod(p_S, p_B) = (p_S - c_S)\cdot N_S(p_S, p_B) + (p_B - c_B)\cdot N_B(p_B, p_S) \tag{5.9}$$

其中，c_S和c_B分别表示了平台在服务卖方和买方用户时所承担的单位成本，平台利润最大化需满足条件：$\frac{\partial \pi}{\partial p_S}=0$和$\frac{\partial \pi}{\partial p_B}=0$，求解利润最大化下两端用户的接入费用，并表示为勒纳指数的形式：

$$L_i = \frac{p_i - c_i}{p_i} = \frac{\frac{-n_i}{p_i}\cdot\frac{\partial n_j}{\partial p_j} + \frac{n_j}{p_i}\cdot\frac{\partial n_j}{\partial p_i}}{\frac{\partial n_i}{\partial p_i}\cdot\frac{\partial p_j}{\partial p_j} - \frac{\partial n_j}{\partial p_i}\cdot\frac{\partial n_i}{\partial p_j}},\ i=S,\ B;\ j=S,\ B;\ i\neq j \tag{5.10}$$

勒纳指数L_i反映出平台在用户群体i中的定价能力，（5.10）描述了不同的因素对平台定价能力的影响，具体可以总结为以下两个方面。

第一，同边的相对价格效应。同边的价格效应体现在$\partial n_i/\partial p_i$和$\partial n_j/\partial p_j$，刻画了一端用户在面对接入费用变化时的接入动机变化程度，也可被视为是一端用户对于接入费用的需求价格弹性。当一端用户相较于另一端用户对接入费用更加敏感时，平台将对较不敏感的用户集团征收较高的接入费用。同边的相对价格效应是一种平台定价对用户的直接效用，这种直接效用在传统经济的定价行为中也广泛存在。

第二，跨边的相对价格效应。跨边的价格效应体现在$\partial n_i/\partial p_j$和$\partial n_j/\partial p_i$，刻画了一端用户所承担的接入费用对对边用户接入数量的影响。平台在进行定价策略时，通常会考虑对一端用户的定价是否会显著地影响了该用户集团对边用户的接入程度，即对边用户受到的跨边影响程度。例如，当B端用户的接入动机高度受到了S端用户的接入数量时，平台则会降低对S端用户的接入费用。

以上两种效应生成的基础在于一端用户是否高度依赖平台这种交易模式，这种依赖影响了用户的同边价格效应。就用户角度而言，若平台交易模式在其开展交易时占据支配地位，则用户对平台这种交易模式则更加依赖，并具有比较明显的缺乏弹性特征，形成较弱的同边价格弹性，引致了平台对这种类型的用户征收较高的接入费用。此外，某一端的用户在平台上所面对的交易相对人所具有的交易习惯影响了平台上的对边价格效应，当用户的对边交易相对人在平台交易以外的交易场景中承担更低的成本，则会产生比较弱的对边价格效应。这是由于这种类型的用户并不会过度地担心对边的交易相对人的规模变化，当对边交易相对人的数量并未达到其预期的水平时，用户则会自发地选择在其他交易场景中完成交易。以电商平台为例，几乎所有的电商平台都选择了对卖方收费、对买方实施免费的定价模式。这种现象反映出，相对于卖方而言，买方具有比较强的同边价格效应和比较弱的跨边价格效应。这是由于买方在平台以外的场景中，可以在并不承担过多成本的情况下完成交易，体现出买方并不会显著地受到卖方数量变化的影响。反观卖方的情况，在平台经济市场中，很多卖方可以借助数字平台打通其与买方在时间和空间上的固有屏障，使原本受到阻碍的市场在数字平台上打通，形成顺畅的交易通路。因此，数字平台对传统经济下的卖方而言属于十分必要和重要的交易方式，在其完成交易过程中占据了比较明显的支配地位，引致平台在卖方市场中具有显著的定价能力。

2. 使用费用

除了接入费用以外，使用费用（Per-transaction fee）或抽成费用在平台定价中也占据了比较大的比重。与接入费用的主要差异是，使用费用为平台带来的总收益通常是非固定的，受到了平台所接入的买卖双方实际交易量的影响，使用费用可以被视为是用户在接入平台后的一种单位成本。使用费用大多出现在实体产品或服务交易流程比较明确且易于计数的交易中，同时，使用费用为平台带来的收益不仅在于买卖双方接入平台的行为，还在于两者是否能够在平台上实现有效的交易，即平台更加关注在提升了公域流量的基础上，是否可以比较高效地将其转变为私域流量和销售量。①

我们延续上一小节中关于接入费用的分析框架，将抽成费用表示为 f，是平台经营者给卖方制定的在每次交易中需要缴纳的费用，同时，买方无需在交易中缴纳任何除产品价格以外的费用。此时买卖双方接入平台的数量可以表示为N_S（N_B，f）和N_B（N_S）。从需求函数所展现的信息来看，虽然买方的接入仅受到卖方接入数量的影响，但是，由于卖方的接入仍受到其承担的费用的影响，因此，买方也会受到平台对卖方制定的费用的间接影响，这一点十分类似于一种单向的跨边效应，可以将上述逻辑进一步描述为：$\frac{\partial N_B}{\partial f}=\frac{\partial N_B}{\partial N_S}\cdot\frac{\partial N_S}{\partial f}<0$。在价格效应和网络外部性的作用下，双方的接入数量可以进一步表示为：

$$n_S \equiv N_S(f);\ n_B \equiv N_B(f) \tag{5.11}$$

其中，$\frac{\partial n_S}{\partial f}<0$，$\frac{\partial n_B}{\partial f}<0$。平台经营者的利润函数则表示为：

$$\pi \equiv \prod(f)=(f-c)\cdot N_S(f)\cdot N_B(f) \tag{5.12}$$

其中，c 刻画了平台在为买卖双方提供对接和交易服务时所承担的单位成本。此外，我们需要明确（5.12）与（5.9）之间的不同是，这里平台利润的主要来源路径是买卖双方在平台上进行的实际交易，而非双方的接入，换言之，买卖双方接入平台并进入平台所构建的交易场景可以是完全免费的，但是当买卖双方产生了实际的交易，平台则会按照一定比例进行收费，例如，房屋中介平台、网约车平台都具有这种特征。平台实现利润最大化的条件满足：$\prod'(f)=0$，其利润最大化的价格可表达为：

① 王勇，刘乐易，迟熙，等．流量博弈与流量数据的最优定价——基于电子商务平台的视角［J］．管理世界，2022，38（08）：116－132.

$$f=c-\frac{n_S\cdot n_B}{N_S'(f)\cdot N_B+N_B'(f)\cdot N_S} \tag{5.13}$$

在使用费用模式下，（5.13）说明了平台经营者的定价受到了两边用户的共同影响。第一，当卖方一侧对价格的敏感程度较高时，他们的接入程度对平台的价格变化更加明显，较高的抽成费用会降低他们接入平台的动机。我们可以将其视为是关于价格的一种直接效应。第二，当卖方由于较高的抽成费用降低接入规模时，跨边效应引致了买方在观察到对边规模降低时而降低自身的接入动机，使在平台上实现交易的机会随之降低。在买方视角下，虽然抽成费用并未成为其接入平台过程中的成本，但由于跨边效应的存在，抽成费用依旧可以间接地成为影响买方一侧接入的因素。

进一步地，买方一侧受到的价格影响还具有以下两个方面的扩展。第一，在交易价格层面的联动效果。作用在卖方的抽成费用被视为是卖方在展开交易过程中的成本，虽然抽成费用只是在交易成功后卖方才支付给平台的费用，但同时卖方的成功交易收益是体现在其向买方制定的价格上的。在卖方理性化经营的前提下，卖方为实现利润最大化，会将其承担的所有成本以销售价格的形式体现出来，即抽成费用会部分地融入卖方的销售价格中。此时，买方购买产品所支付的价格就受到了卖方承担的接入费用的影响，若将买方的接入动机做进一步的修正，其接入规模可以改写为 $n_B=N_B(f, p(f))$，其中 p 为买方支付给卖方的产品或服务的价格，且 $p'(f)>0$。结合（5.13）可以发现，平台经营者的抽成费用对买方的影响已经不再限于通过跨边效应产生，而同时通过增加卖方成本，使卖方以价格的形式附加在消费者支付价格上的路径来影响买方。若上述两种效应同时发生，则平台经营者在抽成费用上的定价能力将明显减弱。因此，平台经营者的利润可能会受到卖方由于补偿其抽成费用而将一部分成本通过销售价格的形式转移给买方，这样便会降低买方的接入动机，为了缓解这个问题，平台经营者有时会通过对买方补贴的形式来弱化买方在平台进行交易的抑制效果。

第二，附加产品或服务的定价机制。平台在提供买卖交易服务以外，有时会针对不同的产品和服务特征提供附加的服务，例如配送服务、保险服务、售后服务等，这种服务通常是平台经营者在有效交易的基础上向消费者直接征收的，消费者的接入和实际使用动机也会受到此类服务的价格的影响。基于此，我们可将平台经营者的利润函数改写为：

$$\pi = (f+d-c) \cdot N_S(f, d) \cdot N_B(f, d) \tag{5.14}$$

其中，d 为平台经营者向消费者征收的其他附加服务的费用，且 $\frac{\partial N_B}{\partial d}<0$，$\frac{\partial N_S}{\partial d}<0$。前者表示了消费者受到的直接价格影响，而后者则来自跨边效应下，当买方由于附加服务费用过高而降低使用平台的动机后，卖方接入动机随之下降的情形，反映出了附加服务费用的间接影响。平台经营者利润最大化条件指出：

$$\frac{f-c}{d-c}=\frac{\frac{\partial N_S}{\partial f}+\frac{\partial N_S}{\partial d}}{\frac{\partial N_S}{\partial d}+\frac{\partial N_B}{\partial d}} \tag{5.15}$$

根据（5.15）的描述，平台经营者在关于对卖方的抽成费用和对买方的附加费用上的相对价格受到了两类用户的直接和间接价格效应的影响。首先，自价格效应的增强会弱化平台经营者在这一边用户的价格制定能力，换言之，当某一边用户对价格的敏感程度提高时，平台将降低对这边用户的价格水平或定价动机。其次，跨边价格效应的增强也会产生与自价格效应类似的效果，这主要是由于两端用户之间在平台上具有十分明显的网络外部性，使得跨边效应持续存在于两者的交易过程中，一边用户所承担的价格通过跨边效应成为对边用户的成本。最后，更加重要的是，平台经营者在对两边用户制定价格时，会考虑到上述自价格效应和跨边价格效应对两端用户产生的相对影响。例如，买方对平台所提供的附加产品或服务所征收的价格十分敏感时，平台将有动机将这种产品或服务的成本转移至卖方，若卖方并未通过跨边效应将这种成本进一步通过销售价格的形式转移至买方的话，则平台不会从这种成本转移上遭受显著的损失。

外卖送餐平台具有比较典型的抽成费用和附加服务费用并存的特征，即消费者在完成订餐过程中，除了需要缴纳给平台内经营的商户餐费以外，还需要支付给平台经营者配送费用。在“食派士”滥用市场支配地位所实施的限定交易行为中，在对相关地域市场内的以英文为主要操作语言的外卖餐饮配送平台的经济学分析中，对临界损失的讨论关注了消费者对餐费和配送费的需求价格弹性，结果表明相对于配送费，消费者对餐费的变化更加敏感，反映出假定的垄断者可以在给定餐费的基础上提高配送费获得更高收益。由于消费者对配送费的变化更加不敏感，则假定垄断者对配送费的提升不会产生过多的消费者流失，一方面，其不会受到自价格效应的显著负面影响，另一方面，也不会激发跨边效应而导致平台内经营商户流失，进而获得利润增进。

第三节　平台经济市场中的价格竞争

本章前两节所讨论的主要内容，大多侧重于分析一种较为集中的市场结构，即市场中仅存在一家平台经济经营者，这种垄断的市场结构使我们所分析的环境倾向于一种“封闭”的市场，导致了关于价格的分析仅限于该经营者所面对的用户对价格的反应，而忽视了平台经营者面对竞争者时的价格变化。换言之，虽然我们将用户对自价格效应和跨边价格效应的影响同时纳入分析中，但是该价格至少缺失了一个来自市场竞争的主要因素，经营者在竞争环境下与其竞争对手的互动也会影响到他们的定价策略。平台经济经营者的价格竞争体现在他们在制定价格过程中的博弈过程中，价格策略使他们在决策中需要将竞争对手的反应纳入考量，为防止过高的定价造成的消费者流失，市场竞争通常会给价格带来一个比较明显的抑制作用。

平台经营者之间的竞争通常发生在多个用户群体中，以两家平台经营者针对两个不同的用户群体进行竞争为例，他们之间形成竞争情形可以分为三类：（1）双边用户的单归属情形下的竞争，即两边用户仅选择一家平台接入；（2）一边用户单归属、另一边用户多归属情形下的竞争，即仅有一边的用户可以同时选择两家平台接入；（3）双边用户的多归属情形下的竞争，即两边用户可以同时选择两家平台接入。基于 Armstrong（2006）、Rochet 和 Tirole（2006）、Belleflamme 和 Peitz（2019）等研究，关于平台竞争相关理论的探讨更多关注于前两种竞争的情形。①②③ 关于第三种竞争情形的讨论，可延续第二种竞争情形的逻辑，若单归属的一端用户全部变成多归属用户，则已经具

---

① Mark Armstrong. Competition in Two－Sided Markets ［J］. The RAND Journal of Economics，2006，37（3）：668－691.

② Rochet J C，Tirole J. Two－Sided Markets：A Progress Report ［J］. Rand Journal of Economics，2006，37（3）：645－667.

③ Belleflamme P，Peitz M. Platform competition：Who Benefits from Multihoming? ［J］. International Journal of Industrial Organization，2019，64：1－26.

备多归属的用户则没有明显的动机继续停留在多归属的状态，即后者可能会选择一个平台进行单归属，这是由于这类用户在面对对边用户多归属的情况时，依旧进行多归属的机会成本较高。Armstrong（2006）针对上述逻辑进一步说明，在双语国家（如加拿大）中，若说法语的居民都开始使用英文（即语言多归属），则那些使用英文的居民则没有过多动机使用法语（即提高其单归属动机）。

我们首先探讨双边单归属的情境，由于用户在进行决策时，仅考虑接入一个平台，因此用户对于不同平台的选择主要涉及两个方面：接入平台的成本（如接入费、抽成费）和该平台能够为其带来的网络外部性。这种情境下的平台定价主要展现出以下特征。

第一，平台经营者在竞争状态下的定价策略主要受到其所面对的市场特征和用户特征的影响。具体而言，当平台所面对的某一端市场竞争更加激烈时，它在这一端用户中将制定更加具有竞争力的价格，即激烈的市场竞争使平台在价格层面处于更加妥协的状态。通常这种来自市场特征的影响，主要包含了这一端用户在不同平台间进行转移的成本，即在用户视角下，不同平台之间的同质性程度。当用户能够感知在选择不同平台时所形成的效用差异并不十分大时，用户则会更加偏向那些接入成本较小的平台，促使平台在竞争过程中更加倾向于选择价格竞争，并将价格视为其获取用户的主要工具，以更低的价格吸引用户的接入。此外，用户特征主要体现在用户对对边用户的依赖程度，即对边用户对本边用户形成的网络外部性。当网络外部性十分显著时，本边用户对能够为他们带来更大交易机会的平台则会更加青睐，使得平台会通过更低的价格吸引那些能够形成更大网络外部性的用户接入。

第二，相较于垄断结构，竞争结构下的平台经营者价格下降的主要路径在于，竞争平台更加关注其价格与网络外部性之间的权衡。具体而言，竞争结构下的平台定价受到网络外部性的影响比垄断结构下的影响更加显著。试想在垄断结构下，平台的定价对用户的影响仅为“选择接入”和“不选择接入”之间的选择；而在竞争结构下，当平台对一端用户定价过高时，该端用户则会在“不选择接入”和“接入竞争平台”之间进行决策，当用户选择接入其竞争平台时，与该用户形成跨边效应的用户则也会被吸引，并加入同一个平台，使得高定价平台同时损失两侧的用户（这个体量可能是双倍，也可能是更多）。因此，在竞争的平台市场结构下，由于不同群体间用户的相互影响，会使得平台的定价不仅受到了平台间竞争的制约，还会受到用户的选择对其对边用户的决策的制约。

一边用户的单归属、另一边用户的多归属有时也被称为竞争瓶颈（Competitive bottleneck），竞争瓶颈的实际例子在传统经济下的平台市场中较为多见，例如移动电话网络、报刊杂志、购物中心等。以传统经济中的购物中心为例，消费者在给定的时间和精力下通常只能选择一家购物中心，而同一个厂商可以在不同的购物中心开设分店，形成了比较明显的竞争瓶颈。传统经济中的竞争瓶颈主要来自用户的外生约束，例如消费者的时间约束、物理空间约束、信息约束等。在平台经济中，上述一系列约束并不明显，这是由于消费者可以通过互联网络和智能设备快速且低成本地在不同的购物软件间切换，数字技术打破了消费者曾经在传统商业中由时间成本和物理空间屏障带来的限制，降低了消费者的搜寻成本和转移成本。但这并不完全意味着平台经济下的竞争瓶颈等同于平台双边都具有多归属的情形，主要是因为即便消费者可以在不同的平台与不同的或相同的厂商进行交互，但最终的购买决策依旧会选择其中一家完成，在其实际的交易行为上依旧形成了单归属的状态。例如，网约车平台、外卖订餐平台、电商平台都具有了上述特点，消费者在进行信息收集、产品比较时都具有比较明显的多归属特征，但其在实际交易时，依旧遵循了单归属的特点，这也是推动平台形成较明显竞争的主要原因。

竞争瓶颈环境下，单归属一端用户受到网络外部性的影响并不十分明显，因为他们在任何一家平台上都能够寻找到对应的交易相对人；而对于平台经营者而言，他们的竞争重点则向单归属一侧转移。虽然任何平台经营者在竞争瓶颈下可以接入几乎所有的多归属用户，但是，实现有效交易应是建立在规模性的单归属用户接入平台的基础上的。平台经营者此时相对于双边均单归属的情况，竞争压力会降低，他们将更多的竞争资源放置于单归属的用户上。从市场势力的视角来看，此时的平台经营者可以获得相对较强的市场势力，该市场势力主要来自他们在单归属用户群体中的市场捕捉能力，即利用两端用户之间的网络外部性（此时，更多的是多归属用户对单归属用户的依赖程度）来提升其在多归属用户中的市场势力，具体体现在其定价能力上。因此，在竞争瓶颈环境中，平台经营者的倾斜式定价会更加明显。他们通过较低价格来获取单归属用户，进一步利用单归属用户的规模来向多归属用户定价并补偿其在单归属用户中的低价格。延续这一逻辑，我们可以设想在单归属用户集团中的竞争出现失衡时，即某一平台可以通过其市场势力获取大量单归属用户时，即便多归属用户一侧可以灵活地接入多个平台，他们也会权衡其预期收益与机会成本，自发地向单一平台进行单归属的转移。

我们可以利用电商平台的例子来解释上述逻辑，电商平台的多归属一侧和单归属一侧分别为平台内经营者和消费者，这个特征与线下传统购物中心类似。电商平台可以通过用户补贴、技术投入、信息精准投放等形式增加消费者在该平台上进行交易的效用，吸引大量消费者将特定商品的交易放置在该平台，使该平台相较于其竞争对手具有更大的消费者规模。同时，平台内经营者在多个平台展开经营过程中需要承担多个成本，例如，他们接入平台均需要向平台支付接入费用，平台内经营者的经营目的是希望能够在平台上交易获得的收益充分补偿其成本，但当平台内经营者的预期收益无法补偿其接入平台时的成本时，他们将有动机退出那些不盈利的平台。换言之，当平台无法通过接入更多的消费者为平台内经营者提供更多的交易机会时，平台内经营者接入这些平台的动机将被弱化，为降低自身在平台上经营的机会成本，平台内经营者将会投入更多的经营资源在那些能够捕捉更多消费者的平台上。这个趋势会进一步降低那些接入消费者规模较低的平台利润，以至于使这些平台在无法获得有效利润的情况下退出市场，增加平台市场的集中度。因此可以发现，在平台竞争环境下，多归属的特征可以增加平台除价格以外的竞争路径和丰富平台的竞争手段，尤其是在数字经济环境下，以技术和数据为主要工具的竞争会推动平台经营者尝试使用更加丰富的方法来获取消费者，进而增加自己在双边用户集团中的支配地位。

第六章　平台经济市场中的数据要素竞争

平台经济与传统经济的一个主要区别在于生产要素的转变，数据要素在平台经济经营者的活动中扮演着重要的角色。这主要是由于平台经济几乎所有的经营活动都发生在虚拟的场景中，虽然实物产品的交易依旧可以在平台经济中完成，但是，在交易前和交易中的很多环节都是以信息的形式呈现，这些过程是平台经济以数据要素进行效率提升的关键节点。将产品和服务的具体信息以及供需信息呈现在线上平台或虚拟交易空间，使供给方和需求方可以在同一个平台上进行信息交互，并实现供需的对接和匹配，有助于更加高效地完成交易。同时，这种交易在信息量逐渐提升和相应技术逐渐完善的过程中更具有精准度和安全性，使平台经济参与者都能够从中获得更大的效用。

本章将围绕以下四个方面对平台经济市场中的数据要素与要素竞争进行探讨。第一，数据价值化在经营活动中的具体表现形式和路径。数据的价值化一方面表现为交易者之间互动的效率提升，另一方面表现为帮助经营者通过参与者在交易全流程中的互动获得充分的生产资料，提升经营效率。数据价值化反映了经营者的资源投入路径开始向如何收集、整合、分析和使用数据等方面进行延展，成为经营者提升经营能力的重要路径。

第二，数据在市场竞争中的具体作用。数据价值化使经营者在要素市场中的主要竞争资源从传统要素转变为数据要素，数据本身的可复制、可叠加使用的属性使经营者在争夺数据的同时，力求将其具有的数据纳为自有的专属要素，这就会产生经营者为了获得在要素市场的绝对力量而进行的数据封锁。

第三，数据共享所产生的潜在价值。互联网生态的重要基础是互联互通，平台经济经营者为了获得数据和信息链层面的绝对优势，在互联网生态环境下构建“护城河”，对竞争对手的链接进行屏蔽，形成局部垄断格局。数据共享在广义层面表达了数据和信息的互联互通，使用户可以在不同的经营者之间实现低成本甚至是零成本的切换和转移。数据共享产生的核心价值和可能的成本则是规制平台经济中互联互通的主要权衡因素。

第四，数据风险。在数据层面，经营者具有技术优势，同时形成了平台经济经营者与其用户之间的信息不对称，技术优势使平台经济经营者具有较那些以用户为主体的数据所有者的信息优势。由于大量数据使用是在用户间的交易后台完成，这使用户只能观察到数据使用的结果而并不了解数据的使用逻辑和机制，易导致经营者滥用数据的道德风险问题，例如“大数据”杀熟、算法合谋、用户隐私泄露等。因此，在规制经营者的数据使用行为时应考虑如何构建有效的激励相容，引导经营者自发地合理使用数据的动机和实际行为。

第一节　数据价值化

中国信息通信研究院发布的《数据价值化与数据要素市场发展报告》指出，数据价值化是指以数据资源化为起点，历经数据资产化、数据资本化阶段，实现数据价值化的经济过程。我们将这种数据价值化视作一种广义的数据价值化，它表达了数据从一种客观事物到数据资源，再到能够产生经济价值的数据要素的过程。狭义的数据价值化表达了数据作为一种新型生产要素与传统生产要素经过各种组合后对后者所进行的改善和优化。同时，数据要素作为一种驱动力，使技术跟随数据实现颠覆性的创新，形成数据驱动下的新要素，例如新土地、新资本、新劳动力、新技术等。

具体而言，数据要素在经营过程中的价值体现主要在于两个方面，第一，数据驱动技术的改良以及数据与传统要素的组合，改变了经营者的技术结构和成本结构，使经营者可以在数据要素嵌入生产经营活动后获得更大的成本降低。第二，数据要素的使用可以更好地帮助经营者识别市场，实现消费者的聚类与精准销售，提高了消费者在经营者所搭建的平台上进行交易的效率和质量。例如，网约车平台的乘客流动数据可以为经营者提供在全天不同时间段、不同区域的乘客需求量，使网约车平台可以在特定的时间段引导车辆资源向需求程度较高的地区流动，更大程度地满足了乘客的搭乘需求，降低了乘客在选择网约车过程中的交易成本。

以上两个特征可以比较清晰地运用一个经济学分析框架进行刻画。具体而言，当消费者进入到一个平台经济市场中，消费者对于某个平台特定业务存在纵向差异化，因此，可将消费者所处的市场设定为一个关于消费者偏好的纵向差异市场。消费者的偏好 θ 纵向分布在区间 $[0, N]$ 中，其中 N 刻画了消费者的最高偏好程度，当消费者的偏好越靠近于 N，该消费者对平台的偏好则越高，反之则反。若区间中每个偏好点的消费者密度为 1，则市场中的消费者总量为 N。基于纵向市场得特征，具有偏好 $\theta^k \in [0,N]$ 的消费者效用函数表示为：

$$u^k = s\theta^k - p + a \cdot g \tag{6.1}$$

其中，$s>0$ 描述了消费者对平台的依赖程度，s 越高，消费者对平台的依赖程度越高；p 和 g 分别表示了平台经营者对消费者使用平台所制定的价格和平台对数据的投入程度。我们在这个分析模型中依旧设定平台经营者通过接入费用来获得直接收益，同时，平台经营者还会考虑数据为消费者带来的效用增量。这里的数据投入主要指平台经营者是否可以将平台所实现交易中的数据进行聚类和分析，并将数据的价值化反馈至消费者。例如，电商平台可以将特定消费者在平台上对不同商品的搜索进行聚类和分析，并识别消费者对特定类别商品的偏好和购买频次，在该消费者后续的搜索和购买过程中，平台可以针对性地为其提供精准的信息。① $a>0$ 描述了单个用户对于特定数据投入量的边际效用，当 a 逐渐增加时，消费者来自经营者数据投入而获得的效用提升则越大。效用函数（6.1）说明了消费者对经营者的选择不仅受到了其对经营者依赖程度的影响，同时，经营者的数据投入所形成的效益可以优化信息的形式向消费者转移，进而提升消费者在使用平台时的效用水平。

进一步地，在区间 $[0, N]$ 内存在着一组边际消费者，此类消费者的特征是：选择平台交易与不选择平台交易都能够获得同样的效用，若边际消费者的偏好为 $\tilde{\theta}$，则边际消费者偏好特征下应满足条件：$s\tilde{\theta} - p + a \cdot g = 0$，或 $\tilde{\theta} = \frac{p - a \cdot g}{s}$，那些偏好不低于 $\tilde{\theta}$ 的消费者将选择平台进行交易，因此，平台在消费者中的需求函数可以表示为：

---

① 这里我们主要强调的是平台经营者以消费者的效用提升为主要目的的数据投入，而非关于经营者利用数据对消费者进行差别待遇，例如，“大数据”杀熟行为。

$$n(p, g) = N - \frac{p - a \cdot g}{s} \tag{6.2}$$

通过（6.2）不难发现，$\frac{\partial n(p, g)}{\partial p} < 0$、$\frac{\partial n(p, g)}{\partial g} > 0$ 说明了消费者在平台上支付的价格越高，接入平台的用户数量越少；消费者能够从平台所提供的数据中获得的效用增益越大，用户的接入数量则越多。经营者的利润来自接入平台的用户所支付的接入费用，其利润函数可以表示为：

$$\pi \equiv \prod(p, g) = (p - c(g)) \cdot n(p, g) - \frac{\beta \cdot g^2}{2} \tag{6.3}$$

结合（6.3），我们需要进一步明确的是，平台经济经营者的单位成本 $c(g) = c_0 - b \cdot g$ 以函数的形式刻画了数据投入可以通过技术改进和优化传统要素配置来降低其成本，其中，$b > 0$ 描述了数据投入对经营者成本的降低程度；$\frac{\beta \cdot g^2}{2}$ 表示了经营者投入数据所产生的成本，$\beta > 0$ 反映了经营者投入数据的效率，β 越大，则效率越低。

从经营者策略制定视角来看，我们考虑一个两阶段的博弈：在博弈的第一阶段，经营者通过制定数据投入量 g 来最大化预期利润；在博弈的第二阶段，经营者制定价格 p 最大化利润。利用逆向递归法解决两阶段动态模型，首先分析经营者的定价策略，经营者的利润最大化价格满足条件：$\frac{\partial \pi}{\partial p} = 0$，即经营者在第二阶段中的利润最大化价格为：

$$p = \frac{sN + c_0 + (a - b)g}{2} \tag{6.4}$$

在博弈的第一阶段，将（6.4）代入（6.3）并求解经营者第一阶段的利润最大化条件：$\frac{\partial \pi}{\partial g} = 0$。这里需要强调的是，对经营者而言，数据是一种来自服务消费者而产生的生产要素，经营者能够使用数据的总规模受到了接入该经营者的消费者总量的限制，因此，经营者在第一阶段的数据投入规模应受限于接入该经营者的消费者规模，换言之，即便平台经营者投入了大量资源来开发数据，其能够开发数据的总量也不会超过接入平台的用户总量。此时，经营者的利润最大化问题应是一个有约束条件的最优化问题，具体可以表示为：

$$\max_{g} \prod (g) = \frac{[sN - c_0 + (a+b)g]^2}{4s} - \frac{\beta g^2}{2} \tag{6.5}$$

$$s.t.: g \leqslant n(g) \tag{6.6}$$

其中，目标函数（6.5）表示了平台经营者在博弈的第一阶段中通过对数据投入的决策来最大化利润；约束条件（6.6）进一步对经营者开发数据的体量进行了限制，即开发数据的体量不大于接入平台的用户数量。令 $\lambda \geqslant 0$ 描述了对应最优化问题（6.5）和（6.6）的拉格朗日乘子，则相应的拉格朗日函数可以表示为：

$$L(g,\lambda) = \prod (g) + \lambda[n(g) - g] \tag{6.7}$$

求解最优化问题（6.7）可以获得平台经营者最优数据投入量，具体表示为：

$$g = \frac{(sN - c_0)(a+b) + \lambda\left(\frac{a}{2s} - 1\right)}{2s\beta - a(a+b)} \tag{6.8}$$

针对（6.8）的结果，我们可以得到关于经营者数据投入决策的三个主要结论：

（1）经营者的数据投入程度受到数据提升消费者效用水平和数据降低经营成本水平的促进作用。通过（6.8）不难发现，$\frac{\partial g}{\partial a} > 0$，$\frac{\partial g}{\partial b} > 0$，说明了经营者投入数据要素的两条主要路径，一方面，数据的运用能够提高消费者在选择该经营者产品时的效用水平，吸引更多消费者加入，提高经营者的市场份额；另一方面，数据要素可以较好地与传统要素实现整合，提高传统要素的生产效率，降低经营者的成本。因此，数据要素的投入和使用可以从市场端和成本端提高经营者的商业利润水平，强化经营者进行数据投入的动机。

（2）当数据投入成本较低时，经营者将尽可能多的使用数据，即 $g = n(g)$。这个结果来自对关于（6.6）的互补松弛条件的分析，当 $\lambda = 0$ 时，$g < n(g)$，满足这个约束的条件是 $\beta > (a+b)(2s-b)$，换言之，当 $\beta < (a+b)(2s-b)$ 时，约束条件（6.6）收紧（binding），即 $g = n(g)$。此时，经营者将使用他能够获得的全部数据。这个结果说明了，经营者对数据的使用存在一个较明显的离散分布，当其使用数据的成本较低时，经营者会相较于使用成本较高时的情况更多地使用数据，经营者将充分使用其具有的数据。这个结果背后的逻辑是，经营者使用数据要素创造价值的基础是数据要素带来的

收益可以充分补偿使用数据的成本，而当 β 较低时，使用数据的收益高于对应成本的目标更易达到，使经营者提高使用数据体量。

（3）经营者来自数据投入的价值提升并不一定会充分地以降低价格的形式转移给消费者，但由于消费者能够从经营者的数据投入中直接获益，这使消费者福利可以得到提升。为解释这个结果，我们可以回顾（6.4）中的价格，该价格递增于 a 递减于 b，说明了如果消费者能够从数据中获得的效用增量大于经营者从数据中获得的成本递减，则会赋予经营者在消费者群体中更强的定价能力，提高消费者价格。但价格的提升并不意味着消费者福利的衰减，这主要是由于，消费者的效用水平除了受到价格的影响以外，还受到了经营者在使用数据过程中为消费者带来的效用提升，这种效用提升可以充分补偿由价格带来的可能的效用降低。因此，消费者来自于与经营者交易的总福利水平始终递增于经营者对数据的使用，并且同时递增于 a 和 b。①

第二节　数据在平台竞争中的作用

平台经济经营者之间的竞争主要发生在产品市场和要素市场，两类竞争具有较高的关联度。在产品市场中的竞争帮助经营者获得更多的消费者和交易机会，经营者在这个过程中可以获得更多的交易信息，补充自身经营所需要的数据，进一步增进数据要素对竞争的强化。要素市场的竞争反映了平台经济中的数据要素可复制、可叠加使用的特征，经营者不仅可以在自身平台的交易者互动中获得数据资源，也可以通过接入竞争对手的用户来获得数据。在竞争中，数据所发挥的作用除了反映在经营者提升自身要素配置和技术改良上，还可以通过尽可能多触及全市场中的消费者来提高自有数据体量，从而进一步增进其相对竞争力。因此，基于数据要素驱动的平台经济经营者的竞争力，不仅表现在其能够运用自有用户数据来改善经营的能力，还表现在经营者对全市场数据的获取和应用能力。

---

① 根据纵向市场中的边际消费者所划定的市场边界，市场中的消费者福利可以表示为：$CS=\frac{[sN-c_0+(a+b)g]^2}{8s^2}$。当 g 从零逐渐增加时，消费者福利增加，同时，比较静态分析指出：$\frac{\partial CS}{\partial a}>0$，$\frac{\partial CS}{\partial b}>0$。

为说明平台经济经营者在要素市场的竞争，我们通过构建一个双寡头垄断模型来分析平台经营者围绕数据要素的竞争环境，两个平台经营者（分别为经营者 1 和经营者 2）在一个长度为 1 的 Hotelling 市场中展开竞争。① 消费者均匀分布在市场上，且将消费者在市场上的密度简化为 1，因此，市场中的消费者总量为 1。定义消费者对两个经营者在接入过程中为多归属，在消费过程中为单归属，说明了即便消费者在实际交易时仅选择一个经营者，但是该消费者可以通过接入两个经营者来获取更充分的交易信息。这种情况广泛存在于平台经济领域中，消费者可以低成本地在不同的经营者之间切换，获得更多的商品信息，并结合自身的效用、预算约束、消费习惯等制定最终的购买路径。因此，消费者与经营者之间的互动不仅是消费者获得了商品，同时，经营者在消费者接入并在自身平台进行若干线上活动时，也可以获得消费者的数据信息并加以使用。消费者的线上活动不仅限于消费，还包括了线上的搜索、咨询、互动等，这些信息都可以成为经营者了解市场的重要数据。经营者可以利用这些数据更加精准地刻画自身面对的市场，并通过调整经营策略与其他经营者展开竞争，这些策略的主要目的是通过进一步提升消费者在购买过程中的直接效用和间接效用来捕捉市场。基于这个特征，以数据要素为主要生产资源的经营者不仅可以从自身服务的消费者处获得数据，还可以从竞争者的消费者接入过程中获得数据，两方面的数据获得提高了经营者捕捉市场信息的能力，并间接地作用在消费者福利提升方面，以形成其在产品市场中的相对竞争力。

如图 6－1 所示，两个平台经营者分布于 Hotelling 线性市场的两端，两家平台在消费者的消费决策中形成完全替代，即消费者在两家平台间的需求呈现为离散需求。令经营者 1 和经营者 2 的市场需求分别为 n_1 和 n_2，消费者的信息表达发生在两个阶段，其一是当消费者进行实际购买时，为其服务的经营者可以直接获得相应数据，即图中实线箭头所示；其二是当消费者接入某个平台但未发生实际购买时，消费者的线上非消费活动和行为也可以为他们所接入的平台间接地提供数据，即图中虚线箭头所示。关于第二种情况的设定更加能够刻画平台经济市场中的一种较为真实的情况：消费者在接入平台后往往不会频繁地进行交易，而是通过产品的搜索、浏览、比较、关注等行为进行购买前的准备，即便消费者最终不会在该平台完成最终消费，由于

① Hotelling H . The stability in competition [J] . Economic Journal, 1929, 39: 41—57.

消费者的数据留痕，也可以为经营者提供关于消费者在某种品类下的特定商品的偏好信息，为经营者的后续策略的制定提供信息资源。

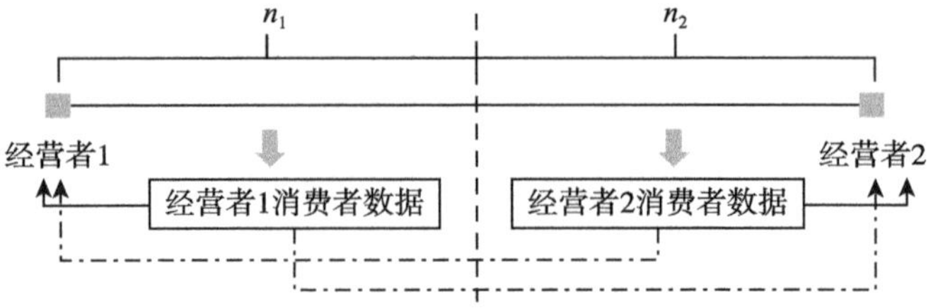

图 6-1　产品市场与消费者数据

在消费者效用方面，考虑在平台市场中的任意一名消费者 $k\in[0, 1]$，该消费者的效用函数可以表示为：

$$u_k=\begin{cases}\theta-p_1-x_k+b_1n_1+a_1n_2 & \text{若购买经营者 1 产品}\\ \theta-p_2-(1-x_k)+b_2n_2+a_2n_1 & \text{若购买经营者 2 产品}\end{cases} \tag{6.9}$$

其中，$\theta\in R^+$描述了消费者的意愿支付水平，或可以被理解为是消费者在平台交易时获得的基础效用水平，我们在这里设定消费者有能力至少购买一个单位的产品，因此，θ 足够大能够满足消费者的购买需求；p_i，$i=1$，2 是经营者 i 向消费者制定的价格，这里我们依旧设定p_i为消费者接入平台时所支付的接入费用，属于消费者在接入平台时的固定成本。b_i和 a_i分别表示了经营者i 从其消费者群体中和其竞争者的消费者群体中获得的数据价值增量。这里的数据价值化体现在，经营者利用消费者的数据增加其对市场的精准投放，增加消费者在市场中进行选择和消费过程中的便利程度，降低消费者的交易费用，提高消费者的福利。基于这个设定可以发现，经营者利用消费者的数据开展经营活动并非单纯地将数据作为一种商品来获得直接的收益，而是通过数据的运用更好地服务消费者在平台所进行的经济活动，也能够反映出消费者和经营者在数据使用层面的共益性。此外，从公式（6.9）中不难发现，经营者可以从其服务的消费者处直接地获得数据资源，体现在b_1n_1 和b_2n_2 上；同时，也可以通过其竞争对手的消费者的接入间接地获得数据资源体现在 a_1n_2 和 a_2n_1 上。消费者也可以通过经营者对数据的合理运用来增加在特定经营者处进行消费的效用水平。

这里我们需要强调的是，经营者在获取消费者数据的过程中，可能会受到竞争对手的干扰，而使信息路径封闭，例如平台的数据封禁行为，在这种行为下，a_i在现实观察中可能会降低，甚至为零。但本节的分析强调一种互联网环境下的信息互联互通情境，不会特别地考虑平台经营者的信息封禁行为。为避免角点解给均衡结果带来的偏差，假设 $a_i<1$，$b_i<1$。

公式（6.9）中的x_k刻画了消费者 k 在线性市场中的位置，从模型表面来看，该位置描述了消费者距两家经营者的距离，也即消费者在选择两家经营者时的转移成本，例如消费者在选择一个平台时放弃另一个平台所承担的成本，可以被视为是消费者在两家平台间进行切换的成本，也可以反映出两家平台间相互替代的关系。因此，x_k更靠近左侧（右侧）的消费者将选择经营者 1（经营者 2）进行购买，x_k的实际位置便刻画了市场中关于两个竞争者之间的边界。处于边界的消费者可以被视为是上文所提及的边际消费者，边际消费者具有以下特征：他们选择两家经营者所获得的效用一致，根据边际消费者的特征，可以得到以下等式：

$$\theta-p_1-x_k+b_1n_1+a_1n_2=\theta-p_2-(1-x_k)+b_2n_2+a_2n_1 \tag{6.10}$$

在均衡时，x_k描述了边际消费者距经营者 1 之间的距离，也反映了经营者 1 的需求总量，因此，$x_k=n_1$，当市场被两个经营者充分服务时，$n_2=1-n_1$。此时，两个经营者的需求函数分别为

$$\begin{aligned} n_1\equiv N_1(p_1,p_2)&=\frac{1-p_1+p_2+a_1-b_2}{2-b_1-b_2+a_1+a_2};\\ n_2\equiv N_2(p_1,p_2)&=\frac{1-p_2+p_1+a_2-b_1}{2-b_1-b_2+a_1+a_2}\end{aligned} \tag{6.11}$$

经营者之间的博弈在价格和数据使用投入两个方面展开，延续上一节的逻辑，经营者的竞争通过两阶段博弈来完成。在博弈的第一阶段，两个经营者进行关于数据使用的投入程度竞争来最大化各自的预期利润；在博弈的第二阶段，两家公司进行价格竞争。基于逆向递归法，经营者在价格竞争阶段，制定给各自用户的价格最大化利润，为简化分析，假设两家经营者的单位成本均为零，经营者 i 的利润函数可以表示为：

$$\pi_i\equiv\prod\nolimits_i(p_i)=p_i\cdot n_i(p_i,p_j),i=1,2;j=1,2;i\neq j \tag{6.12}$$

经营者基于对竞争对手反应的预期制定利润最大化价格，经营者 i 的利润最大化满足条件：$\frac{\partial\pi_i}{\partial p_i}=0$，可以得到：

$$p_1=\frac{3+2a_1-2b_2+a_2-b_1}{3};\ p_2=\frac{3+2a_2-2b_1+a_1-b_2}{3} \tag{6.13}$$

公式（6.13）中的均衡价格反映了平台经济经营者的定价和其使用数据之间存在的两层效果。第一，经营者的均衡价格递增于竞争对手的用户信息所形成的数据价值化程度，竞争对手的用户数量的增加间接地为经营者提供了数据获取空间，增加了经营者掌握全市场消费者信息的能力，进而强化了经营者的市场力量，提高其对自身消费者的定价能力。第二，经营者的均衡价格递减于其通过自身的用户信息所形成的数据价值化程度，经营者自身的用户直接地为其提供了数据价值化基础，也成为经营者与其竞争对手展开竞争的主要路径，当两个经营者都逐渐提高对自身用户数据获取的投入程度时，基于数据的直接竞争将更加激烈，弱化经营者的市场势力，降低其市场价格。

将公式（6.13）中的均衡价格代入利润函数（6.12）中，可以得到经营者在第一阶段博弈中的均衡利润：

$$\pi_1=\frac{(3+2a_1+a_2-2b_2-b_1)^2}{9(2-b_1-b_2+a_1+a_2)};\ \pi_2=\frac{(3+2a_2+a_1-2b_1-b_2)^2}{9(2-b_1-b_2+a_1+a_2)} \tag{6.14}$$

通过对经营者均衡利润的分析，可以从以下几个方面展开讨论：

1. 经营者的利润与自身用户信息产生价值化的关联。关于公式（6.14）的比较静态分析指出，$\frac{\partial \pi_i}{\partial b_i}>0$，$\frac{\partial \pi_i}{\partial b_j}<0$，说明了经营者自身消费者所产生的数据价值是经营者可以提高利润的主要路径。根据对均衡价格的分析可以看出，经营者的市场力量主要来自其对自身消费者的信息获取程度，当自身消费者的规模能够为经营者提供充分的数据体量时，经营者运用数据产生价值、提高市场力量和定价能力的空间则随之增加，进而增加经营者在竞争中的利润水平。

2. 经营者的利润与竞争对手用户信息产生价值化的关联。关于公式（6.14）的比较静态分析指出，$\frac{\partial \pi_i}{\partial a_i}>0$，$\frac{\partial \pi_i}{\partial a_j}>0$，经营者通过其竞争对手的用户获得信息的优势主要在于其数据搜集和分析能力，以及经营者的竞争对手获得市场的能力。具体而言，当经营者的竞争对手捕捉市场能力提升时，竞争对手则同时为经营者提供了较大的数据获取体量，经营者通过其竞争对手所捕捉的消费者来抓取数据的基础则随之增加，进一步提升了经营者的利润水平。

结合以上经济学分析和目前平台经济领域的数据竞争特点，平台经济经营者关于数据的竞争具有比较明显的全市场渗透的特点。具体而言，经营者的主要竞争手段依旧存在于要素市场和产品市场，但其主要环节在于两个市场为经营者带来的数据优势。从经营者控制市场能力而言，其可以直接从自身控制的市场中的用户处获取数据，形成相对竞争力。但是，经营者所控制的市场并不是其独有的，这是由平台经济用户多归属特征决定的，用户并非仅接入其预期交易的平台，用户可以以低成本在多个平台切换，并且，用户与平台的交互并不仅限于实际的交易，那些非交易的交互也可以为被接入的平台提供相当程度的信息，形成数据的价值化。因此，经营者在数据获取中具有一种全市场渗透的形态，它依旧可以有条件地从其竞争对手的用户中获得数据，间接地提高自身竞争力。这个特点反映出平台经济经营者的市场竞争力并不完全地来自其在市场中的控制程度（如市场份额），因为用户的数据并不具有排他性和可竞争性，即便经营者的竞争对手控制了较大的市场，该经营者也可以在全市场的层面获得数据。

以电商平台为例，消费者为了实现对特定产品的信息获取、价格比对、质量权衡、物流便利度等目的，通常会在不同的电商平台间进行切换和比较，形成最终的购买决策。这个现象则形成了消费者接入平台时的多归属、进行交易时的单归属的特点。在消费者最终交易前，他的多归属实现了几个竞争的平台与同一个消费者的交互，在电商平台的虚拟交易场景中，平台与消费者之间的互通体现在信息互动上，这个过程则赋予了平台对特定消费者需求信息的获取路径，实现数据在其销售、定价、物流等方面的价值化。虽然，消费者最终的交易信息会被一个特定的平台所获取，但是消费者在准备交易阶段所展现的信息则是全市场分布的，其他平台经营者也可以获得相应的信息。虽然，交易平台和其他平台获得的信息体量和信息结构不尽相同，但是差异化的信息结构依旧可以为平台在制定策略时提供必要的支撑。

围绕上述例子，理论分析中的 a_i 和 b_i 可能会存在较大的数值差异，通常情况下，平台经营者能够通过其固有用户获得更加充分和稳定的数据源，导致 b_i 的水平会显著高于 a_i 的水平。这就吸引了平台经营者一方面强化对自有用户数据的使用效率，另一方面通过提升经营模式、降低消费者交易费用、优化消费者体验等诸多方式来增加其用户黏性，以稳定其数据获取来源。此外，b_i 相对于 a_i 的另一个增量优势在于，前者相对于后者具有比较明显的确定性。这一点来自平台经营者为了抑制竞争对手的竞争力，而进行的数据封禁行为，数据的封禁并不仅限于对狭义数据的封锁，使其无法在多个平台间进行流转，同时还在于数据所体现的信息并不能形成多个平台间的流通渠道，即信息渠道的封锁。这种较为广义的封禁体现在平台内关于产品、交易、物流等方面的信息无法顺畅地在其竞争平台呈现，使消费者在多个平台间的互动受到阻碍。这种封禁极大程度地降低了平台从其竞争对手的用户处获得信息的能力，即在这种情况下，a_i出现了较大的不确定性，也就使平台的一条数据价值化路径受到阻碍。

在平台经营者出现数据封禁的动机下，经营者从其竞争对手的用户获得数据的概率大幅度降低，使得平台经营者所面对的数据要素市场处于一种较为封闭的状态。具体而言，一方面，数据可以在用户接入过程中实现全市场的分布，但由于经营者之间的数据封禁，使得经营者只能将自身所服务的用户提供的数据视为其要素市场，平台经济经营者的数据体量无法得到充分的满足，也无法通过数据的充分使用将产生的价值转移至消费者。另一方面，提升了平台经济经营者利用其独有的数据实现数据滥用、侵害消费者福利的动机和实际行为。基于上述理论分析，平台经营者的数据封禁通常是一种协同行为，即在两个平台经营者的博弈过程中，一方选择数据开放、另一方选择数据封禁的行动组合不会是一种均衡，当这种情况发生时，选择数据开放的经营者的利润将显著低于其选择数据封禁时的利润，因为其竞争对手会通过数据开放的“搭便车”行为获得更强的竞争力，进一步抑制该经营者的利润获得。因此，在均衡时，两个经营者都有动机同时选择数据封禁，使整个市场的数据流通出现大量的封闭渠道，使数据的互联互通出现经营者层面的失灵状态。

在围绕数据进行竞争的环境中，还涉及经营者的不正当行为，经营者关于数据的不正当竞争行为与上述竞争行为中的数据封禁行为属于关于数据竞争的两个方向。具体而言，数据的封禁行为是将那些可以产生价值数据的传播路径进行封锁，而关于数据的不正当竞争行为则是经营者将那些对竞争对手具有独享价值的数据通过技术的手段归为己有的过程。平台经营者的盗链和设链等行为通常被视为是数据层面的不正当行为。盗链属于深层链接的一种类型，指的是“不指向网站首页，而是指向网站构架中更为深层次的网页（‘次级网页’）或媒体格式文件的链接”。[①] 盗链的主导者通常在自设网站中制作对应某个内容产品（如视频、音频）的播放页面，使用户在浏览这个产品时无需进行跳转，而是停留在这个页面中完成全部浏览，其中包括相应的广告浏览和可能的附加费用支付。与盗链不同，设链通常属于浅层链接的一种

---

① 王迁．论提供“深层链接”行为的法律定性及其规制［J］．法学，2016（10）：23—29.

类型，用户在浏览音视频产品时，通常会跳转至产品的所有者的页面，完成必要的广告浏览或可能的支付。目前较为统一的看法是，盗链是一种侵权行为，例如 2017 年底，深圳市南山区人民法院一审判定，知名视频聚合软件“电视猫”盗播知名电视剧《北京爱情故事》，构成侵犯信息网络传播权的行为，判决其赔偿原告腾讯公司 10 万元。从市场竞争的角度来看，盗链行为事实上是一种低成本甚至是零成本获取其他经营者的生产资料的过程，而这种生产资料又能够为盗链者提供可观的收益。

设链在其表现形式上与盗链有很大不同，设链行为并未在设链者和被设链者之间关于内容产品制造较大的展示差异，具体而言，在设链者所制作的页面中查询内容产品后，如果用户点击内容产品，则会直接跳转至内容产品所有者的页面进行浏览和支付。从内容产品播放过程角度出发，设链行为并不能够被完全认定为是一种不正当的竞争行为。但这个现象在平台经济市场的竞争特征下，则需要进行进一步论证。首先，就平台经济经营者的竞争要素而言，其关心的主体不仅在于消费者的实际购买量，同时还关注着消费者对于其平台主体的关注度和流量，如本节理论研究结果所述，消费者对于特定平台的流量高度影响了经营者获取数据并实现数据价值化的基础，当经营者的数据体量降低时，其能够获取市场信息的能力降低，进一步弱化了其在市场竞争中相对于竞争对手的竞争力。设链行为虽然从知识产权保护的角度并未对内容产品的所有人产生直接的价值损害，但是，消费者在设链平台获得大量的信息满足能够提高消费者对该经营者的依存度。换言之，设链平台虽然无法为消费者直接提供内容产品，但是其充当了一种信息中介的角色，亦能够满足消费者的信息获取需求，使消费者在此类信息聚合平台上获得一站式的消费，强化了消费者对该平台的黏性。

其次，基于消费者对平台经营者黏性的提升，消费者会在后续的线上活动中增加对该平台的流量供应，提高了平台的数据获取体量。这里需要明确的是，虽然消费者的最终消费行为发生在被设链的平台上，但是，在消费者进行消费的全流程中，他们同样为设链平台贡献了包含其信息的数据，而数据的价值展现除了在产品销售的直接路径上，还体现在了经营者利用数据发布广告和提供第三方增值服务方面。因此，设链平台在整个设链行为上并非充当了一个“零成本、零收益”的信息中介，而更多的是倾向于一个“零成本、正收益”的数据价值化经营者。正当的竞争应体现在参与竞争的经营者的成本与收益的合理获取，当经营者能够获得收益的成本支出来自其竞争者的生产资料时，这种竞争的正当性则应被质疑。

再次，从竞争过程中的利益相关者福利的视角出发，设链行为会强化设链者在不同市场内的市场势力，设链者通过极低成本增加了本平台的消费者流量，并利用这个流量可以增加其在接入的广告商市场和第三方增值服务商市场的市场势力。基于上文分析，广告商和第三方增值服务提供商对消费者消费产生的潜在互补性使平台经营者通过倾斜式定价将盈利路径转移至广告商和第三方增值服务提供商所处的集团内，而由数据流量带来的市场势力提升又能够强化经营者在这些市场中的定价能力，增加广告商和第三方增值服务提供商的接入成本，降低了这部分经营者的福利。进一步地，若广告商和第三方增值服务提供商将成本转嫁至消费者，则依旧会降低消费者在产品市场消费者活动中的福利。

最后，设链者和被设链者之间所涉及的内容产品通常是后者通过承担较大成本而获得的。例如以音视频为主的数字内容产品，通常是平台经营者与音视频权利人进行议价后获得的，这类成本可以被视为是平台在传播和销售音视频产品中的固定成本，需要经营者在规模经济形成的过程中进行稀释和补偿。经营者的规模经济在数字化环境中依赖于消费者的流量补充，利用较大的流量规模来实现产品销售的直接收益和来自广告商与第三方增值服务提供商接入后的间接收益。当设链行为使消费者被引流后，被设链平台的流量显著降低，使其无法通过直接和间接的收益补偿获取版权产生的成本。为降低这种低收益带来的成本压力，经营者会倾向于强化其与音视频权利人的谈判力量，压低版权价格，若谈判成功，则会降低权利人的福利，不利于内容产品市场中的可持续创新。

因此，盗链和设链行为虽然在具体表现形式上不尽相同，但是其在市场竞争中所展现的机理较为类似，它们都是通过数据的形式而触发的不正当竞争的风险，前者是通过设置特定页面的形式直接获取消费者流量，而后者是通过激发消费者浏览习惯而间接地获取消费者流量，两者都可以通过消费者流量所展现出的数据优势在特定的市场中获得收益，同时，经营者在这种收益获取过程中并未承担反映相应产品或服务价值的成本。在平台经济中，这种形态尤为明显，因为平台经济中的生产要素涉及数据要素并不完全在于消费者的实际购买行为，而传统经济下的交易数据大多产生于消费者的实际购买行为，因此，平台经济中围绕数据的竞争更加倾向于对消费者在消费全流程的信息捕捉，从节点的竞争转移至了流程的竞争。

第三节　数据互操作与数据风险

我国“十四五”规划和2035年远景目标纲要指出：“十四五”时期推动高质量发展，必须立足新发展阶段、贯彻新发展理念、构建新发展格局。我国正处在经济和社会发展发生深刻变革的转型时期，我国的数字经济也在这一时期快速发展，伴随着4G商用和5G技术的到来，过去的十年见证了我国移动互联网的迅猛发展。在移动互联网发展初期，各大以平台为主体的数字经济经营者主要采用以利润换市场的策略，以扩大规模、抢占市场作为其核心竞争目标。在经过这一段“野蛮生长”的时期之后，平台企业积累了巨大用户规模的同时也积累了大量的数据资源，这些数据赋予了平台企业进行跨市场竞争的可能性。例如，美团从立足点评、外卖行业到进军网约车。多边数字平台开始涌现，数字平台开始向多元化、生态化方向发展，数字平台“守门人”的角色愈发显著。当然，平台高速发展的同时也伴随着不断上升的市场集中度，相应的垄断问题也随之出现，例如，“二选一”、“大数据”杀熟、“链接屏蔽”等滥用市场支配地位的行为。鉴于此，无论是政策层面还是市场层面，开放生态、互联互通的呼声越来越高。2021年9月，工信部提出有关即时通信软件的合规标准，要求限期内各平台必须按照标准解除屏蔽，否则将依法采取处置措施。这体现了我国政策制定者对营造开放包容、公平竞争、互联互通的数字生态的重视。

数字生态开放、互联互通的实现包含多个维度。现有相关研究指出，数据的非竞争性、低复制成本等技术—经济特征是数据要素提升企业生产经营效率、实现价值创造能力倍增，进而影响经济发展传导机制的微观基础。① 数据的充分流动是实现产业数字化和互联互通的必要前提，数据流动是数据驱动型经济发展的核心特征，也是政府进行数据治理无法回避的问题。② 可见，互联互通最重要的表征是数据要素的自由流动。相应地，生态开放最重要的

① 蔡跃洲，马文君．数据要素对高质量发展影响与数据流动制约［J］．数量经济技术经济研究，2021，38（03）：64—83.

② 黄璜．对“数据流动”的治理——论政府数据治理的理论嬗变与框架［J］．南京社会科学，2018（02）：53—62.

表征是数据要素实现高度的互操作性，这便是本节主要的观点和出发点。

数据互操作的实现有其重要性和必要性。第一，数据互操作是构建开放包容、互联互通的数字生态的必要前提。数据是平台经济经营者实现各种功能和服务的要素，生态开放意味着一家平台的功能和服务可以在多个平台上实现，这就必然要求数据在不同企业间的自由流动，在此基础上数据分享主体可以在不同经营者的平台上对所分享的数据实现控制，即数据互操作性。第二，数据互操作的实现有利于提高市场参与各方的福利。对消费者来说，数据互操作的实现可以促进其在不同企业间的多栖息，降低转移成本，提高其整体的交易自由度，推动数据可携权的实施；对数字平台中的经营者来说，数据互操作的实现将提高其与消费者的交易效率，提升整体交易体量，降低单边封禁行为（如“二选一”）带来的竞争损害，促进市场竞争；对市场本身来说，由于平台具有“市场-企业”二重性，数据互操作的实现可以防范数字平台进行生态划分，降低其在各自生态中的支配地位和垄断力量，提高市场机制有效性。

1. 数据互操作的概念、 分类和体现形式

数据互操作（Data Interoperability）是一个随着数据技术发展而诞生的概念，并经历了一个发展演变的过程。一般而言，所谓“互操作”指的是不同数字服务协同工作和相互通信的能力。数据互操作最初的概念由国际电工组织（IEEE）界定为“两个或多个系统或网络组件交换信息和使用所交换信息的能力”。在此之后，数据互操作的概念随着不同互操作方式的开发而不断得到补充，例如，句法互操作、语义互操作等，其中后者是目前技术上最广泛认可的一类数据互操作性，即有关增进协作系统之间在所分享数据方面相互理解的互操作性。然而，无论在业界还是学界，都逐渐认为将数据互操作定义为一个纯粹技术性的概念是错误的。于是，数据互操作中的合约关系、法律责任和权责分配被纳入视野中。例如，《瑞士义务法典》第 400 条第 1 款从数据权属的角度将数据互操作视为一种合约，《欧盟通用数据保护条例》第 12 条第 A20 款正式将数据互操作写入法律，作为保障数据可携权的一个关键保障措施，规定了数据控制者之间需要建立统一的数据接口以实现信息流的实时互操作。自此，数据互操作在政策界受到越来越多的重视。

从数据互操作的层次出发，从效果来看，数据互操作的实现分为不同的层次。已有文献对数据互操作的不同层次有多种分类方式。根据视角的不同，

主要有三类不同的划分层次的方式，并且这三类划分方式之间有其相关性。第一，数据技术视角。从数据技术约束及可实现的技术目标来看，数据互操作可以被分为7个层次，由低到高分别是无互操作性、技术互操作性、句法互操作性、语义互操作性、语用互操作性、动态互操作性和概念互操作性。① 第二，数据互操作成熟度视角。这一视角是从数据互操作所实现的技术和经济效果不同进行层次划分。从这一视角来看，数据互操作可以分为5个层次，或称5个阶段，分别是独立运行阶段、专设互操作阶段、合作互操作阶段、整合互操作阶段和统一互操作阶段。② 第二种划分方式事实上包含第一种划分方式，随着数据互操作的成熟度越高，可以实现的技术层次也越高。第三，网络信息系统视角。这一视角下的数据互操作分为孤立状态、连接状态、共享状态、整合状态和生态开放状态。

可以看出，第三种划分视角事实上为前两种划分方式在理论直觉层面做出了概括。数据互操作的基本要求是建立连接，在此基础上，低层次的数据互操作意味着平台经济经营者或网络系统之间可以实现数据共享和低层次的兼容，可以实现基本的数据交换和功能互操作，基本的数据互操作机制得以建立。中等层次的数据互操作意味着互相连接的各主体之间实现了数据结构和数据信息化意义上的动态一致性和标准化，参与主体对所分享数据有共同的理解和价值实现目标。高等层次的数据互操作意味着参与主体之间数据和网络生态的互相开放，并且有完备的数字基础设施、清晰的数据权利界定相支撑。值得说明的是，本节的经济学分析是在低层次数据互操作的背景下展开，理论分析聚焦于机制设计而不是技术设计。高层次的数据互操作涉及更复杂的数据技术和更多的经济问题，例如标准化和数据确权问题等。本节相关讨论从低层次的数据互操作入手，聚焦于数据互操作的基本功用来补充设计相应的经济机制，填补理论空白，并在此基础上提出相应的政策建议。

数据互操作的实现可以有多种方式，各具优劣。按照各方式在技术路线发展中出现的时间顺序分别有以下三种。第一，标准化方式。标准化是对实

① Winters, L. S., Gorman, M. M., & Tolk, A. (2006, September). Next generation data interoperability: It's all about the metadata. In IEEE Fall Simulation Interoperability Workshop.

② Janssen, M., Estevez, E., & Janowski, T. (2014). Interoperability in big, open, and linked data—organizational maturity, capabilities, and data portfolios. IEEE Computer Architecture Letters, 47 (10), 44-49.

现数据互操作的基本要求，这一需求源自于数据作为记录信息的载体存在多元化格式这一现象。标准化方式是基础的实现方式，无论哪个层次的数据互操作都需要一定程度的标准化，尤其是高层次互操作中动态性的实现，对标准化有较高的要求，可以作为未来的研究方向。标准化也有明显的缺陷，例如较高的协调和维护成本、缺乏灵活性、存在阻碍竞争的可能等，因此数据互操作的实现不能仅依靠标准化方式。

第二，元数据方式。简单而言，元数据是“描述数据的数据”，可以理解为将数据包含的信息表示为一系列特征或属性，是解构数据所包含信息的一种方式。数据互操作中的元数据方式是为解决标准化方式存在的问题而出现的。其基本思想是用元数据的协调机制来部分代替标准化的“命令-控制”机制，这种协调机制也为数据互操作向更高层次发展奠定了基础。

第三，应用程序编程接口方式（API 方式）。API 方式是当前数据互操作广泛使用的一种方式，不同于上述两种方式，其可以被视作一种独立于参与数据互操作主体的一种机制，结合了标准化的特性，也有灵活协调的操作空间。API 机制可以令本文在数据互操作的经济理论分析中，将数据互操作抽象为一种相对独立的机制而存在，其包括数据互操作的一切基本特性，如成本和收益特征等。本节的理论分析也是基于这样一种抽象的机制而展开。

2. 数据互操作的经济学逻辑

如上文所述，数据作为平台经济竞争中的主要生产要素，数据的互操作可以首先从要素共享的视角来切入。从要素层面，数据同资本、劳动、土地等其他生产要素处于对等的位置，关于数据要素的治理与其他要素的治理也有共通之处。例如，既要保护要素在使用中的用益权，最大化要素的使用价值，保护要素使用者的合理收益索取权，同时又要保障要素的充分流动，最大化要素的社会价值。数据互操作正是一种促进数据要素流动的技术活动，可以在一定程度上拔除阻碍数据共享的因素。因此，鉴于数据互操作需要以数据要素的流动和共享为前提，数据互操作从本质上是一种要素共享的方式。以数据互操作为载体的数据共享与传统的要素共享既有联系，也有区别。

传统的要素共享按照要素性质通常分为两种情况，公共用品和非公共用品。要素为公共用品指的是那些具有竞争性而没有排他性的要素资源，例如网络、交通等各类基础设施。要素为非公共用品多指的是那些既有竞争性又有排他性的要素资源，例如制造业中可重复使用的设备，能够为集约型、共享性生产创造条件。这一情形主要突出要素范围经济的特征。在两种情形中，所分享的要素资源往往具有明晰的产权归属，参与要素资源共享的各方对所占有的资源享有确定的使用权、收益权或处置权。从收益权的共享上来说，数据互操作与传统的要素资源共享具有一致性，然而二者的区别之处相较于共性更加明显。区别之处主要在于以下三个方面。

第一，两类要素共享都有滥用的风险，但风险来源不同。传统要素共享中的滥用主要来自公用资源的外部性，而数据共享过程中的滥用风险主要来自数据使用过程中的信息不对称。具体而言，数据在使用和开发过程中的“深度信息不对称性”使得数据产品的价值在事前难以预测，同时监管者也无法观察数据使用者确切的数据使用方式，这些都给了数据使用者滥用数据的道德风险。

第二，从产品性质来说，数据要素与传统要素不同。数据要素是一类典型的没有竞争性但可具有排他性的“准公共品”，或称为“共享品。”① 具体而言，数据具有可无成本复制的特征，这使得数据本身就具有共享的性质。于是数据在共享的过程中，并不需要像传统要素共享那样因竞争性而引起的独占或“拥挤”的现象，因而数据要素的共享可以实现更高的效率。

第三，共享过程中产权归属的不同。数据的产权特征是数据“共享品”的性质直接衍生出的特征，产权归属的不同也是两类要素共享的根本不同。如上所述，传统要素共享中，要素的所有权具有清晰的界定，无论是政府所有还是私人部门所有。清晰的所有权带来清晰的处置权和剩余所有权。然而，这一特征并不能在以数据互操作为载体的数据共享中得到体现。数据互操作中的数据产权由于其“共享品”的非竞争性而并不明晰。

从参与数据互操作的成本与收益视角来看，参与数据互操作的主体在做出决策时需要衡量参与互操作机制的成本和收益。已有文献对这一问题已有了较深入的分析，本节进行简单的阐述。

关于数据互操作的收益。数据互操作的重要性和必要性主要影响了政策

---

① 于立，王建林．生产要素理论新论——兼论数据要素的共性和特性［J］．经济与管理研究，2020，41（04）：62—73.

制定者的视角来分析数据互操作带来的收益。对于数据互操作参与主体视角下的参与收益分析，需要从微观层面的竞争策略的角度展开。

按照主体竞争关系的不同，数据互操作可以分为纵向数据互操作和横向数据互操作。[①] 纵向数据互操作是指平台经营者整合来自上游或下游经营者的数据、内容或功能的能力。例如，与电子商务平台建立了纵向互操作性的社交媒体平台可以允许用户无缝共享他们的购买服务，并允许与他们建立连接的消费者享受相同的服务。纵向互操作性有效地使用户能够选择不同数字平台、产品和服务的组合，而不是被迫选择单一的服务提供商。[②] 因此，纵向数据互操作既可以提高参与者对消费者的吸引力，也可以享受到具有纵向一体化效果的协同性效率提高。

横向数据互操作指平台经济经营者与对手企业的服务共享数据、交流通信的能力。例如，横向互操作性将允许不同即时通信应用程序的用户彼此直接通信，无需使用同一应用程序。横向互操作的给参与者带来的收益主要有以下三个方面。首先，参与者可以通过数据互操作实现数据要素共享，分享数据价值溢出。数据相比于传统要素具有更明显的社会价值，这来自数据使用过程明显的价值溢出。例如，搜索引擎公司收集的关于网络搜索结果的数据可以为其他具体领域的搜索引擎和网络服务提供商提供支持。其次，横向数据互操作带来的差异化整合可以直接促进企业创新，平台经济经营者的快速创新又可以进一步提高横向互操作性的价值。最后，横向数据互操作可以给参与者带来竞争消除收益。这一收益既源于包括差异化削减带来的市场力量的上升，也源于横向协同带来的合谋动力的上升。不同市场的壁垒和竞争结构的不同使期望的竞争消除收益不同。

相比于数据互操作的收益，数据互操作的成本是参与者和政策制定者更加关注的。一般而言，按照参与主体对事前、事中、事后成本的考量顺序，数据互操作的成本主要有以下三个方面。

第一，机会成本。机会成本是数据互操作参与主体重要的事前成本考虑因素，构成参与主体关键的参与激励。理论上，平台经济经营者参与数据互操作的机会成本是不参与数据互操作的收益，即数据自用的收益。给定数据使用过

---

① Riley，C. Unpacking interoperability in competition ［J］. Journal of Cyber Policy，2020，5（1）：94—106.

② Brown，I. Interoperability as a tool for competition regulation ［J］. OpenForum Academy，2020.

程的信息不对称性，经营者独自使用数据过程的重要收益来源于对数据的滥用，这给经营者带来了较强的道德风险动机，进而使数据市场失灵。对于给定数据集，当对其滥用的价值过高，超过了参与数据互操作的期望受益，那么经营者便不会参与数据互操作。

第二，技术成本。参与数据互操作的技术成本主要指与技术需求相关的固定投入。例如，经营者需要针对参与互操作的数据建构专门的维护模块、人员配置、程序接口等。除此之外，数据互操作有时还需要经营者与参与互操作机制的对手方进行协调，例如产品功能、战略目标等，因而也会承担相应的协调成本。

第三，风险成本。参与数据互操作的经营者需要分享一部分数据，参与主体关心的是自己能否从所分享的数据中享受到因数据共享而产生的价值溢出，以及自己所分享的数据会不会因其他使用者的滥用而使自己遭受损失。数据互操作的风险成本指的是参与主体在互操作机制中可能会蒙受的这部分损失。数据互操作的风险来源于多个方面，其中最重要的两个方面是数据的知识产权保护和竞争性风险。首先，参与互操作的数据可能因监管和保护机制的缺失遭受多种形式的滥用。[①] 例如，同一信息可以由多种不同形式或格式的数据进行记录，从而产生信息折损和语义不确定性，参与者一方面在互操作环节需要耗费大量的投入来应对这种风险，另一方面也给参与者过度挖掘数据的动机而造成数据滥用。其次，数据互操作机制中所分享的数据将产生竞争效应，无论所分享的数据是否是作为经营者核心竞争力的数据。如果说传统要素共享会在一定程度上因占用而折损分享者的资源使用效率，那么数据要素的共享会因复制导致的稀缺性降低而在一定程度上降低分享者的数据竞争力，从而产生竞争性因素带来的风险。

在数据的知识产权角度，数据分享中的知识产权保护是保证平台经济经营者具有足够激励参与数据互操作机制的关键保障制度。事实上，关于数据的知识产权保护仍属于充满争议的新领域，但这一主张获得越来越多的支持，且已有文献从正反两方面支持了数据共享和知识产权保护的相互依存关系。

对数据共享需要知识产权保护，数据共享中的数据保护适用于标准必要

---

① 托马斯·韦克，菲利普·莱因霍尔德，王子妍，等．欧洲法视角下的数据相关滥用行为［J］．经贸法律评论，2021（05）：136－158.

专利中的公平、合理、无歧视（FRAND）原则进行保护。数据是企业的一种无形财产，特别是公开型企业数据，企业有权获取收益，其他主体有权访问、获取和使用，但是在这一过程中企业具有竞争关系的经营者不得进行替代性使用，因此适用于知识产权保护规则。基于此，企业数据的保护应当以维护数据的控制为基础，可通过知识产权法和竞争法对围绕数据控制的争夺可能涉及的各种实际利益进行保护。

大数据时代知识产权保护离不开数据共享，知识产权具有垄断性，代表私权；数据共享则强调公开与共享，代表多数人利益，是公权的一种，两者难免存在利益冲突。邓灵斌和余玲（2015）利用冲突模型分析发现二者之间存在稳定的共存机制，二者有利益的均衡点。为达到这一稳定共存的机制，数据共享是必要前提，配合以完善的数据共享平台和数据保护机制可以得到二者冲突的解决。①

3. 数据互操作的风险

数据互操作的主要形态是，两个或两个以上的平台经济经营者之间关于数据或协议的交互，因此数据互操作的主要形式涉及了数据的发送、接收和使用。数据的发送和接收可以被视为是数据的一种交换，而数据的使用主要体现在经营者在使用接收到的数据时所产生的价值，以及经营者在将数据分享出去后获得的交换价值。这一整套流程所能够发生的关于数据的风险可以总结为以下几个方面。第一，经营者在使用自有数据和使用接收数据时滥用的可能性。如上文所述，平台经济经营者的数据使用大多是在用户交易场景的“后台”完成，具有极高的信息不对称特征，例如“大数据”杀熟、算法合谋等行为，都源于用户对经营者使用数据的流程和目的认知存在较大模糊性。同时，当平台经济经营者所具有的数据体量随着数据互操作而增加时，这种滥用数据的效果将对经营者所产生的预期收益带来更加明显的提升，进一步提高了经营者滥用数据的动机，而随着数据所涉及的用户数量的增加，这种滥用行为对用户产生的风险和实际损害也将增加。第二，数据在交换过程中所产生的风险。这种风险与上一点所述的风险恰为两个相反的方向，在这种风险中，信息不对称情况下的数据优势所有者是数据的接收者而非分享

① 邓灵斌，余玲．大数据时代数据共享与知识产权保护的冲突与协调［J］．图书馆论坛，2015，35（06）：62－66.

者，风险的受损方则是数据的分享者。这种风险的主要成因是数据在知识产权层面并没有获得全面的保护，使数据的分享者在其所拥有的数据上产生了价值损耗，进而产生了损失。

因此，对于数据互操作风险的分析可以从以上两个风险角度出发。首先是经营者在使用数据时的滥用动机，这种滥用动机是来自于数据对经营者预期价值的程度。从现实案例来看，通常经营者的数据滥用行为都能够为其带来相对较高的经济收益，例如，“大数据”杀熟行为是经营者通过利用数据展现不同消费者的需求偏好，以形成完美价格歧视，并通过对不同消费者的支付意愿制定差异化的价格，提高利润。当滥用数据与善用数据之间的预期收益差异较大时，经营者则会提升滥用数据的动机，经营者滥用数据的风险启动。其次是经营者在分享数据时形成的知识产权风险，这种风险取决于在数据互操作过程中的知识产权保护程度，当知识产权系统中的保护程度降低时，则数据的接收者会提高其滥用接收数据的动机。上述两种风险的形成基础均是数据互操作过程中的信息不对称，这种信息不对称存在于两个层面，第一个层面是公众与经营者之间的信息不对称，导致了经营者在使用数据过程中的道德风险可能性；第二个层面是数据分享者和数据接收者之间的信息不对称，导致了数据的接收者在使用数据时触发道德风险的可能性。[①]

上述两种风险在数据使用过程中的主要体现在于经营者对数据的分享量和使用量，在市场中的具体体现是数据可能带来的收益与损失。经营者触发道德风险的动机来自于该行为的收益与成本，当经营者可以预计道德风险行为带来的收益大于成本时，则产生了道德风险的动机和实际行为。从数据风险带来的社会损失来看，当数据互操作中的知识产权保护缺位时，平台经济经营者的行为将进入两种极端，第一，平台经济经营者没有分享数据的动机。在知识产权保护缺乏的情况下，分享数据对数据所有者的成本过高，使其无法充分享有其所具有数据的实际价值。这种情况会直接导致数据互操作的整体环境恶化，形成经营者的分享动机失灵，进一步使数据互操作环境停滞。第二，平台经济经营者协同性地滥用数据。滥用数据体现在两个方面，其一是平台经济经营者为了补偿自己在分享出的数据上的损失，会产生滥用其接

① 王申，许恒，吴汉洪．数据互操作与知识产权保护竞合关系研究［J］．中国工业经济，2022（09）：24—42.

收获得的数据；其二是在数据的大规模滥用的情境下，经营者会进一步滥用其自有数据获取额外的收益。上述两种极端行为会在要素市场和产品市场形成两种可能的状态，如图 6 - 2所示，第一种状态可以称为“环境失灵”，环境失灵是一种在数据互操作中的消极状态，指的是平台经济经营者为了保护自有数据不被滥用，而进行的消极行为。经营者通过降低其数据被滥用的成本而不去分享数据，并且，其他经营者也都具有类似的动机，使得数据互操作的整体环境趋于停滞。第二种状态可以称为“行为失控”，行为失控是一种在数据互操作中的激进状态，指的是平台经济经营者为了补偿自己数据被滥用时的成本，而进行的大规模滥用数据的激进行为。大多数经营者都通过协同性的滥用行为来获取额外的数据，这种状态会导致整体产品市场中消费者的数据处于被高度滥用的状态，直接增加了消费者的数据安全隐患。理性消费者在数据风险大幅度提升时会弱化对经营者的依赖，降低在平台市场内的经济活动，使平台经济市场在消费减缓的情况下趋于停滞。

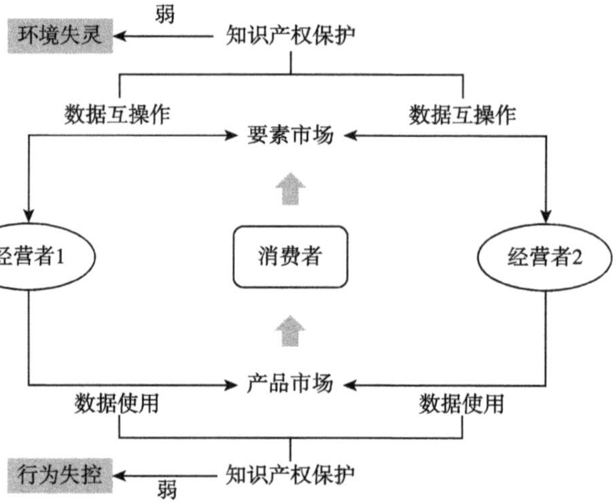

图 6 - 2　数据互操作风险

缓解数据互操作带来的道德风险可以通过直接和间接两条路径完成，直接路径是强化知识产权保护，在平台经济经营者共享数据的过程中建立一种中介机制。中介机制的主要基础功能是数据的收集、分享和监管，基础功能类似于将中介视为是所有参与数据互操作的经营者之间的平台，平台负责收集和分享经营者可以供给和需要收集并使用的数据，平台的组织者建立并实施数据互操作的机制和规则，并对规则进行监管。其监管的核心原则是保证数据在分享和使用过程中不能偏离数据所有者对数据原生价值的获取。基础功能的建立和实施可以抑制数据的获得者在使用数据过程中的滥用风险，降低了滥用数据的道德风险行为，便进一步地弱化了由于知识产权保护缺位而带来的环境失灵。中介机制在基础功能完成的同时还能够建立延伸功能，例如数据的交易和数据的定价，这种延伸功能保证了在数据互操作过程中数据价值化的基础上，实现数据价值的货币化。具体而言，数据在共享过程中存在不对称的情况，即数据的获得者所分享出的数据体量和价值并不与其获得的数据体量和价值对等，我们则需要一种量化手段来平抑这种价值差，价值差的有效平抑可以更好地促进数据所有者积极地分享数据，并使数据的需求者能够得到实现其运行要求的必要数据。而数据价值化的货币体现需要完整且合理的定价系统，交易中介则能够通过数据在生成过程中所产生的成本和其在使用过程中的预期收益来进行定价，成为一种在分享平台建立后的交易平台。

间接路径主要体现在规制者通过建立一系列的机制来构成平台经济经营者的激励相容系统。激励相容的逻辑在于，经营者触发道德风险的机会成本不低于其对应行为的实际收益，换言之，激励相容系统可以增加经营者道德风险行为的成本，使其自发地降低道德风险的动机。基于上述道德风险的类别，规制者的激励相容机制可以从技术和制度两个方面实现。在技术手段下，规制者可以增加对滥用数据行为的甄别，即将经营者之间、经营者与消费者之间的信息不对称程度降低，当经营者的道德风险在信息趋于对称的过程中变得“可见”，经营者实施滥用行为的动机也会在较高的识别概率下被弱化。制度手段则是通过提高滥用行为后的惩罚程度来实现，制定较高的事后惩罚力度虽然不能够直接地通过改善信息结构来降低道德风险概率，但是在既定道德风险识别概率下，提升的事后触发力度可以增加经营者道德风险的预期成本，倒逼经营者向善用数据的方向转移。

进一步地，数据互操作平台的运行机制可以刻画在图 6－3 中，其核心逻辑在于：增加数据互操作的收益、降低数据共享成本、增加数据互操作过程中滥用数据的成本。当平台所构建的知识产权保护体系能够使数据互操作的收益增加和数据共享风险带来的成本降低时，参与数据互操作的经营者则从消极行为转变为对数据共享的积极行为，使数据互操作环境转变为有效环境。在这个基础上，互操作平台还可以建立数据的交易和定价机制，进一步激发数据的货币化，推动数据资产化和资本化的进一步形成。当数据互操作平台通过技术手段和制度手段增加互操作过程中的滥用数据成本时，经营者滥用数据的预期收益降低，弱化了滥用数据的动机，使上述滥用数据的行为失控转变为经营者的数据使用行为可控。

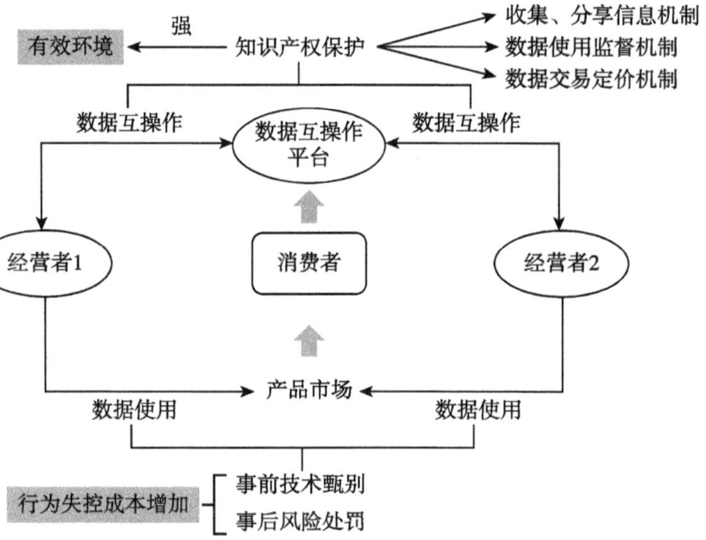

图 6-3　数据互操作平台运行机制

第七章 平台经济中的多市场布局

平台经济经营者通常并不以单一的方式服务消费者，或者不以单一的业务路线对产品或服务的供需用户进行撮合。较为常见的形式是，平台经济经营者会在某一个较为成熟的业务线基础上开展多个业务的撮合服务。从传统的经济学视角出发，这种多个业务线的形式属于经营者多产品销售的一种形态，经营者关注了多个产品带来的范围经济（如本书第三章所述）以及多个产品在生产和经营过程中的协同效应与协调成本。当多产品销售所产生的范围经济带来的成本集约较大，或者多个产品在消费者市场中所展现出的协同效应突出时，经营者将会选择多个产品并进行合理搭配，力求在消费者市场中获取更多的市场份额。与此同时，多个产品的生产和经营需要经营者在较为固定的生产资料中进行权衡，例如对资金、劳动力和空间的协调，便需要经营者承担选择多个产品所造成的机会成本。机会成本体现在经营者在多产品销售中承担单个产品销售中并不明显的资源整合、资源协调、资源挤占等方面的成本和费用。因此，传统模式下的经营者进行多个产品销售和多个市场布局需要进行产品本身对其带来的成本与收益的权衡。

首先，平台经济中的经营者所面对的要素约束相较于传统经济更弱，由于数据的可复制、可叠加使用的特征，平台经济经营者进行多市场布局时来自边际成本的压力较小，换言之，经营者在某一业务上所使用的数据要素依旧可以复制在其他的业务上。同时，被复制的数据不会由于被使用在多个业务上而产生明显的折减，即经营者可以通过用户的数据所形成的价值快速地补偿多市场布局的协调成本。其次，用户对平台经济经营者提供的产品之间的协同要求提升，用户更加倾向于经营者对其消费过程中的多个场景的连接，而非多个产品的整合。再次，多市场布局回应了平台经济中网络效应的反馈效果，通过多个市场连接消费者的多个消费场景，可以增加消费者对平台的接入动机和依存程度，帮助平台经营者吸引更多、更丰富的产品和服务提供者的接入，同时也增加了平台在多个市场中的市场势力和定价能力，提供利润获取路径。最后，多个相互补充的市场之间形成良好的溢出效应，连接消费者多个场景的市场中经营者通过平台的布局形成了间接的相互依赖和相互协同，一个市场的活跃可以带动消费者在平台上的互动，进而增加另外一个或多个市场获得交易机会的概率。基于此，本章尝试从平台经济经营者和消费者的特征入手，探讨平台经济多市场布局的形成机制、多市场布局的竞争和垄断风险。

第一节　平台经济领域中多市场布局的形成机制

1. 静态视角下多市场布局的形成机制

在静态视角下，我们研究的侧重点在于，在多市场布局形成后，平台经济市场中的各个主体所发挥的作用和相对影响；而动态视角更多地分析多市场布局的形成过程以及影响该形成路径的主要因素。从静态视角出发，平台经济中的多市场布局主要包含三个主体：平台经济经营者、消费者、平台内经营者，三者的关系在本书中前面章节中已经进行了介绍，消费者和平台内经营者通过平台进行信息撮合，寻找适合于自己的交易条件并完成交易。平台经营者作为交易场所的组织者和交易规则的制定者，完成交易所需要的前期信息整合服务和配套的交易服务，并对交易进行必要的监督。

平台经济中的多市场布局涉及以下几个主要方面：（1）买卖双方的网络外部性；（2）多个市场所提供的场景对消费者的消费活动所产生的互补性；（3）平台内经营者所处的组群之间的相互溢出效应；（4）平台经济经营者运行多个业务时产生的协调成本。如图 7－1 所示，以上四个方面形成了各自关于数字平台的成本和收益，以及围绕数字平台的多个主体之间的逻辑关联。

首先，消费者与各个市场内的卖方（即平台内经营者）围绕平台形成的网络外部性是平台建立和运行的基础。网络外部性来自消费者和卖方之间在特定商品上产生的相互补充的关系。例如，电商平台中的买卖双方是关于特定产品和服务的供需关系，形成了两者关于产品和服务购买和销售的互补性。网络外部性是数字平台得以运行的核心因素之一，也是一个基础因素，它的

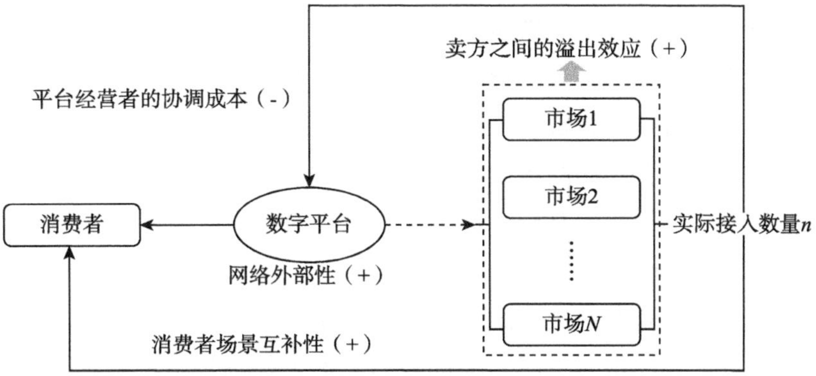

图 7-1 多市场布局的静态逻辑

存在与否不受到数字平台的多市场布局的影响。虽然在一些多边市场中，数字平台所接入的多个群体间并不完全具有对称的网络正外部性，但是特定群体之间的相互交叉吸引依旧是平台运行的关键因素。因此，本节所探讨的网络外部性主要是在于多个主体之间存在着对称的网络正外部性，即相互之间具有互补关系。

其次，消费者来自多个业务所形成的互补性在本书第三章有所讨论，针对特定的数字平台，消费者涉及的产品和服务并不具有替代关系，换言之，消费者在平台上的经济活动包含了消费者本身所涉及的多个消费场景。例如，外卖订餐平台上的消费者通常需要订餐服务环节（主体消费场景）、订餐前的信息获取环节（前置消费的点评场景）、订餐后的配送环节（后置消费的运输场景）等。因此，消费者在选择平台进行消费的行为并非是针对一个节点的行为，而是一个流程行为，流程行为是基于某一个主体节点行为（如消费场景）而形成的横向或纵向的延展。对于一个消费者而言，在主体消费环节前后的流程的畅通可以显著提高消费者的全流程消费体验，从量化视角来看，这种消费体验的提升主要来自于消费者在一个平台上进行交易所承担的总成本的降低。因此，数字平台的多个市场布局通常可以被视为是将消费者在一个消费节点上相关的多个节点所有流程打通，即将消费者关于一个消费节点所涉及的消费场景模块化，再通过各个市场联动的形式贯穿起来，形成消费者在“一站式”消费中的效用增进。

再次，各个平台内经营者所处的集团之间的溢出效应反映在消费者对不同消费场景的互补程度上，当消费者对特定的场景依赖程度高时，与该场景相互补充的其他场景内的经营者的接入则对消费者的吸引程度更高，进而增加了该场景内经营者对平台的接入动机和接入规模。这种溢出效应并不直接地来自各个市场内经营者之间的相互作用，这些经营者之间甚至并没有直接的联系，而是来自这些经营者各自与消费者的互动所带来的相互补充的效果。因此，平台内经营者所处的集团之间的溢出效应的主要来源是消费者对平台所接入的不同市场形成的互补性的依赖，进而带动了来自不同市场的经营者接入产生的相互影响。

最后，平台经营者的成本结构主要呈现了高固定成本、低边际成本的特征，这种特征在未进行多市场布局的经营者身上体现较为明显，当平台制定和实施多市场布局策略时，平台经营者依旧需要进行多个业务之间的协同与整合，这主要包括了对不同市场之间的协同以及对多个市场与同一个消费者进行对接时的便利度与必要的监督。这便增加了平台经营者进行多市场布局过程中的成本，同时，这种成本将随着市场数量的增加和复杂程度的增加而递增。

衔接上述四点效应的主要变量在于平台经营者的市场布局结构，即平台所涉及的市场数量，如图 7－1 中 n 所示，当消费者在多个消费场景存在较明显互补关系时，其效用将随着 n 的提高而增加，进而增加消费者的接入平台动机和实际接入数量，在消费者与特定卖家基于数字平台的网络外部性下，将消费者的接入数量定义为N_B，则N_B递增于n，具体可以表示为N_B（n，s）的函数形式，其中 s 为消费者和平台内经营者在平台上的网络外部性程度。因此，接入平台的不同经营者集团数量越多，消费者能够通过互补性产生的效用则越高；消费者与各个平台内经营者之间的网络外部性越强，则消费者在平台进行经济活动获得的效用也越高，两种情况都能够增加消费者接入平台的动机和接入数量，因此，可以将消费者的接入数量刻画为：$\frac{\partial N_B}{\partial n}>0$，$\frac{\partial N_B}{\partial s}>0$。

从平台内经营者所处的集团之间的溢出效应角度来看，一个特定业务内的平台内经营者的接入动机来自他接入平台后的预期收益，而预期收益与消费者接入程度、该平台内经营者与消费者在数字平台上的网络外部性程度、接入平台的费用相关，因此，一个特定业务下的市场 $i \in n$ 中的经营者的接入数量可以表示为n_i（N_B，n，s，f_i），其中f_i是该平台内经营者接入平台所需要承担的费用。我们结合平台上消费者的接入数量N_B（n，s），可以进一步将卖家i的接入数量表示为n_i（N_B（n，s），n，s，f_i）。这个表达式将n和s多重地嵌套至卖家i的接入数量函数中，可以发现平台接入业务的数量n和平台内经营者与消费者之间的网络外部性程度s均对卖家i的接入数量产生了直接和间接的双重影响，而这两重影响都对卖家i的接入产生了正向促进的作用。具体而言，当平台接入的业务量和平台所产生的网络外部性增加时，卖方i和消费者的接入动机都有所提升，同时，消费者接入数量的提升又会吸引卖方i的进一步接入。因此，可以将卖方i的接入数量改写为n_i（n，s，f_i）的形式，且$\frac{\partial n_i}{\partial n}>0$，$\frac{\partial n_i}{\partial s}>0$，$\frac{\partial n_i}{\partial f_i}<0$，其中$\frac{\partial n_i}{\partial n}>0$反映出在消费者对多个场景间具有较强互补性依赖的情况下，各个场景所涉及的市场内的卖家间具有接入平台的协同行为，同时，这种协同行为将随着多场景的互补性的增加而增强。

从平台经营者的多市场布局动机来看，其主要的决策依据来自多市场布局带来的成本与收益的关联。如上所述，平台涉及的多市场布局主要成本在于协调成本，该成本受到了接入平台的卖家数量反向作用，因此可以将该成本表达为C（n），且C'（n）<0。此外，平台经营者的主要收益来自接入平台的卖家所支付的接入费用，当接入卖家数量增加时，平台从接入费用中的收益也随之增加。从逻辑上来看，当平台对协调多个卖家所承担的边际成本增加时，在给定的接入费用下，平台并没有动机进行多市场布局，这是由于，平台在这种情况下所承担的成本并不能利用接入费充分地补偿；而当该成本降低或平台能够具有较强市场势力以对接入的卖家进行较高的收费时，且这种价格的增加并不会显著影响卖家的接入动机，平台则有较强动机实施多市场布局的策略。

对比单市场布局和多市场布局两种策略安排对平台动机的影响，我们应对平台经营者在两种策略下所获得的利润进行比较。令平台进行单市场和多市场布局时的利润分别为π_1和π_n，单市场布局时平台接入的业务数量为1，多市场布局时平台接入的业务数量为n，可以将两个利润函数分别表示为：

$$\pi_1 \equiv \prod(1,f) = f \cdot n(1,s,f) \cdot N_B(1,s) - C(1) \tag{7.1}$$

和

$$\pi_n \equiv \prod(n,f_i) = \sum_{i=1}^{n} [f_i \cdot n_i(n,s,f_i) \cdot N_B(n,s)] - C(n) \quad (7.2)$$

从平台利润的视角出发，当$\pi_n - \pi_1 > 0$时，经营者会选择进行多市场布局的策略。具体而言，当平台经营者进行多市场布局的协调成本可控时，随着多个市场对消费者形成的互补效应增加，平台进行多市场布局的动机将提升。这个结果主要来自当消费者对多个市场形成的联动所带来的效用增加时，消费者增强了接入平台的动机和实际接入规模，进而带动了多个市场内的卖家的快速接入，消费者在多个市场中与卖方的交易可以为平台带来获得更多利润的机会，增加平台经营者来自多个市场内的总利润，当平台经营者可以将协调多个市场的成本控制在合理区间时，平台经营者将相较于单市场策略获得更高的收益。

从平台在多市场布局策略下的定价视角来看，平台经营者提高对卖家的定价会对其利润产生直接和间接的降低效果。第一，价格的增加会直接提高卖家的接入成本，降低卖家的接入动机和接入数量。第二，卖家的接入数量降低则会进一步降低消费者在平台活动时的体验感，弱化消费者接入的动机和实际体量，并进一步地弱化卖家接入平台的动机。但是，这种价格效应并不会明显地出现在那些能够为消费者的消费活动提供较大协同场景的平台，这是由于，较大的场景协同，即$\partial n_i/\partial n$较大可以使消费者在多个市场的卖家接入后对平台交易产生较强的依赖度，使卖家在大量消费者接入后获得较高的预期收益，增加其转移成本。这个现象直接导致了平台经营者在多个市场共存时获得了比较明显的市场力量，进而强化了其定价能力，这种定价能力同样来自卖家在转移成本增加时而逐渐生成的价格弹性降低的趋势。

2. 动态视角下多市场布局的形成机制

平台经济的多市场布局通常不是一蹴而就的，大多数实施多市场布局策略的平台经济经营者通常是通过一条动态的发展路径而完成的。以美团点评网为例，自 2010 年起，美团在其餐饮外卖的主营基础上陆续推出了电影票预定、酒店预订、旅游门票预定、聚合支付系统、生鲜超市、共享出行、配送等服务。美团多市场布局策略实施的主要路径可围绕以下两个方面展开，第一，美团基于其餐饮外卖的主营业务在短期吸纳了大量的消费者和餐饮卖家的接入，形成了以单业务为主体的网络外部性。同时，积累了大量的数据、财力以及控制市场内部参与者（包括消费者和平台内经营者）的能力。根据美团 2020 年年报数据，餐饮外卖业务在美团全年收入中占比 56.8%，比 2019 年同比增长 37%，依旧是其在多市场布局中的主要业务线。第二，美团持续增长的业务种类（即多市场布局策略的开展）大多是围绕消费者在餐饮基础上的横向和纵向的延展，这种延展主要将消费者在日常娱乐活动的各个场景模块化，并通过美团网平台进行整合和再联通，强化了消费者在多个卖家市场间的互补效应，也进一步强化了多个市场内卖家间的溢出效应。

因此，动态视角下的平台多市场布局策略存在时间上的延续性，平台经营者在设计和制定多市场布局策略时会根据其所服务的用户特征、多市场特征、成本和网络外部性的关联性而建立动态的多市场布局策略。如图 7-2 所示，多市场布局策略的实施可以分为两个阶段，在第一阶段中，平台经营者运行单市场状态，在这个阶段中，平台经营者通过在单个市场激发买卖双方的网络外部性来获得稳固的消费者规模和进行初始的财富积累。同时，平台运用单市场中所获得的消费者数据来构建在后续多市场延伸过程中的要素基础，为多市场布局提供必要的数据基础。数据的积累在这个阶段发挥了十分重要的功能，如上文所述，平台经济经营者的成本结构呈现高固定成本、低边际成本的特征，在第一阶段中的数据积累是实现通过流量补偿高固定成本、实现规模经济的过程，平台经营者通过规模经济在其市场内部形成了较突出的市场力量后，开始第二阶段，进行多市场布局和消费者场景的扩张。

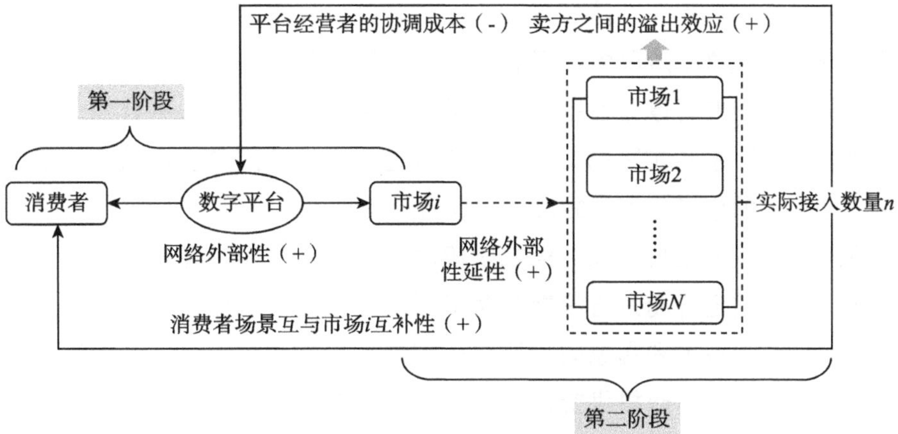

图 7-2 多市场布局的动态逻辑

在动态逻辑下，平台经济经营者第一阶段的主要工作是通过必要的投入来构建并稳固平台上供需双方的网络外部性，令平台在第一阶段对网络外部性投入的成本为 $K(s)$，其中 s 的定义与前文一致，为消费者和平台内经营者在平台上的网络外部性程度。假设 $K'(s)>0$，说明了平台经营者对构建网络外部性投入的程度越高，承担的相应成本也越高。同时，令平台经营者在第一阶段的主营业务发生在市场 j 中，则平台经营者在多市场布局的整体策略中的跨时期利润函数可以表示为：

$$\pi_n = \underbrace{f_j^1 \cdot n_j^1(s, f_j^1) \cdot N_B(s) - K(s)}_{\text{第一阶段}} +$$

$$\underbrace{\sum_{t=1}^{T}\sum_{i=1}^{n}\left[f_i^t \cdot n_i^t\left(s, f_i^t, \sum_{t=1}^{t-1} n_i^t\right) \cdot N_B\left(s, \sum_{t=1}^{t-1} n_i^t\right)\right] - C(n)}_{\text{第二阶段}} \qquad (7.3)$$

公式（7.3）比较直观地给出了平台经营者在两个阶段的利润组成。具体而言，在第一阶段，平台经营者通过在其主营市场中的常规平台化经营，连接买卖双方，在获取卖方接入过程中的接入费用实现利润的同时，对买卖双方的网络外部性进行投入并承担成本 $K(s)$，形成的网络外部性将具有跨时期的持续性。在第二阶段的每个时期中，第一阶段所投入形成的网络外部性 s 都会对消费者和各个市场中卖方的依赖度有提升效果。平台经营者在第二阶段的利润结构和静态逻辑下的结构基本类似，经营者的利润来自每一个时期 t 在各个市场中卖方 i 接入费用的收益，同时，在这个时期以前（即 $t-1$）接入市场的所有卖家都会与消费者产生互动，并对同时期在位的卖家产生相互溢出的效应。在这个阶段中，网络外部性发挥了重要的作用，其具体表现为，能够始终带动消费者停留在平台上的动机，并不断地与接入平台的多个市场中的卖家发生联系和实际的交易，动态性地形成卖家间的溢出效应，巩固平台在不断接入的市场卖家中的市场力量和持续的定价能力。

在平台经营者定价方面，第二阶段的定价规则与静态逻辑下的类似，其在各个市场中的定价能力与消费者对不同市场互补下所形成的依赖度正向相关，同时，与消费者和卖家间的网络外部性呈正向相关。而这种网络外部性体现在消费者对该平台提供交易机会的依赖程度，其受到了平台在第一阶段对网络外部性的投入影响。进一步地，当平台经营者在第一阶段所形成的网络外部性十分稳固时，他在后续的市场扩展阶段能够实现的深度和灵活度会相对更高，能够进一步通过多市场布局策略捕捉消费者，提高市场份额的便利度会增强。

类似于上述美团网的例子，同样类型的数字经济平台携程旅行网也可以通过这种动态逻辑进行多市场布局的分析。携程于1999年10月开通，主营酒店预订服务，其在初始经营过程中（即第一阶段）主要以酒店预订的供需撮合为主要业务，后续的20多年间，先后延伸了机票预定、门票预订、餐厅预订、旅行用品电商等业务，在第二阶段实现了多市场布局。携程在2020年全年净营业收入为183亿元人民币，其中住宿业务营收为71亿元人民币，仅占全年营收50%。可以发现，虽然在多市场布局策略下，携程通过交通票务、景区门票等业务获得了较强的收益规模，但在其主要营收中，其在第一阶段所形成基础主营依旧是营收的关键支撑。说明了携程在发展的第一阶段，对酒店预订业务的投入和稳固形成了长期稳定的网络外部性，使消费者和基于携程酒店预订业务的经营者对平台的交易撮合形成了稳固的依存度。在此基础上，携程以酒店为主路径的横向延伸（机票预订、景区门票等）和纵向延伸（旅行用品电商、线下体验店、旅游体验“旅拍”等）都能够与其主营业务形成良好互补，增加了消费者在携程平台上的“一站式”体验，消费者在出行（包括商务出行、旅游度假等方面）的差异化场景都能够在携程网充分满足，降低了消费者在出行中的成本，进一步强化消费者黏性。基于消费者稳固的黏性，携程网则能够更加便利地在多个接入市场中提高对卖家的捕捉和市场力量，巩固自身在多市场布局中的引导能力。

第二节　多市场布局策略下的平台竞争

1. 价格竞争

价格竞争是市场竞争中最重要的表现形式之一，在平台经济的市场竞争中，平台经营者在多市场布局策略下的价格也扮演着重要的角色。上文所涉及的平台经济经营者的竞争大多从单边市场的角度出发，探讨网络外部性下的价格竞争。不同于传统经济的情形，平台经济中的经营者体现了倾斜式定价的特征。具体而言，经营者的定价大多发生在双边市场中那些对另一边需求弹性较弱的用户群体中，这一端的主要特点是他们与另一边的用户交易更加依赖平台，进而呈现了这一端用户对平台交易更加刚性的需求，平台则通过较高的价格从这一端获取收益。反观对平台交易需求价格弹性较大的一端，平台经营者通常不会对这类用户收费，在相关市场内的竞争趋于激烈时，平台经营者还会通过补贴的形式激发消费者的接入，以获得更大的网络外部性规模。

在多市场布局策略下，平台经济市场的价格竞争受到更多因素的影响，其中最为重要的是多个平台经营者所涉及的市场交集。如图 7-3 所示，考虑一个双寡头垄断的平台经济市场中，相关市场的界定是关于平台 A 和平台 B 的主营业务而界定的，换言之，两家平台经营者的初始竞争发生在他们具有相互替代关系的主营业务上。在平台的发展过程中（即上述第二阶段的发展过程），两个经营者都会进行多市场布局的策略中，多市场布局对于平台而言是一种横向或/和纵向的产品差异化，与传统差异化不同的是，多市场布局更多地关注其所涉及的延伸市场与主营业务的互补性。因此，数字平台多市场布局下的竞争会将他们所涉及的市场划分为两个集合，一个是两个平台都涉及的市场，我们将其定义为“竞争交集”，另一个是仅有一个平台所涉及的市场，我们将其定义为“竞争补集”，两个市场的总和是所有的竞争平台经营者多市场布局所涉及的全部市场，即平台多市场布局的全集。

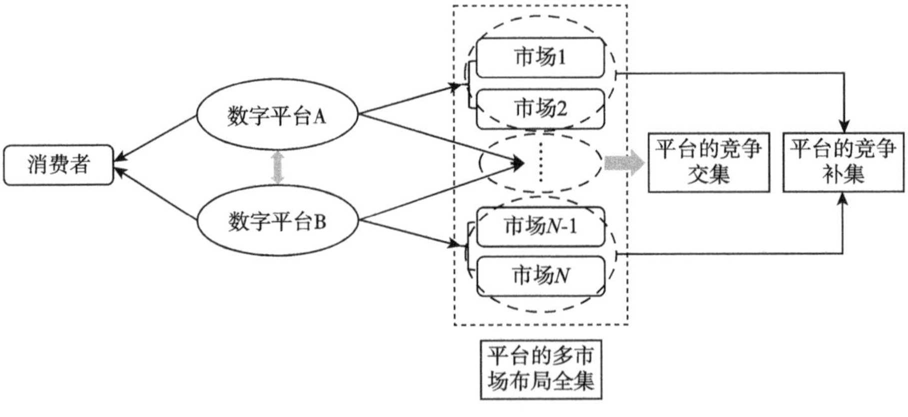

图 7-3　平台经营者多市场布局策略下的竞争路径

平台经营者在多市场布局策略下竞争的价格机制主要受到以下几个因素的影响。首先，平台经营者的初始业务规模和市场势力。初始业务的规模是平台在多市场布局策略第一阶段竞争的基础，也是平台经营者在其所涉及的市场中形成市场势力的主要影响因素。在这个阶段中，当平台经营者能够通过其业务特征和定价获得比较稳定的用户接入与留存时，平台则能够通过显著的网络外部性来获得较强的定价能力和较高的商业利润。这里我们需要进一步明确的是，平台的初始业务市场中的价格竞争受到了初始业务相似度和市场规模的高度影响，若初始业务的相似度较高以及平台经营者所涉及的业务市场规模相近时，平台经营者在这个阶段中的价格竞争会更加激烈。这是由于消费者在多个平台间都能够获得类似的服务，使平台面对消费者时的产品同质化水平提升，消费者在数字化的环境下承担更低的转移成本，使其可以便利地在多个平台间进行切换，平台经营者之间竞争的均衡价格趋向于伯特兰德悖论下的价格，即竞争价格接近边际成本。在这个特征的驱动下，平台经营者一方面通过低价格的形式稳固主营业务市场中的卖家持续的接入，另一方面通过各项补贴的形式捕捉消费者，强化消费者的消费习惯和黏性。同时，平台经营者还会通过在主营业务市场内部的差异化来提高消费者的转移成本，巩固已接入的消费者的依存度，这一点将在下一个小节具体探讨。

其次，平台经营者在多市场布局策略下的竞争补集的规模对经营者关于价格的竞争压力有一定缓解作用。竞争补集涉及的市场具有静态和动态的特征，这些市场是平台经营者进行多市场布局过程中的动态博弈所产生的。在动态视角下，竞争补集的规模呈现了非上升的特点，当一个平台经营者进入某个市场时，其竞争对手会选择跟随进入该市场或始终停留在该市场外，当竞争者选择长期停留在该市场外，竞争补集则趋于静态的均衡。当一个平台经营者具有相当体量的竞争补集时，其相对于自己的竞争对手而言，在补集的市场内可以被视为是一个局部的垄断者，由于没有竞争对手构成的竞争压力，平台经营者的竞争补集市场内的卖家并不能像交集市场中的卖家一样便利的在多个平台间转移，因此，平台经营者则能够在这些补集市场内获得相对更高的市场力量，进而提高其定价能力。此时，虽然平台经营者在交集市场内，尤其是在主营业务所涉及的交集市场内依旧进行激烈的价格竞争，但是，他们在各自的补集市场内可以通过较显著的市场势力来制定能够提升利润的价格，对其交集市场内的竞争压力进行补偿。我们进一步可以发现，当平台经营者具有的补集市场规模较大时，他在主营业务市场内的竞争所带来的利润压力越小，同时，如果经营者在较大规模补集市场内的协调成本可控，则经营者可以在广泛的补集市场内形成规模经济，获得成本优势，进而将这种成本集约传递至涉及的市场内卖家和消费者。结合上述特点，可以得到以下阶段性的结论，若平台经营者在补集市场内的平均价格水平为 p，平台经营者所涉及的补集市场规模为 m，在其他条件不变的情况下，有 $\frac{\partial^2 p}{\partial m^2}<0$，即补集市场内的价格水平随着补集市场规模先增加后降低，增加阶段意味着平台经营者需要利用较高的价格补偿其在主营业务市场和交集市场内激烈竞争而带来的利润压力，降低阶段意味着补集市场形成的规模经济带给平台经营者的成本集约，经营者将成本降低所带来的优势传递给补集市场内的卖家和消费者。

再次，平台经营者在多市场布局策略下的竞争交集对竞争对手的价格竞争压力存在强化的效果。竞争交集是在经营者多市场布局发展的第二阶段逐步形成的市场集合，与市场补集的发展方向相反，市场交集的规模具有非下降的特点，即平台经营者进入某个市场后，其竞争对手依旧有概率进入这个市场与在位经营者展开竞争。经营者的主营业务更多地处于竞争交集内，并对经营者之间的价格竞争产生显著的影响。当经营者的竞争交集规模增加时，经营者所面对的共同市场也随之增加，共同市场内的卖家会在多个平台经营者进入市场后形成低成本的切换，使经营者在这些市场内的市场力量随之降低，也进一步增加了经营者在这些市场内的竞争压力。竞争交集规模提升所带来的连带效果是，平台经营者所面对的竞争补集规模降低，在给定市场全集（即竞争交集和竞争补集的加总）的情况下，若平台经营者无法在短期寻找到合适的市场并进行延伸和渗透，则会使经营者的竞争压力持续增加。这个情况会引致经营者尽可能寻找与自己竞争对手差异化的市场完成自身的多市场布局策略，也是下一小节所着重探讨的差异化竞争涉及的核心。

最后，平台经营者所涉及的多个市场与主营业务的互补程度对竞争价格产生两个相反的影响。如本章第一节所述，平台经营者所涉及的多个市场相关的业务与主营业务的互补程度可以提高消费者的依存度，增加平台的消费者黏性和平台流量，帮助平台在渗入的多个市场内构建较强的市场势力。但是，在平台多市场布局策略下的竞争会产生较为复杂的结果，其结果主要受到了高互补程度是发生在竞争交集还是发生在竞争补集的影响。如果高互补程度发生在竞争交集中，互补性所带来的竞争优势将被竞争交集中业务的同质性所稀释，对经营者定价能力的促进效果产生抑制效应；当高互补程度发生在竞争补集当中，则互补性会发挥提高经营者竞争优势的作用，强化经营者的定价能力。因此，经营者涉及多个市场的互补程度对经营者定价能力的影响依旧关联到它与竞争对手之间的竞争交集和竞争补集的相对规模。当这个相对规模较大时（即竞争交集规模相较于竞争补集更大），则多市场布局下所形成的业务互补性的作用将被弱化。

2. 差异化竞争

传统产业组织理论认为，产品的差异化是经营者获得市场势力的主要因素之一，产品差异化的核心作用是促使消费者在面对不同产品时，从完全替代向不完全替代进行转移。在完全替代环境下，消费者关心的是产品价格和在消费过程中物理迁移程度使其承担的成本，例如从一个卖家的物理空间转移至另一个卖家的物理空间，这种转移会给消费者带来转移成本。当若干卖家在物理空间和外部特征上不存在明显差异化时，价格竞争就成为卖家获得市场份额、捕捉消费者的主要路径。而此时消费者的主要关注点也逐渐向价格转移，这些消费者也成为以价格作为主要因子，来影响购买决策的消费群体。同时，经营者也会在差异化水平降低时逐渐趋近于伯特兰德悖论式的竞争。反观平台经济环境，平台经营者也会面临这种转移成本大幅度降低的情况，因为平台经济下的消费者的经济活动大多是发生在数字技术驱动下的线上载体中，线上活动的便利性极大程度地降低了消费者在不同经营者间进行切换的成本，即上面所描述的物理空间产生的成本逐渐消失，使消费者在平台经济中的完全替代几乎倾向于以价格来制定购买决策。而不完全替代是通过产品的横向或者纵向的差异化使消费者在面对不同产品时存在差异化的效用，这种效用的差异化并不在于效用水平的差异化，而是在于同样的效用水平获取路径的差异化，这种差异化涉及到消费者本身的差异化，不同偏好的消费者对不同特征的产品的消费具有偏差，使得消费者会自发地选择符合自身偏好的产品。进一步地，当消费者无法获得其最为偏好的产品时，则产生了转移成本。因此，在产品差异化所形成的不完全替代环境下，消费者的购买决策还来自不同产品对差异化消费者所带来的体验上的转移成本。在平台经济竞争中，由于消费者的物理上的迁移程度被大幅度降低，为缓解激烈的价格竞争带来的利润压力，经营者则有较强的动机进行产品差异化，通过提高基于消费者偏好的转移成本来捕捉差异化的消费者。

平台经济经营者的多市场布局，究其根本是一种产品差异化的策略，这种产品差异化关注的两个核心是产品间的差异化和产品间的互补性。当经营者在主营业务市场和竞争交集市场出现十分激烈的竞争时，经营者则有动机开发新的市场，形成与自己竞争对手差异化的产品线。同时，新生成的业务需要与现有业务具有一定程度的互补性，这种互补性的要求来自经营者的成本结构。传统经济中，这种互补性也广泛存在，但是大多是基于经营者的传统竞争要素基础上形成的，例如，传统经济中经营者的品牌延伸策略（Brand stretching），就是基于已经成型的主营业务产品所构建的品牌资源，向新的业务和产品进行延伸。① 经营者利用品牌价值对新产品价值的附加属性，来实现新产品的竞争力。品牌延伸策略的关键点在于，不同产品和业务可以在一个品牌的价值“笼罩”下进行围绕该品牌的互补性，降低新产品在消费者感知中的不确定性，进而实现价值创造。在平台经济中，经营者可以连接消费者与平台内经营者的重要资源，使平台经营者在一个特定领域中获得消费者信息。在初始经营阶段，经营者通过收集、整合、分析数据获得消费者在这个领域中的偏好和需求信息，这个过程需要经营者投入较大的成本，而经营者的成本补偿则是在消费者和平台内经营者之间不断的互动中通过收取相应的费用来实现的。当平台通过多市场布局形成与竞争对手的差异化时，它需要权衡新的市场带来的收益和新市场进入后所承担的成本，关联这些成本和收益的一个重要因素是，新的市场与现有市场能否形成有效的范围经济。这种范围经济则是来自多个市场存在时，消费者能够获得的关于产品和服务间互补程度所产生的效用。因此，当多个市场对消费者形成的互补程度越大时，经营者进行多市场布局形成差异化对其市场力量的获取效果越大，多市场布局带来的差异化效果则越好，经营者则具有更大的动机进行多市场布局策略。

正如上文所述，在给定的市场全集情况下，当竞争的经营者不断进行多市场布局下的市场渗透时，竞争补集规模将逐渐降低，而竞争交集的规模将逐渐增加，使经营者在动态竞争的情况下又一次在大规模的竞争交集中进入到了激烈的竞争状态。这种情况会弱化多市场布局下的差异化为经营者带来的竞争优势。因此，经营者的差异化不仅会通过改变竞争交集和竞争补集的相对规模来完成，经营者还会在共同的竞争交集中进行更加细化的差异化安排。在竞争交集形成的同时，平台经营者的横向产品差异化已经逐渐弱化，在竞争交集内的差异化主要体现在纵向差的产品异化，纵向差异化通过布局同类产品的品质差异来满足具有纵向差异的消费者，消费者的纵向差异主要体现在消费者的支付意愿上，不同的消费者对不同类别的业务存在不同的支

① Chen Z.，Xu H.，Private Labels and Product Quality under Asymmetric Information［J］. Journal of Economics & Management Strategy. 2021，30（4）：743—759.

付意愿，导致消费者在不同的产品类别中对价格的反应程度也出现差异。基于这个特征，平台则可以在竞争交集内以纵向产品差异化的形式为自身在产品同质化中积累更多的忠诚消费者。

平台经济经营者的多市场布局策略一方面来自产品差异化的推动，另一方面也来自同竞争对手的博弈，因此，多市场布局中的竞争补集在很多平台经济竞争环境中都处于一种较为稳定的状态。具体而言，在给定的竞争全集的情况下，经营者选择渗透的市场集合中仅有一部分会吸引其竞争对手进入，而双方都会保留一部分市场给竞争者，即经营者之间在选择市场渗透时都会协同性地留有一部分竞争补集，这种情况的形成来自经营者在竞争过程中的一种“协同”表现。表 7-1 刻画了两个竞争的平台经营者对进入竞争对手的竞争补集的策略选择，其中“进入”表示了经营者进入竞争对手的竞争补集，“保留”表示了经营者会将竞争对手的竞争补集留给对手，而自己并不进入。通过简单的分析可以发现，表 7-1 的博弈中的纳什均衡为（进入，进入）和（保留，保留）。具体而言，当竞争的一方选择保留策略时，其竞争对手通常不会选择更加“激进”的策略，即这个竞争者会同时选择保留策略。这个均衡的主要原因是，经营者一旦进入了竞争对手的竞争补集，就涉及与竞争对手在更大的竞争交集市场中的激烈竞争，虽然这种竞争可能会为进入者带来更多的收益，但是由于竞争交集的市场内产品短期形成的同质化严重，会制约经营者的定价能力，因此，这种收益的增进较市场保留的策略将并不显著。这便会形成经营者之间关于保留策略的协同，两个经营者都在理性的情况下能够充分预知，如果两者都不进入对方的竞争补集市场，两者都会在较长一段时期处于高收益的状态，这是来自竞争补集的存在且规模的稳定能够为经营者带来比较丰厚且长期的收益。

表 7-1 平台经营者关于竞争补集的进入策略

		平台经营者 B	
		进入	保留
平台经营者 A	进入	2，2	3，1
	保留	1，3	5，5

但是，正如重复博弈相关逻辑所阐明的，这一种（保留，保留）的策略并不是十分稳定的，它受到了若干因素的影响。结合平台经济多市场布局的特点，它主要涉及了两个因素，第一，不同的经营者对长期收益的关注会直

接影响到上述协同的稳定程度。当某一个经营者更加关注短期收益时，它会产生比较明显的进入对方市场的动机，在长期协同情境下的快速进入会增加进入者的短期收益。但随之而来的，是市场中在位经营者的反馈，这种反馈可以表现为这个经营者也随即进入前者所处的竞争补集市场，进而两者进入一种“激进”的竞争状态。第二，经营者对其竞争对手所具有的竞争补集市场潜在的控制能力和竞争能力。当经营者可以通过市场联通、数据应用、技术促进、市场营销等方式在竞争对手的竞争补集市场中预计到可观的收益时，该经营者则会选择更加“激进”的方式，进入竞争对手的竞争补集中。这个结果在表 7－1 的具体体现是，经营者在竞争对手依旧选择“保留”策略时，其选择“进入”策略获得的收益（例如“3”）会显著增加，引致该经营者在任何情况下都会选择快速地进入竞争对手的竞争补集市场中。

最后，我们需要强调的是，经营者选择多市场布局策略，无论是积极地进入竞争对手的竞争补集，尽可能降低市场中竞争补集的规模，还是选择协同性地保留自身和竞争对手的竞争补集，使竞争交集规模控制在一个固定的区间，其关键的竞争因素依旧在于经营者是否能够掌握消费者的信息和增进消费者和卖家之间的网络外部性。消费者信息量的掌握体现在经营者是否能够有效地运用数据开拓新的市场，完成多市场布局发展的第二阶段。因此，经营者在多市场布局的第一阶段通常都会运用高效的方式获取市场数据，形成后续发展的基础。在很多平台经济市场中，能够从多市场布局获得较高收益的经营者大多具有在初始业务中的先行者优势，先行者优势可以使经营者在市场并未被充分占据和开发的时候建立消费者和卖家之间的网络外部性，培育消费者的购买习惯和黏性，帮助平台持续地获得数据信息，在规模和速度上实现多市场布局的第二阶段。

第三节　多市场布局下的垄断风险

本节侧重于讨论平台经济经营者在多市场布局的环境下的垄断行为风险，主要针对多市场布局的策略而展开，对平台经济的垄断行为的探讨将在本书的余下章节完成。平台经济的多市场布局下的垄断风险主要是来自这种形态所带来的平台经济市场竞争状态的变化，进而形成的经营者垄断行为产生的可能性以及相应风险所带来的损失。从垄断的状态角度出发，在多市场布局的策略下，我们需要首先对平台经济经营者所处的相关市场进行界定，由于经营者大多将其业务布局在多个市场内，因此，相关市场的界定会与其他经济形态下的经营者有所不同。此外，多市场布局下的垄断行为会相较传统垄断行为更加多样。例如，经营者将某个市场（多为竞争交集市场）的市场力量向其他延伸市场（多为竞争补集市场）转移、经营者在多个市场间对消费者形成较为隐性的搭售行为、经营者在多个市场间利用其数据优势对消费者进行差别对待等。

1. 多市场布局下的相关市场

传统市场中的相关市场界定大多关注于单边市场中的需求和供给替代关系，平台经济中涉及了经营者的多市场布局策略，也形成了平台经济经营者的跨界竞争。因此，在平台经济市场中，尤其是在平台经济经营者运用多市场布局的策略下，相关市场的界定维度较传统经济有所增加。围绕多市场布局下经营者竞争的特点，市场特征以及与经营者所关联的买卖双方需求和供给的替代关系，界定此类相关市场需要关注以下几个方面。

第一，多市场布局策略在消费者领域中的互补关系影响了需求侧的替代性。当经营者所布局的多个市场内产品对消费者产生了较强互补性时，消费者对经营者所提供的交易场所的需求将不完全在于对某一个特定产品的需求，而是对一个产品集合的需求。因此，在界定相关商品市场时，可以从经营者的主营业务作为一个基础市场出发，将相关市场边界从对消费者互补性较高的延伸市场依次开展分析。对于竞争的平台经营者而言，他们发生竞争的场景通常是在竞争交集市场中，在这个主营业务点上，各个经营者可能会围绕消费者对产品互补性的偏好各自向其他市场进行布局，那些依旧存在于竞争交集内的市场可以优先被考虑其是否可以包含在同一个相关市场内。其背后的逻辑在于，当经营者的竞争交集越大，对消费者而言，他们在进行需求替代时则越关注对平台经营者之间的替代关系，而非对经营者所接入的平台内经营者之间的替代关系，此时，多个市场则可以以平台经营者为主体划定为同一个相关市场。例如，《国务院反垄断委员会关于平台经济领域的反垄断指南》第四条第一款的指出，“当该平台存在的跨平台网络效应能够给平台经营者施加足够的竞争约束时，可以根据该平台整体界定相关商品市场”。这里所谓的竞争约束是指，平台在一个市场内的行动可以影响其竞争者在自身相对应的市场内的反应，形成比较明显的相互抗衡行为，也便反映出两个平台在多个市场内的竞争关系。

第二，多个市场形成的相互关联程度影响了相关市场边界。从平台经济视角出发，多个市场的相互关联程度涉及对供给端的影响。某一个市场中的卖家接入和转移的动机主要来自一个平台经济经营者能否为其带来更多的交易机会，即该平台能否形成显著的网络外部性。而网络外部性的形成一方面是在于平台自身对消费者和在位卖家的吸引力，另一方面也来自平台在现有市场中的控制力。较强的网络外部性会增加卖家在接入后的预期收益，同时增加卖家在转移时的成本，尤其是在卖家所提供的产品或服务与其他市场内的产品或服务对消费者展现的互补性较强时，这种转移成本会更高。这是由于，较高的互补性会增加消费者对多个市场所形成集合的依赖，当一个平台能够有效地建立使消费者依赖的市场集合时，集合内的多个市场内的卖家都会因此获益，此时，卖家离开时承担的转移成本则相对更高。结合竞争交集和竞争补集的特征，供给替代下的相关市场界定便更加清晰，在竞争交集内的卖家通常可以在没有外生约束时较灵活地在多个平台间转移，而竞争补集内的卖家转移障碍比较明显，因此，竞争补集通常可以作为单个相关市场进行界定。

第三，相关地域市场的界定标准。平台经济将诸多交易场景向线上转移，形成了不受物理空间限制的特征，因此很多平台经济相关地域市场边界较传统经济有所扩大。但是，我们还需要明确的是，很多平台经济下的产品和服务需要借助线下活动来完成，这就需要确定平台经济经营者所涉及的线下市场是否仍然存在关于区域边界的竞争约束，即平台经济经营者所涉及的多个市场布局内的卖家是否能够在一个特定区域内进行互动，这一点直接影响到了该市场内的卖家在多个平台间进行转移的成本，即影响了卖家的供给替代。例如，平台 A 和平台 B 都在其主营业务竞争的基础上对市场 C 进行了布局，但是平台 A 和平台 B 进入的是不同地区的市场 C，即两个平台在市场 C 内的交易需要该市场内的线下参与者完成。而两家平台所进入的不同地区之间具有比较明显的边界性，即不同地区内的市场 C 的经营者无法实现转移，便同时使消费者在不同地区内的相关交易受到了这个限制的影响。因此，即便两家平台都进入到了同一个业务，但是由于物理空间的限制，使两个地区内的市场内卖家并没有直接的竞争关系，可以将上述的 C 市场基于各自的平台划分为两个独立的相关市场。结合这个特点，平台在进行多市场布局时的相关地域市场界定，可以考虑它所涉及的线上和线下的融合以及线上和线下所处的外生边界，通常以涉及边界范围较小的那个市场为标准进行细节判定。

2. 跨市场的支配地位传导

跨市场布局策略的实施直接导致了平台经济经营者在多个市场开展经营，且由于经营者进入市场的时点不同，每个市场的规模不同，不同市场内的网络外部性差异，而形成了经营者在不同市场具有不同的市场势力的现象。不同于传统经济，平台经济经营者的多市场（或多产品）经营模式不仅在于产品的集合在消费者群体中形成明显的互补而产生的范围经济，其生产要素的优化配置也是多市场布局策略中的重要基础。生产要素的优化在平台经济中主要体现在新要素和传统要素的组合，同时，也体现在新要素的重复使用上，这个特征是传统经济活动中并未广泛存在的。以数据要素为例，平台经济经营者通过其主营业务或优势业务激发各个用户在自身平台互动，在互动过程中收集数据，形成经营者自有的生产要素，这些要素同样可以在其进入的其他市场中的经济活动中使用，便构成了经营者在不同市场内的生产经营优势，进而形成了经营者的市场力量在多个市场中的传导。

以数据要素为基础的市场势力传导体现在显性传导和隐性传导两个方面，从显性传导来看，数据作为平台经济经营者的一种生产资料，可以在经营者对数据要素进行初始投入后，在多个市场经营中重复使用，是一种在平台经济运行中较为常规的“投入-产出”逻辑，这个逻辑来自数据在使用过程中的一种可复制性和可叠加性。尤其是当经营者在其主营业务或某个优势业务能够建立较强的网络外部性时，随着供需双方互动程度的增加，经营者获取数据的能力和获得体量也逐渐提升，帮助经营者更加了解他所面对市场中的信息，进而打破经营者和市场之间的信息壁垒，一方面，降低在信息不对称环境下所承担的交易成本，另一方面，利用数据要素实现生产经营效率的提升。数据包含的市场信息在平台经济经营者进行多市场布局过程中具有清晰的一致性，它一方面反映了消费者在该平台的需求特征，以及消费者对同类产品或互补产品的偏好；另一方面，数据的规模也可以帮助经营者吸引新市场中的卖家接入平台。这主要是由于数据价值化所体现出的双重效果，第一，数据所承载的信息帮助经营者在市场中进行针对性的经营和产品开发，通过不断地收集数据，经营者将市场信息进行精准地识别和聚类，强化其掌握市场信息的能力和准确度，缓解由于市场中信息不对称为其在生产经营过程中造成的风险和相应成本。第二，数据展现了消费者对特定平台、特定业务、特定产品的偏好和预期的流向，大规模的数据反映了大规模的用户群体，对市场内的卖家而言，直接呈现出市场的规模和其接入平台后的预期收益，成为网络外部性的形成基础。因此，数据要素为导向的市场力量传导事实上是经营者将优势的网络外部性在多个市场间进行复制，力求在新进入的市场构建先导性的经营基础的过程。

从隐性传导的视角来看，多市场布局下的市场势力传导会产生比较隐蔽的垄断风险，通常涉及了经营者滥用市场支配地位的行为，这种滥用的行为来自经营者通过在一个市场内的力量向另外一个或多个市场转移，进而形成排除和限制竞争的效果，而并非使用正当的方法来增进自身在多个市场内的竞争力。例如，平台的自我优待行为就是比较典型的多市场布局下的垄断行为，虽然本书后续章节会通过经济学方法细致探讨自我优待行为的特征、条件和经济损害，并提出自我优待行为的经济效率和社会成本之间的具体衡量方法，但是，从现有的反垄断实践观察视角来看，自我优待行为属于一种平台经营者利用其数据和算法的优势对交易条件相同的交易相对人进行的差别待遇行为。在亚马逊“自我优待案”中，亚马逊被指控利用其在第三方交易服务平台的数据对自营产品进行针对性的营销和定价，以提高自营产品相较于第三方产品的竞争力。当亚马逊实施多市场布局后，它从一个平台经济经营者的身份转变平台经济经营者和平台内经营者的双重身份。从提高多市场布局策略下的各个市场竞争力角度出发，这种竞争并无问题，但是亚马逊是利用了其在第三方交易服务平台的数据优势向自营品牌销售的市场转移。在产品销售的市场中，这种优势是其他经营者并不具备，或其他经营者的优势是远不如亚马逊具有优势的，使亚马逊和其他经营者的竞争已不处于同一个生产资料基础上。当平台把其在第三方交易服务平台进行经营中所积累的优势地位运用在商品销售时，则造成了外生的干扰商品市场中公平竞争的秩序，产生了排除和限制商品市场中竞争的效果。从垄断行为的视角出发，亚马逊自我优待的行为是以亚马逊作为主体，在对待自营品牌商品和对待第三方商品上存在着差别性的交易条件。具体而言，亚马逊对待第三方商品经营者仅提供关于特定商品买卖双方的供需信息的对接和匹配服务，而对待自营品牌商品则提供了关于第三方商品在交易过程中的具体信息，为自营商品提供了交易和定价上的便利性。

多市场布局的隐性风险还可能存在于经营者的数据跨市场使用所形成的

垄断行为上，这种风险类似于上面所提及的经营者市场支配地位跨市场的传导，但略有不同的是，这里所讨论的垄断行为主要的基础在于数据层面的跨市场传导。如上文所述，市场中的不确定性对平台经营者的经济活动产生了比较明显的阻碍效果，能够充分且准确地识别市场中的信息，可以更好地缓解平台经营者在运行过程中由于不确定性而产生的成本。但同时，当经营者通过多市场布局获得更加丰富的数据基础后，经营者也可能会产生利用这些数据来操纵某一个或几个特定市场中平台内经营者的垄断行为，同时，也会产生对同一组消费者所进行的垄断行为。具体而言，多市场布局的策略是平台在具有较明显的业务间进行的多个市场的设计，但平台所连接的另一个主体并未发生改变，即平台将多个业务涉及的市场全部对接到同一个消费者群体中。这种多市场布局的策略可以使平台经营者在多个场景中捕捉同一类消费者的偏好信息，帮助平台经营者更好地对消费者的偏好进行“画像”。

第一，当平台经营者可以更好地掌握消费者的信息时，则可以将某一个或某一类消费者的效用水平较为精准地刻画出来，对不同的消费者进行差异化的“管理”。这种差异化如果可以围绕消费者不同的交易条件展开，并能够显著地提高消费者效用水平，便实现了这种数据价值化向消费者的转移。但是，如果这种差异化是针对交易条件相同的消费者展开，则出现了平台经营者的差别待遇行为。例如，“大数据”杀熟就是平台经营者针对消费者的支付能力、消费偏好、使用习惯等所进行的差别待遇行为，这种行为的实施并未基于一个合理和正当的理由展开，造成了对交易条件相同的消费者进行的剥削效果。

第二，平台经营者利用多个市场的数据对某个市场内的经营者进行一定程度的控制，多个市场的渗透可以加强平台经营者对同一组消费者信息的获取能力和获得体量，就增加了多个市场内的经营者对该平台的依赖能力。如上文关于多市场布局下的相关市场所论述的情况，便会提升平台经营者在其所渗透的市场内的支配地位。平台经营者的这种支配地位可以控制某个特定市场内的经营者服从平台所制定的某种“规则”，使平台内的经营者在规则下进行某种协同的行为，这种行为可以被视为是一种轴幅协议。在平台经济中，控制并实施这种轴幅协议的基础是平台经营者所具有的数据基础，而数据基础可以由平台经营者的多市场布局策略而进行强化，当多市场布局可以使平台的数据基础强大到通过制定规则来控制某个市场内的经营者时，这种轴幅协议的稳定性便自然提升。同时，平台经济经营者所使用的技术（如算法），可以强化数据所带来的规则的执行效率，这种效率不仅体现在平台对特定市场内经营者的控制力度上，还体现在轴幅协议的隐蔽性上，便产生了关于算法合谋的垄断风险。

基于上述讨论，在平台经济中的经营者多市场布局策略实施的过程中，平台经营者的市场势力和数据的跨市场传导会给平台经济领域中造成一定程度的垄断风险，对于这些风险的识别是来自对其隐性行为和显性行为的区分。划分两种行为的主要标准是，经营者在进行跨市场经营的过程中所运用的已存在的市场力量和数据是否在新的市场产生了排除和限制竞争的效果，如果这种效果是明确的，则可以将经营者的行为划定为隐性的市场势力和数据的跨市场传导，并且被视为是经营者在其涉及的不同市场内的竞争优势的整合与再利用。整合意味着经营者利用市场势力和相关的数据将其涉及的不同领域的不同相关市场边界打通。再利用意味着经营者将整合的力量同时地运用在其涉及的特定市场中，形成了特定市场中排除或限制竞争的效果。因此，在反垄断查证和执法过程中应进行着重关注这些具有跨市场布局策略的经营者（如超级平台）所实施的行为效果。

3. 多市场布局的兼容问题

传统的兼容问题大多出现在消费者在使用某种特定商品或者接受某种特定的服务时对其他产品或服务需求的必要，兼容性是连接上述商品和服务之间的平滑程度，体现在消费者是否在消费过程中承担了明显的成本。在平台经济的多市场布局中，这种兼容性并不完全存在于产品和服务间的兼容，更多的是在消费者在同一个平台上选择多个市场中卖家之间的兼容。这些卖家对消费者在消费过程中的互补性既体现在产品或服务之间的互补关系上，又体现在消费者在不同场景中对多个卖家的需要上。此外，平台经济中多市场布局策略的兼容性并不一定是消费者被强制性要求选择某种特定的商品，而是出现在消费者在同一个平台上选择多个市场中的卖家过程中所形成的转移成本上。例如，某平台涉及了 A 和 B 两个市场，消费者同时在两个市场中选择卖家进行交易，平台通过信息约束、支付约束、结算约束等配套服务的约束，以及偏离正常价格的补贴，使消费者选择两个平台所提供的不同卖家时承担了较高的成本，使消费者自发地流向同一个平台进行交易。这个过程增加了消费者的转移成本，进而增加了消费者在面对不同市场卖家时的兼容性限制，间接地制约了布局同样市场的其他平台的竞争。

以平台经济经营者的”二选一“行为为例，“二选一”是平台经营者通过限定交易的方式约束其所涉及的市场中卖家的交易路径，通常是要求卖家只能选择该平台接入并完成交易。市场内的卖家可以被视为是平台经营中的必要生产资料。在平台交易中，双边市场所接入的参与者或用户必须要在互动成立的情况下完成交易，进而为平台带来合理的商业利润。而当卖家的接入被限制后，就直接导致了某些平台在完成交易过程中的生产资料受到极大限制，进而使那些实施“二选一”的平台达到了排除和限制竞争的效果。在多市场布局的策略下，限定交易行为出现的场景可以在竞争交集市场中，通过限定交易降低竞争交集市场中的竞争程度，排除了经营者与其竞争对手之间的竞争，即在竞争交集的市场中外生构建出竞争补集的市场状态。在另一方面，限定交易行为若出现在竞争补集的市场中则产生了限制竞争的效果，通过限定交易，将竞争补集的市场构建出明确的边界，使潜在的竞争者无法顺利的进入该市场与在位平台展开竞争。因此，经营者在竞争补集的市场中实施限定交易的行为通常是为了使该市场继续保持一种“封闭”的状态，制约潜在的进入者对其形成竞争压力。

上述兼容性的问题易存在于平台竞争过程中的两个环节。第一，在竞争交集的市场中，经营者可以通过多市场布局策略降低其与其他平台的兼容性，这种行为通常是为了弱化在竞争交集市场中的竞争程度。在竞争交集的市场中，平台经济经营者的竞争强度更高，来自竞争对商业利润的压力更加显著，使经营者更具有动机来建立属于自身涉及市场的内部兼容，而规避与其他平台所布局市场的外部兼容。第二，经营者可能会通过降低兼容性来稳固自身所具有的竞争补集市场规模和稳定程度。这种兼容性的操作可以作用于消费者一侧和卖家一侧，对消费者一侧的操作主要体现在增加消费者成本上。对商户的操作可以体现在通过协议等方式约束卖家接入其他平台的灵活度，使卖家在接入其他平台并与其他平台所提供的消费者进行互动和交易过程中产生较大的成本。

在平台经济经营者多市场布局中识别兼容性问题的主要标准在于，明确兼容性的弱化是否来自经营者的合理主张。第一，从利益相关者的福利角度出发，这种行为是可以有效保障消费者和各个市场内卖家利益的必须。例如，可以通过兼容性约束来提高交易双方或多方福利，并且这种福利的增加不会对竞争程度产生明显的弱化效果。第二，为了实现知识产权、商业秘密和数据安全的保护。由于平台经济经营中的核心要素是数据安全和经营者的核心技术，这些要素都是经营者开展正常经营活动的必要资源。同时，经营者在进行正当经营活动前都会对其核心技术进行必要的投入，这些技术都是针对经营者在后续的商业活动具有针对性的投入，可以被视为是经营者的专属性资产。经营者为了实现对其专属性资产的保护，可以进行必要的行为来维护自身利益，同时，这也是实现平台经济市场中构建良性、可持续发展的必要基础。

第八章　平台经济中的并购

经营者的并购主要包括经营者合并、通过取得股权或者资产的方式取得对其他经营者的控制权。从经济学角度而言，在不同的竞争环境中和不同竞争工具运用下所进行的并购带来的经济效果不尽相同，但整体会出现单边效应（Unilateral effect）和协调效应（Coordinated effect）两种效果。[①] 前者所带来的影响比较直观，当经营者合并之后，由于合并后主体的市场势力得到强化，单方面地提升了合并主体的定价能力，进而增加了其提价的可能性；后者主要发生在那些未参与合并的经营者中间，此类经营者会出于为抵抗合并后主体增强的市场势力的动机，而进行协调性的价格调整，常见的表现形式为这些经营者进行的协调性涨价行为。上述两种效果都会形成市场中的价格上涨的情况，降低消费者福利，造成市场中合并所形成的成本和损失。

但我们需要明确的是，并购行为并非没有收益，这种收益通常体现在并购所带来的规模经济和协同效应两个方面，主要发生在参与合并的主体上。[②] 具体而言，合并使两个或多个经营者所面对的市场实现整合，使合并后的主体在短期构建起比合并前更大的用户规模，快速的规模经济带来了合并主体生产经营成本的降低。此外，合并可以使经营者的生产资料在新的主体内部得到有效的再配置，诸如资本、土地、技术、人力资源，都可以实现比较充分的互补，进一步提高了协同性和生产效率。当上述合并所带来的效率增进形成的收益可以充分补偿由于竞争弱化而带来的成本时，合并则能够带来社会效益。但现有研究指出，由于价格竞争下的合并直接导致了市场价格的提升，提高了以商业利润提升为主要目标的经营者的合并动机，而且，即便合

---

① Farrell, J. and Shapiro, C. Horizontal Mergers: An Equilibrium Analysis [J], American Economic Review, 1990, 80: 107—126.

② Deneckere, R. and Davidson, C. Incentives to Form Coalitions with Bertrand Competition [J]. Rand Journal of Economics, 1985, 16 (4): 473—486.

并并不能带来明显的规模经济和协同效应，这种动机也会普遍存在于经营者中，这种情况下的合并则不会有较强的效益产生。除非经营者在合并后能够形成明显的边际成本节约，并将这种成本节约向下传递至消费者领域，否则，合并形成的收益大多会存留于供给侧，使福利无法得到良好的分配。

在平台经济领域，并购行为所涉及的要点首先在于经营者的集中对其涉及的双边或者多边用户间的外部效应的影响，平台经济市场中的并购会带给经营者关联的多个用户群体相对整合的规模，即并购并不会单纯地影响一端用户，同时也会随着一端用户规模的变化而使另外几端的用户由于网络外部性的存在而受到影响。其次，平台经济领域中的并购不仅涉及资源和生产设施的整合，同时还涉及了两个或多个经营者所拥有的数据的整合。虽然我们将数据作为生产资料来看待，数据的整合类似于生产资料的整合，但是数据整合所带来的规模效应和对经营者控制市场能力的效果要远大于传统要素整合所带来的效果。最后，平台经济领域中的经营者合并动机更加显著，这是由于平台经济领域中的竞争具有高度的数据依赖性，收购竞争对手为经营者带来更大的控制市场和消除竞争的动机，同时，数据也开始成为经营者开展收购的重要目标。

第一节　平台经济中的横向并购

横向并购通常指在同一个市场平面内的经营者之间的合并或收购行为，这些经营者在并购前大多具有竞争关系，或者他们在某一个市场中所提供的产品或服务具有比较明显的替代关系。在平台经济中的横向并购通常会出现上述的单边效应，即并购后的主体由于市场势力的强化而提高市场价格。同时，平台经济中很多行业都具有较大的集中度，因此，未参与并购的经营者通常数量较少或数量众多但市场势力较小，使得协同效应并不明显。围绕平台经济和并购行为的特征，平台经济中的横向并购所产生的效果主要体现在市场价格、市场中的其他经营者（主要是平台内经营者）对平台经济经营者的依存度、来自网络外部性的溢出效果等三个方面，此外，平台经济市场结构和产品特征也会形成并购行为相较于传统经济中相应行为的差异性。

首先，从价格层面来看，经营者之间的并购会直接降低市场中的竞争程度，如图 8－1 所示，平台经营者 A 和平台经营者 B 在并购前具有较强的竞争关系，消费者以较低成本在两个平台间进行切换。影响消费者决策的主要因素是平台为其创造的网络外部性强度，使平台以较好的交易条件来吸引卖方的接入，并通过对消费者的吸引来稳固买卖双方在平台上的交易习惯和数据流量。为了争夺交易双方，平台间的竞争通常以较低的接入费用、较好的用户补贴、较丰富的多市场布局来实现。平台间的并购所消除的竞争直接将竞争工具带来的经营功能弱化或直接消除，当平台 A 和平台 B 在合并前便各自具有了较大市场份额时，合并后的主体 M 并不会担心由于给予买卖双方的交易条件的恶化而使他们流失，强化了其在多边用户群体中的市场势力和定价能力，提高市场价格。

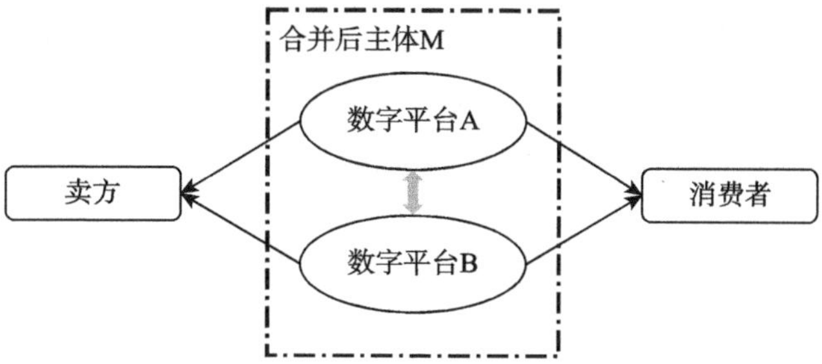

图 8－1　平台经济经营者并购

其次，与价格为基础的单边效应高度相关的，是经营者在并购后，平台上的买卖双方在面对逐渐恶化的交易条件时可能的转移。图 8－2 在图 8－1 的基础上加入了平台经济市场的竞争或潜在竞争，考虑了平台经济市场的经营者并购并不一定构成市场内垄断结构的可能性，换言之，并购后的主体 M 依旧面对一定程度的竞争。如图 8－2 中平台 A 和平台 B 在并购后，依旧会与平台 C 展开（可能的）竞争，这里定义平台 C 是平台经济市场中的一家在位平台或潜在的竞争平台。单边效应造成了并购主体 M 价格的上涨，进一步地，这里我们所讨论的平台制定的价格主要是由平台内经营者（卖方）承担的，价格上涨会使平台内经营者，即主体 M 所接入的卖方的福利下降，使他们在制定接入决策时有动机向平台 C 进行转移。在平台经济中，卖方的转移和消费者的转移很有可能并不是同步发生的，这是因为在两家平台并购出现后，消费者并不会在短期感受到并购给他们造成的福利下降，这是由平台经营者的倾斜式定价而决定的。消费者并不会直接地感受到平台并购所带来的价格变动，反而，平台的并购使参与并购的主体间实现了技术和数据的互补，通常会给消费者带来更便利的消费体验，使消费者依旧会停留在并购后的主体上。这便会给卖方的转移带来十分显著的机会成本，因为卖方在平台选择上并不完全以价格作为主要衡量标准，还考虑了平台是否能够为其带来重组的消费者规模。由于并购并不会形成消费者的大量流失，使得平台 C 在与平台 M 竞争时无法获得消费者规模的增长，进而难以形成吸引卖方接入的力量。一方面，卖方由于考量到转移成本的大幅度提升而减弱了转移的动机，依旧会停留在原平台承受较高的接入费用；另一方面，我们也可以识别在平台并购后对未参与并购的经营者的冲击路径，这种冲击并不是来自于市场结构的直接变化，而是平台所连接的两边或多边所形成转移动机存在差异，使得竞争者不能有效建立和强化具有竞争力的网络外部性。我们可以将这种情况归纳为平台的用户对平台的依赖程度，而这种依赖程度并不存在于平台所涉及的单边，一方的依赖会增加另外几方的依赖，使平台并购所产生的市场势力强化更加稳定，对其他竞争者的冲击更加明显。

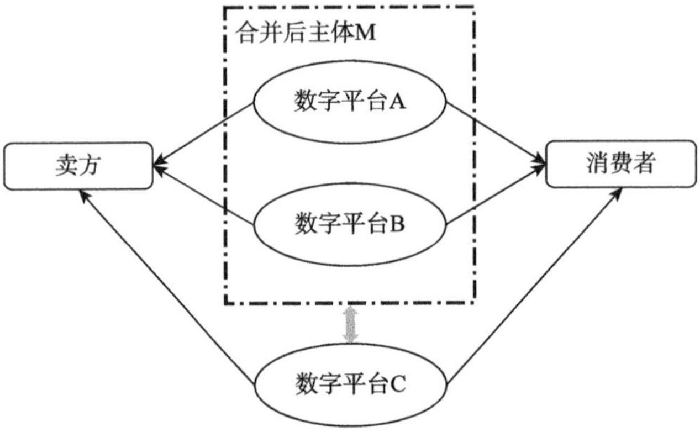

图 8-2　平台经济经营者并购与市场竞争

最后，单边效应带来的价格变化会在平台内部形成买卖双方关于价格的相互溢出，进而造成用户可能的流失和卖方的转移。如图 8-3 所示，当平台 A 和平台 B 合并为平台 M 时，给定用户的使用费在短期保持不变（通常会依旧保持并购前的水平，即零价格或提供必要的用户补贴），但市场势力的增加使 M 提高了对其平台内卖家的价格。为了补偿接入费用的提升，卖家在销售产品时会提高销售价格，使得消费者在面对价格增加时产生转移的动机，即从平台 M 流失，流向与 M 相互替代的平台，这里我们定义这个平台为 M 的竞争平台C。在网络外部性的促进下，在M内的卖家会由于接入费用提升和消费者的部分流失双重作用而转移至平台C，使平台A和平台B在并购后承担了由于市场势力增加而导致的负向效果。

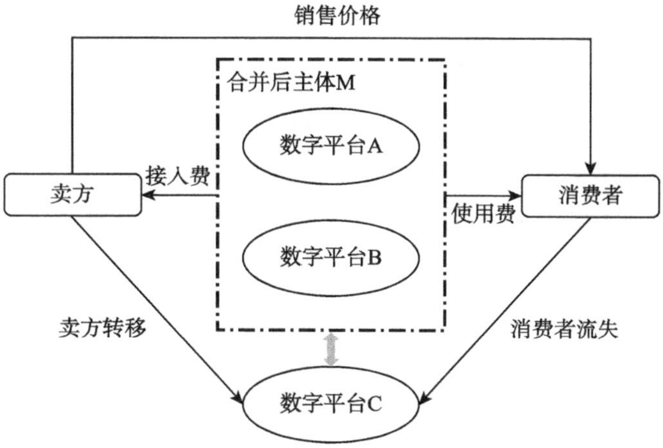

图8－3 平台经济经营者并购与用户转移

结合上述三方面所产生的逻辑，平台经济经营者之间的并购并不一定会始终为合并后的主体带来正向的收益。进一步探究平台经济市场中的若干竞争属性，上述行为所产生的负向效果还会受到其他因素的影响，其主要原因在于以下几个方面。

第一，并购所发生的平台经济市场中的市场结构。当市场集中度较高时，整个市场被少量头部企业占据，而其中两家或几家经营者的并购会使消费者和卖家流向其他未参与并购的头部企业中，使得这些头部企业可以从竞争者的并购中获得较明显的用户增量，帮助其形成相对于并购主体的抗衡能力。而当市场集中度较低时，用户的流动可能会被大规模的小型平台所稀释，不能够产生比较明显的头部企业形成效果，因此，由于经营者的集中而给并购主体带来的市场势力的强化则不会被显著削弱。由此不难发现，在平台经济市场中，并购所产生的网络外部性的变动与发生并购的市场中的集中度高度相关，在较低的市场集中度下，如果头部平台企业的并购并未产生排除或限制竞争的效果，且在并购之后还有若干头部平台处于相对独立的状态，该市场中的网络外部性则会产生较明显的变动。而在较高的市场集中度情况下，头部企业的并购会进一步强化其本身具有的网络外部性，使其市场势力被进一步强化。这种网络外部性的变化主要来自用户针对不同情况下的并购所产生的转移动机，当这种转移是从并购主体向外流动的，则并购所带来的反竞争担忧并不明显，反之，当这种转移是向并购主体流动的，我们则应当对其产生的可能的反竞争效果进行关切。

第二，并购主体在并购后的定价策略。我们在上文提到用户的转移主要来自并购后所产生的单边效应而形成的价格上升，在价格的溢出效应下，消费者会因涨价而流失，进而导致平台内经营者的转移。因此，并购主体可以在并购后继续强化自身的倾斜式定价策略，以更强的补贴策略使其从卖方处获得的收益向消费者转移，平抑消费者在卖方价格增加时而面临的福利下降。当消费者的福利并未在并购后产生较大程度降低时，消费者依旧会停留在原平台上，保证了并购主体的用户规模，进而抑制了卖家由于价格过高而形成的流动，稳固了其市场规模。关于并购对平台经营者定价策略的影响，可以从两个方面展开讨论。首先，如果并购前的平台经济市场集中度较高，并购后的平台经营者并不会对双边或者多边的用户流失产生担忧，这是由于较高的市场集中度会使头部平台的并购形成更具有市场势力的经营者，对其他经营者的竞争冲击更加显著。高市场集中度的头部平台合并后会从技术、市场、数据等方面形成更大的协同，构建更加稳定的网络外部性，使平台内经营者和消费者的转移成本大幅度提升。因此，高市场集中度的平台经济市场中的经营者集中更多地受到了反垄断执法部门的关注。斗鱼和虎牙游戏直播平台的经营者集中，就主要涉及了此类的反竞争担忧。其次，如果并购前的平台经济市场集中度较低，其他平台经营者形成的竞争效果会抑制并购后的平台的定价能力，由于存在用户流失的担忧，平台可能会进行两方面的定价策略，其一，合并后的平台并不会显著地增加对平台内经营者的定价，以防止平台内经营者由于过高的成本而向竞争平台进行转移；其二，合并后的平台会在提高对平台内经营者的定价的同时增加对消费者的补贴，以消费者的存量来降低平台内经营者的转移动机。

第三，并购主体的多市场布局策略。如上一章所述，多市场布局是平台经济经营者为增加其自身竞争力而进行的差异化策略，多市场布局的特征是通过增加消费者关于经营者主营业务相关的业务中的互补性来吸引消费者接入，并培育消费者的消费习惯，增加消费者黏性的一种策略。当平台 A 和平台 B 合并后，并购所形成的新平台 M 不但会降低他们在并购前的竞争交集市场内的竞争，同时会增加其竞争补集市场内的用户交易规模，增加了用户（尤其是消费者）在并购主体上进行交易的体验度和便利度。当并购主体 M

的竞争者并未在多市场中进行充分的布局，则其在非价格层面无法形成捕捉消费者的力量，使并购主体依旧可以通过非价格因素稳固其并购后的市场。其中，前一种情况对平台经济市场的竞争损害风险会更大，这是由于多市场布局下，平台的并购会在多个市场形成较高的市场集中度。换言之，从平台视角出发，平台经营者的并购是平台为主体的经营者进行的合并，但从平台所连接的市场角度来看，平台经营者的并购则涉及了他们所涉及的市场的整合，尤其是提高了平台关联的市场交集的集中度。此外，由于平台并购可能出现多个市场补集被同一家平台（即合并后的平台主体）所控制，因此，合并后的平台将其强化的市场势力运用到整合的市场补集中所产生的垄断风险将会明显增加。

第二节　平台经济领域中的纵向并购与混合并购

纵向并购通常发生在一条关于产品或服务的流通路径较明显的供应链系统中，或者具有供需关系的经营者之间。在传统经济中，纵向并购会带来比较明显的双重边际（Double marginalization）问题的弱化效果，使产品在流通过程中的溢价程度降低，降低了经营者来自供应链上下游谈判过程中的交易费用，缓解了经营者在纵向市场中的成本压力。当这种交易费用的降低延供应链向产品市场有效转移时，则消费者能够获得产品流通成本降低而产生的收益，提升消费者福利。因此，纵向并购通常可以带来比较明显的效率增进效果。在平台经济中，这种效果与传统经济并无较大差别，这是由于纵向市场在平台经济中可以表达为传统经济中纵向市场的模式。在这种模式下，平台经济中的纵向市场大多存在于数字服务提供商和数字基础设施提供商之间，两者的并购可以形成技术和数据上的效率增进。除了溢价降低以外，还可以在技术上形成较好的增进，帮助上下游经营者获得更显著的规模经济，并提升效率，增加最终用户福利。

但是，从平台经济经营者运行特征的视角来看，平台也可以被表达为一个连接平台内经营者和消费者之间的流通渠道，如果按照这个逻辑进行分析，平台经济经营者可以被视为是纵向市场中的一个环节。与传统经济不同的是，平台经营者所处的环节并不在于实体物品或者服务的流通，而是在于关于这些物品和服务信息的流通，以及完成这些商品交易的附属服务的提供者。在这个视角下，平台经济领域中的纵向并购则会形成与传统经济不同的经济效果。具体可以表现为以下两个方面。第一，平台经济中的纵向并购会使具有数据优势的经营者将其优势地位在纵向市场中的纵深进行传递。在这种类型的纵向并购中，平台经营者通常会锚定那些市场集中度较高的市场进行并购。例如，电商平台通常不会在平台内经营者所处的集团中寻找被收购方，这主要是由于电商平台所涉及的市场集中度普遍偏低，纵向收购对平台所产生的增益效果并不明显，而电商平台收购下游物流公司在现有实践中已经发生。这种情况的主要原因是，平台经营者可以利用其具有的客户和数据优势传递给物流公司，使其能够在技术和数据的支撑下更高效地为平台的附属业务服务，同时增加了下游物流公司在其相关市场内的竞争力。

第二，平台经营者通过在纵向市场中的收购形成上下游交易相对人对其竞争对手的市场拒斥。以上述电商平台收购物流公司为例，收购完成后，收购平台经营者可以有效地降低竞争平台在物流市场中的剩余市场，使竞争平台在物流环节的效率降低，由于物流是电商平台为买卖双方提供的一项必要的附属服务，这种效率降低会直接降低买卖双方在竞争平台交易过程中的福利，弱化他们接入竞争平台的动机。因此，平台经济中的纵向并购也可以成为平台在其自身所处的相关市场中竞争力提升的手段。

混合并购通常发生在并没有直接竞争关系或互补关系的两家或多家经营者之间，这种混合并购并不会直接地产生限制或排除竞争的效果，所以，这种类型的并购大多不是反垄断重点关注领域。在平台经济市场中，经营者的混合并购大多出于扩大自身业务线，增加自身主营业务的服务范围和配套设施的互补能力的动机。而反垄断的关注点，多是在已经达到国务院规定的经营者集中申报标准下未依法进行申报的情形，对经营者所进行的行政处罚并不涉及经营者集中存在排除和限制竞争的效果。例如，2021 年 12 月 31 日，腾讯控股有限公司收购永辉云创科技有限公司股权、哔哩哔哩股份有限公司收购 VERSA Inc. 股权等案件中，国家市场监督管理总局对其未依法申报违法实施经营者集中进行了处罚，但并未主张上述经营者集中存在排除和限制竞争的效果。

在平台经济纵向并购和混合并购中可能存在的风险主要在于对竞争者的封锁效应。封锁效应类似于纵向并购中的市场拒斥，在传统市场的纵向和混合并购中也普遍存在，合并主体中的上游或下游经营者通过对其交易相对人拒绝交易，而降低交易相对人在其所处的市场中与合并主体内的若干业务间的竞争力，从而形成合并主体在整条供应系统中的市场势力。平台经济中大多存在的混合并购涉及在多市场布局或经营者的业务强化过程中的结构重塑，一般会涉及经营者对其配套或附属设施提供者的收购或合并。例如，电商平台收购线下的物流服务供应商，可能会导致被收购方在为其他经营者提供物流服务时便利化的倾向性，若被收购方在完成物流服务时主动地“优待”收购方时，则会降低收购方的经营者在物流过程中的时效性，进而降低其全流程的竞争力。

在上述并购过程中，参与并购的主体所处的市场结构是可能产生封锁风险的关键因素。当上游或下游经营者所处的市场集中度较低，或者参与并购的经营者具有的市场力量较弱时，并购所形成的封锁力量则将不会十分显著。这主要是由于在经营者所处的市场中依旧存在相当程度的替代者，当他们选择以封锁的行为来提高自身竞争力时，其交易相对人会较为灵活且低成本地流向替代的经营者，使封锁产生的排除限制竞争效果弱化。此外，数据的运用和传递也增加了我们判定平台经济中的混合并购的难度，这是由于参与合并的平台经营者虽然在产品或服务上并不一定具有相互替代的关系，但是他们在生产要素上可能存在一定程度的竞争，例如数据要素。很多平台虽然经营的业务不同，但是他们所连接的主体之一是具有较大交集的，这个主体就是最终消费者，最终消费者在平台上进行活动时所展现的信息对不同类型的平台而言具有十分重要的要素属性。平台的混合并购事实上可以增加不同平台对用户信息的相互补充，形成更强的市场势力。因此引出的一个推论是，对于平台经营者的合并，不仅需要判定平台间产品或服务的相互替代关系，还需要考察他们是否在同一个要素市场具有比较明显的关联，如果这个关联比较明显，且合并后可以使他们在生产经营中所需的要素实现更大的整合，并产生了运用要素而形成的排除或限制他们在各自相关市场内的竞争，则反垄断执法部门应当对这种类型的并购进行关注。

以 2021 年 7 月虎牙公司与斗鱼国际控股有限公司合并案为例，由于此次经营者集中具有或可能具有排除和限制竞争的效果，国家市场监督管理总局禁止了此次合并。这个案件中虎牙和斗鱼是游戏直播市场中的两个主要的经营者，如图 8－4 所示，虎牙由腾讯单独控制，斗鱼由腾讯和陈少杰团队共同控制。两家公司的主营为游戏直播，其主要逻辑是由主播操作或解说电子游戏及电竞比赛的实时视频内容，以游戏直播平台为载体，吸引消费者（观众）

接入，其主要商业模式是通过网络游戏运营服务商在互联网上运营自主开发或者取得其他游戏开发企业授权的网络游戏，为游戏用户提供增值服务和游戏内置广告等，获得商业利润。

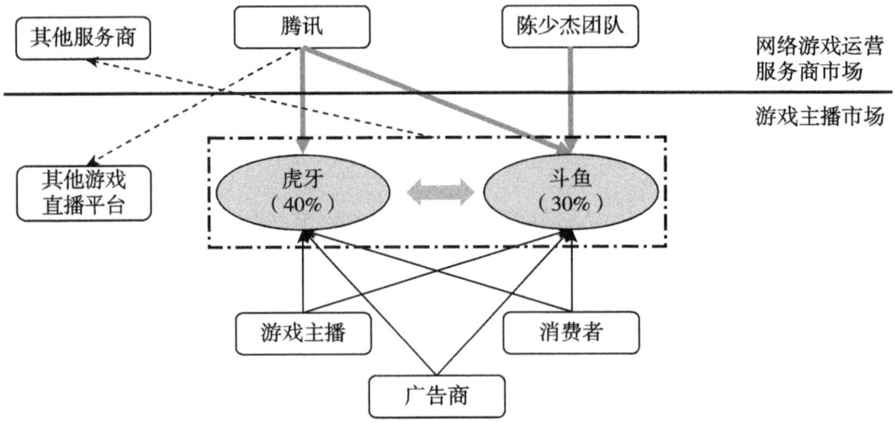

图 8-4　虎牙、斗鱼合并案

作为主要的网络游戏运营服务商，腾讯可以被视为是虎牙和斗鱼在上游市场中主要的经营者，在中国境内游戏直播市场，两家公司从营业额来看，分别占有约 40%和 30%的市场份额，两家公司的合并将直接削弱游戏直播市场中的主要竞争，并构成一个市场份额大于 70%的主要游戏直播经营者。除此之外，腾讯将具有虎牙和斗鱼的共同控制权，在纵向市场中将进一步强化两者的市场支配地位。

首先，从单边效应所形成的市场价格影响来看，由于游戏直播市场的集中度高，两家公司合并将导致游戏主播和消费者转移成本增加。这一方面在于游戏主播和消费者在面对具有高市场份额的平台时，转移的能力和转移效果降低。如上文所述，这种市场结构直接导致了平台的用户在流出后会承担较大的转移成本，同时，两者已经在特定的平台上积累了大量的流量和用户，使得转移成本进一步提升。这种网络外部性的集聚，会增加合并后的平台在游戏直播市场中的市场努力，进一步强化其定价能力，继而通过控制价格来实现商业利润的提升，使游戏主播和消费者的福利下降。

其次，从纵向市场的结构来看，由于腾讯是下游游戏直播市场的主要内容产品供应者，下游市场相当比例的游戏资源来自腾讯的供给，腾讯若控制了下游的主要游戏直播平台，则会通过控制游戏直播中涉及的游戏来对自身所处市场中的经营者产品的传播进行封锁。与此同时，腾讯公司也会通过其指定的游戏产品供应和授权，来控制下游游戏直播平台所获得的游戏产品获取，对下游游戏直播平台的其他经营者进行封锁。这种纵向市场中的双向封锁很有可能会造成上下游市场中竞争的排除。

最后，从其他经营者对游戏直播平台的依存度来看，斗鱼和虎牙的合并将强化游戏主播和消费者关于游戏直播平台的网络外部性。一方面，在面对在位其他经营者和新进入者时，消费者和游戏主播没有充足的动机转移，另一方面，由于游戏产品受到了比较明显的游戏版权的限制，使斗鱼和虎牙以外的经营者与新进入市场的经营者不能灵活地获得游戏直播所需要的产品。上述情况都会直接导致斗鱼和虎牙以外的游戏直播平台不易获得经营所需的产品，以及开展业务所需要的流量，即不能够充分地吸引游戏主播和消费者在其平台上互动。因此，此次合并会比较显著地增加游戏直播平台市场的进入壁垒，产生限制竞争的效果。

第三节 猎杀式并购

经营者通常为了寻求业务和生产资料的协同而进行并购，这种并购在企业的创新上通常可以形成良好的经济效益，推动企业商业利润的提升。但是，现有研究和相关现象指出，一些经营者的收购动机是以降低被收购方的创新能力而生成的。例如 Cunningham 等（2021）认为，以药企为代表的经营者会在收购同类经营者后立即终止被收购方的创新，尤其是当这种创新与收购方的现有创新存在直接竞争时，这种动机会更加明显，当被收购方的创新成功并以产品或服务的形式投放至市场时，会与收购方现有产品形成十分明显的替代关系，这种竞争压力推动收购方在收购之后停止被收购方此类创新的动机。[①] 进一步地，当收购前的市场处于较弱竞争程度时，收购方的收购和终止创新的动机会更加强烈，停止被收购方的创新可以帮助收购方的产品在市场中保持一种较为稳定的垄断状态。收购方的这种行为大多是出于为了降低在其主营市场中潜在的竞争，以保证其垄断地位而对潜在的竞争对手或竞争

① Cunningham C , Ederer F , Ma S . Killer Acquisitions [J] . Journal of Political Economy, 2021, 129 (3): 649－702.

产品在进入市场前进行的必要创新进行抑制，而实现上述目标的主要手段是以并购的方式将竞争对手纳入自身控制范围，并通过终止创新来使被收购方的创新产品萎缩，失去市场竞争力。我们通常将这种以调整市场状态来执行垄断行为的并购称为“猎杀式”并购（Killer acquisition）。

平台经济中的猎杀式并购者的动机与传统经济并无明显差异，主要目的均是维持自身在市场中的垄断地位，实施垄断势力。因此，停止被收购者的创新并不是平台的首要目的，而是降低其所处的市场中的竞争。① 从运行规律和实施手段而言，平台经济中的猎杀式并购所涉及的要素较传统经济更多，虽然猎杀式并购主要是针对初创但具有较大潜力的公司而进行的，但是猎杀式并购过程中的争夺对象在平台经济中却十分丰富。具体而言，对平台经济经营者来讲，猎杀式并购的价格体现在于收购方与被收购方在收购过程中的谈判价格，而谈判价格来自被收购方的市场估值，其市场估值来自其能够获得的交易者体量，当一个平台的交易者体量越大时，其能够创造的价值也就越高，市场估值则越大，该平台与收购方在进行收购谈判时的谈判力量也就越强，但对于收购方而言，这种收购的成本也就越大。我们需要同时明确的是，这种高收购成本并不会显著地抑制收购方的收购动机，反而会增强其收购动机。其主要原因是，被收购方的竞争力反映在其被收购价格上，当被收购方关于标的平台的价格升高时，便意味着收购难度的提升和被收购方与收购方在市场内的潜在竞争程度加强，如果收购没有发生，对收购方在市场中的竞争冲击也就越大，收购方将力求以收购来降低竞争强度，维持和强化自身垄断地位的动机也就越强。

从平台经济的收购过程中的主要因素来看，收购方和被收购方所关注的重点是如何通过激发各自的网络外部性来强化自身的市场竞争力。从被收购方的视角出发，被收购方通常是平台经济市场中的初创企业，但由于数字经济的动态竞争性特点，当初创企业能够以差异化的产品和服务伴以合理的定价策略进入市场，带给用户更明显便利化（包括更低成本），大多可以形成对在位企业较明显的竞争冲击。当初创企业能够稳固这种竞争力时，对在位平台企业的冲击将会在长期持续增加，而初创企业的初始竞争力主要是来自其通过业务质量对平台产品的提供者（例如卖家）的吸引。如图 8－5 所示，数

① Kamepalli S. K.，Rajan R. G，Zingales L. Kill Zone［J］. NBER Papers，2020. http：//www.nber.org/papers/w27146.

字平台 A 和数字平台 B 分别为可能形成的猎杀式并购中的收购方和被收购方，平台 B 是市场中的进入者也是一家初创企业。平台 B 在市场中的竞争力直接来自卖方和消费者之间的互动频率，而其主要是平台 B 进入后对卖方的吸引。例如，如果我们所讨论的平台经济市场是关于移动应用提供平台的竞争，则消费者接入平台的主要动因是来自该平台能否为消费者提供充足且丰富的移动应用，因此，平台开拓市场并构建买卖双方互动的主要资源是在前期能够接入可观的移动应用服务提供商。

在两家数字平台的动态竞争过程中，当数字平台 B 未进入市场时，所有的卖方均接入平台 A，当平台 B 进入市场后，卖方的决策会存在两种可能性：（1）继续留在平台 A；（2）向平台 B 转移。这里我们并不考虑前面章节中所讨论的多归属情况，在多归属下，卖方接入 A 和接入 B 并无明显差异，他们都可以通过（任意）平台来获得消费者。

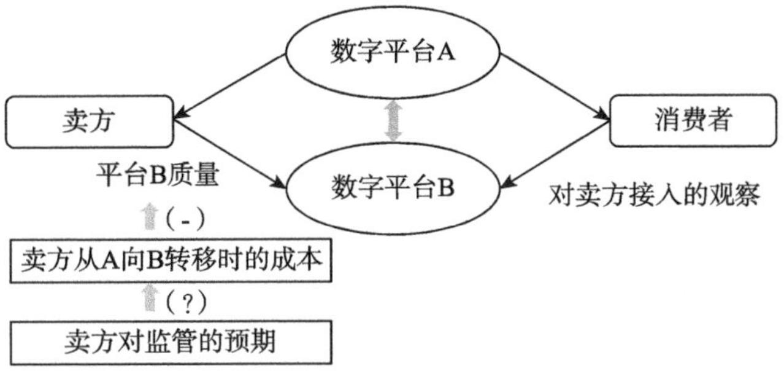

图 8－5 猎杀式并购逻辑

卖方选择平台接入的决策主要取决于卖方向平台 B 转移时的成本，即转移成本，而转移成本会直接受到卖方对平台 B 质量预期的影响。若卖方预期平台 B 从技术、算法、消费者补贴、广告、营销、多市场布局等方面能够具有相对平台 A 更好的质量（这里并不一定是平台 B 已经呈现出来的竞争力），则卖家会考虑其转移后所获得的收益能够充分补偿其转移成本，进而进行从 A 到 B 的转移。当卖家实现了较大规模的转移后，平台 B 相较于平台 A 的竞争力就初步形成。此时，卖家的转移向市场释放了两类信号，第一，卖方的大规模接入可以使消费者感知到平台 B 能够为他们提供更多的服务供给，网络外部性吸引消费者将其消费行为逐渐从 A 向 B 转移。第二，大规模的卖家转移能够反映出平台 B 相较于平台 A 的相对质量较高，一方面会吸引更多的潜在卖家接入平台 B，另一方面会使消费者也对接入平台 B 增加相应的偏好。

在这两类信号的作用下，平台 B 的相对竞争优势会较平台 A 所有提升，按照上述逻辑，平台 A 则会在平台 B 激发上述两种信号前就开始对其进行收购的动作。但是，目前很多国家和地区的反垄断监管部门对平台经济的并购依旧具有比较明显的差异化，不同机构对平台经济领域中的经营者集中态度不尽相同。如果监管部门对于平台 A 和平台 B 的合并具有较严格的监管态度，则平台 A 对平台 B 的收购并不会在短期平稳地完成，使得两家平台之间的竞争在长时间持续下去，也会使平台 A 处于一种长期用户流失的趋势。但是在另一方面，如果监管部门对于平台 A 和平台 B 的合并具有比较宽松的监管态度，或者，相关领域的经营者集中的强度和时间处于一种可预期、可控、可评估的环境，当平台 B 强势进入市场后，便可以预期到其被平台 A 短期收购的结果。在这种情况下，初始在平台 A 上的卖家则会显著降低其转移的动机。其背后的逻辑是，当卖家承担了转移成本从平台 A 转移至平台 B，而在后续的一段时间内，平台 B 又一次被平台 A 收购，使原先转移的卖家依旧归属至平台 A，其所承担的转移成本的相当一部分将会成为沉没成本。若卖家呈现理性状态，则能够比较准确地预期到这种收购趋势，而动态地改变其向平台 B 流动的决策。因此，我们可以将影响卖家向平台 B 流动的动机做以下总结，如表 8-1 所示。

表 8-1　卖方转移动机

卖方决策	平台 A 质量	平台 B 质量	转移成本高	监管严格
停留在平台 A	（+）	（−）	（+）	（−）
转移至平台 B	（−）	（+）	（−）	（+）

从收购方的视角来看，当卖方的转移动机越强时，其收购平台 B 的难度越高，我们可以以收购价格作为权衡标准，令平台 A 收购平台 B 后产生的共同利润为Ⅱ，它们关于收购进行谈判，谈判存在成功和失败两种可能，当谈判成功时，两家平台从合并中能够收获的利润分别为π_A 和π_B；当谈判失败时，两家平台的利润分别为π_A^0 和π_B^0，假设两家平台的谈判过程为一般化的纳什议价，平台 A 和平台 B 的谈判力量分别为 $\gamma\in$（0，1）和 $1-\gamma$，则谈判所形成的最优化问题可以表示为：

$$\max_{\pi_A,\pi_B}\Omega\ (\pi_A,\ \pi_B)\ =(\pi_A-\pi_A^0)^{\gamma}(\pi_B-\pi_B^0)^{1-\gamma} \tag{8.1}$$

$$s.t.:\pi_A+\pi_B=\prod \tag{8.2}$$

将约束条件（8.2）代入目标函数（8.1）中可以求解最优的谈判分成，分别为

$$\pi_A^*=\gamma\prod+(1-\gamma)\pi_A^0-\gamma\pi_B^0;$$

$$\pi_B^*=(1-\gamma)\prod-(1-\gamma)\pi_A^0+\gamma\pi_B^0 \tag{8.3}$$

当平台A在收购中可以获得较好的收益时，意味着平台A在收购过程中可以获得较低的收购价格，较低的收购价格反映出平台A在收购前能够具有相较于被收购方更加突出的竞争力。具体而言，当平台A的竞争力较强时，反映在平台A相较于平台B而言具有较高的业务质量。例如，平台A的价格策略比平台B更具有竞争力，或者平台A能够更好地运用多市场布局来捕捉买卖双方，使平台A即便没有实现对平台B的收购，也可以获得较高的利润，即π_A^0较高。平台B的相对竞争力主要体现在其主营业务质量上，类似于平台A，当其主营业务质量较低时，卖家的转移成本较高，弱化了卖家转移的动机，换言之，此时即便平台B没有被平台A收购，平台B在市场中的相对竞争力也比较弱，即π_B^0比较小，降低了平台B被收购时的价格。

除此之外，作为一个主要的外生条件，两家平台所处的市场中的反垄断监管部门对于平台经营者集中的监管越严格，平台A收购平台B的平滑程度越弱，两者处于竞争的状态则越长，在平台B具有一定竞争力并能够具有一定吸引买卖双方的能力时，平台A谈判失败的成本就会越高。长期的竞争状态使卖家转移至平台B的成本越低，增加了卖家向平台B转移的动机。从表面来看，监管部门的监管强度和审查力度越严格，就越有可能抑制平台A在平台B刚进入市场后对其进行收购的情况发生，保持长期竞争的状态，就越有可能增加平台A的初始用户向平台B转移的趋势，使得两家平台在一个更加平衡的市场力量下展开竞争。

上述现象的进一步逻辑是，反垄断监管部门的监管和审查强度对平台A收购平台B的动机并不一定存在直接的抑制效果，平台A的决策主要取决于收购带来的成本和竞争产生的成本之间的比较。当前者低于后者时，平台A依旧会通过收购的手段来扼杀市场中的初创企业，与此同时，为了平抑在收购过程中由于谈判条件弱化而承担的成本，平台A会在收购前的过程中展开较为“激进”的竞争策略。例如，平台A会通过强化多市场布局、增加消费

者补贴、降低卖家接入费用等稳固其平台的用户体量，降低平台 B 的市场竞争力，即平台 A 会通过自身能够掌控的竞争策略来降低π_B^0。当平台 B 的相对竞争力明显被抑制时，平台 B 未被收购的成本则增加，提高了其被收购的动机，使其进入到了一种与平台 A 的协同状态，即平台 B 不会长期与平台 A 继续展开激烈的竞争。而此时，平台 A 则更加具有在市场中竞争的主导力量，它可以通过持续的竞争策略使平台 B 的交易规模萎缩，进而将后者挤出市场，也可以通过低价格收购的方式，控制平台 B，并获取平台 B 在经营中可以实现互补的必要设施，完善其自身经营能力。因此，在猎杀式并购的过程中，我们需要关注的不仅在于收购方和被收购方的核心竞争力，还需要清晰地考量反垄断监管部门在整个收购过程中的监管和审案强度，以及平台内的卖家对监管强度的预期。换言之，在猎杀式并购的过程中，平台内经营者的预期和动作在平台的竞争力与收购谈判下的价格发挥着十分重要的作用。

第九章 平台经济中的垄断协议行为

平台经济市场的运行特点和平台经济经营者的特征使平台经济中的若干垄断行为的表现与其在传统经济中发生了很大改变，这也使传统经济下的反垄断规制方法在平台经济市场中面临了一定的适用难题。垄断行为的差异主要来自平台经济中生产要素的变化和平台经济市场模式的改变，例如，“大数据”杀熟、“二选一”等垄断行为，虽然能够将其归纳为垄断中的差别待遇行为和限定交易行为，但其背后的运行特征和传统经济中却不尽相同。具体而言，“大数据”杀熟下，平台经济经营者可以运用海量的数据识别消费者的差异化特征，并基于平台经济市场中的高度信息不对称，对具有不同特征的消费者进行差异化的定价或制定其他非价格的交易条件；“二选一”虽然可以被视为是传统的限定交易行为，但是“二选一”在平台化经营下涉及的群体更加广泛，而“二选一”行为可以使平台经营者通过对一端用户的控制形成市场杠杆，对另外一端或几端用户实现控制。

平台经济与传统经济经营模式的差别使我们更加关注平台经济下的垄断行为，包括其产生的风险和潜在的损害，虽然目前对于平台经济的垄断行为识别和相关的执法已经进入了比较广泛的实践，但是针对平台经济特征下垄断行为相较于传统经济的特殊性，并没有进行一个较为明确的梳理，本章将从垄断协议行为方面展开讨论，围绕平台经济市场的特征，着重关注垄断协议行为在平台经济市场可能出现的不同于传统经济的表现形式和规制方案。

第一节 垄断协议行为的理论基础和构成要件

1. 垄断协议行为的理论基础

垄断协议，这里特指横向垄断协议，是在同一个相关市场中，两个或更多的经营者通过合同、决议或默契等形式，共同决定产品或服务的价格的行为，经营者的一致性有时也可以体现在产量、技术标准、销售地区、销售对象等方面，但最终都会体现在经营者通过协同来排除或限制相关市场内的竞争。在经济学视角下，与垄断协议行为较为接近表述的是“囚徒困境”问题。囚徒困境主要讨论了在一个静态博弈中，两个“囚徒”（如两个相互竞争的经营者）之间的竞争策略。如表 9-1 所示，囚徒 A 和囚徒 B 进行博弈的关键点在于两者在进行决策前不能交流，因此，两者只能基于对对方（即竞争对手）的预期来做出判断。对于任意一名囚徒来讲，无论对方选择哪种策略，最优的方案是招认。例如，对方选择招认时，己方选择同样策略的成本较低，当对方选择不招认时，己方选择招认的成本更低，换言之，招认这一选择是任意一名囚徒的占优策略。

表 9-1　囚徒困境

		囚徒 B	
囚徒 A		招认	不招认
	招认	−8，−8	0，−10
	不招认	−10，0	−0.5，−0.5

在上述囚徒困境的博弈中，两名囚徒的策略展现出他们始终处于一种对抗的状态，将两名囚徒视为市场中的竞争者。但是，从表 9-1 的数据来看，策略中的（招认，招认）对于两者虽然是最优的选择，但对于他们共同收益来讲并不是最佳的，两者之所以会选择招认，是因为他们并不能够确认在自己选择不招认时对方是否也会协同性地选择不招认，换言之，两者之间由于在决策时不能进行沟通，使得两者需要对对方的不协同进行理性预期，引致所有囚徒的选择都一致于招认这个策略。

但是，如果两名囚徒在决策前可以进行充分的沟通，两者都会意识到选择不招认能够为他们带来更大的收益，推动两人进行一种一致性的协同行为。当我们将囚徒困境的博弈转移至市场竞争中，则这种协同行为可以被认为是一种垄断协议行为。因此，垄断协议行为的基础在于该行为是否能够同时为协议的参与者带来相较于竞争时更高的收益，同时，参与者在进行决策前进行了充分沟通，使垄断协议能够在一定时期内进行下去。

上述囚徒困境的描述仅对垄断协议的一个构成基础做出了简要的说明，

但我们可以明确，真正的市场竞争并不会像囚徒困境的状态一样简单。首先，市场并不一定是类似于表 9－1 呈现的双寡头垄断结构，真实的市场结构更加复杂多样，就使得经营者之间的垄断协议构成条件变得复杂。同时，经营者之间的垄断协议对市场中的竞争破坏程度也趋于差异化，对其他经营者的损害程度也不尽相同。其次，是否所有市场中的经营者都具有一种建立卡特尔的动机，不同类型的产品和服务在市场中产生的竞争程度不同，也导致了经营者在竞争中受到的压力并不相同，进一步使他们建立卡特尔的动机产生偏差。最后，卡特尔在这些经营者之间是否会一直持续下去，即便在反垄断执法部门缺位的情况下，卡特尔也并不一定会持续进行，产生这种扭曲的动机和经营者的特征具有怎样的关联，上述这些情况在传统经济市场中都能够给出一个比较充分的回应，在平台经济市场中，对应的情况虽会存在，但是受到的影响因素也随着平台经济的特点而发生改变，本节将对这些特征进行具体分析。

2. 垄断协议行为的构成要件

从市场结构角度来看，表 9－1 的囚徒困境直接定义了一个双寡头垄断的市场，经营者之间的垄断协议可以直接构成一个垄断者，从竞争者（即市场中规则的影响者）到垄断者（即市场中规则的制定者）的转变，使所有的经营者都能够参与制定市场的规则，从而获得更高的利润，这一点直接成为经营者参与垄断协议的根本动机。但是，在真实的市场中，市场结构更加复杂，而双寡头垄断并不充分地存在于现实的市场中，当市场的集中度逐渐降低时，经营者的市场份额和市场势力也随之降低，少数经营者构成卡特尔后的市场力量如果不能够达到影响市场规则的效果（例如对价格、产量、技术标准等因素的控制），则这种类型的卡特尔则不会显著地构成破坏市场竞争的危害。因此，经营者构成具有破坏能力的卡特尔的主要前提条件是这些经营者在相关市场中已经具有了相当程度的市场势力，其具体反映在经营者的市场份额、财力、其他经营者对其依赖程度等方面。不难发现，具有破坏竞争的卡特尔通常发生在集中较高的市场中，且发生在那些市场中的头部企业间。

从产品特征的角度来看，通常产品差异化是经营者在市场竞争中获得相对竞争力的主要来源，具有比较明显差异化的产品的销售者会使买方在多个产品间的选择中承担较高的转移成本，这种转移成本可以有助于增加消费者对特定产品的黏性，从而形成稳固经营者市场份额的力量。因此，从上述直觉的角度出发，具有比较明显差异化产品的卖家间并不会形成十分显著的合谋动机，即便经营者均具有较大的市场份额和市场势力，产品差异化给他们之间的竞争并不会带来很大的竞争压力，即经营者在竞争中承担的成本随着差异化程度的增加而降低，使经营者处于一种稳定的竞争状态。为进一步验证上述逻辑，设定一个双寡头垄断市场，公司 1 和公司 2 销售差异化的产品，他们的需求函数可以表示为：

$$Q_1(p_1, p_2) = a - p_1 + b p_2; \; Q_2(p_1, p_2) = a - p_2 + b p_1 \tag{9.1}$$

其中，每个产品的自价格弹性对于两家公司而言均相同，$b>0$ 反映两类产品之间的替代关系，b 越大说明两种产品的替代关系则越强，即一家公司的涨价会使大量消费者转移，增加其竞争对手的市场份额。将两家公司的成本简化为零，公司 i，$i=1$，2 的利润函数可以表示为：

$$\pi_i \equiv \prod\nolimits_i (p_i, p_{-i}) = p_i \cdot Q_i(p_i, p_{-i}) \tag{9.2}$$

两家公司竞争时的均衡价格来自于他们的利润最大化条件$\frac{\partial \pi_1}{\partial p_1}=0$ 和$\frac{\partial \pi_2}{\partial p_2}=0$ 同时成立，即

$$p_1^C = p_2^C = \frac{a}{2-b} \tag{9.3}$$

将公式（9.3）中的均衡价格代入公式（9.2）可以得到两家公司在竞争状态下的均衡利润：

$$\pi_1^C = \pi_2^C = \frac{a^2}{(2-b)^2} \tag{9.4}$$

若两家公司建立卡特尔并共同制定价格，则卡特尔的利润函数为：

$$\pi \equiv \prod (p_1, p_2) = p_1 \cdot Q_1(p_1, p_2) + p_2 \cdot Q_2(p_1, p_2) \tag{9.5}$$

此时，卡特尔的均衡价格来自以卡特尔为唯一的定价主体进行的利润最大化行为，即$\frac{\partial \pi}{\partial p_1}=0$ 和$\frac{\partial \pi}{\partial p_2}=0$，卡特尔的均衡价格为：

$$p_1^M = p_2^M = \frac{a}{2\ (1-b)} \tag{9.6}$$

通过比较公式（9.3）和公式（9.6）的价格，我们可以发现，卡特尔的市场价格相较于竞争状态下的市场价格显著提高，即$p^M > p^C$，这个价格的提升是来自垄断协议直接消除了市场中的竞争，卡特尔的定价是以垄断状态进行，在缺少竞争压力的情况下，卡特尔的协同定价会相比于竞争状态有所提高。

将均衡价格（9.6）代入公式（9.5）中，可以得到卡特尔的均衡利润为：

$$\pi^M = \frac{a^2}{4\ (1-b)} \tag{9.7}$$

这个利润是卡特尔的参与者形成的共同利润，若两家经营者之间的谈判力量没有差异，则他们将平分共同利润，即每一个参与者的利润为$\pi^M/2$。若经营者有参与卡特尔的动机，则条件$\frac{\pi^M}{2} > \pi^C$ 满足，上述不等式满足要求了以下条件：$b > -2 + 2\sqrt{2}$。这个条件说明了，当两家经营者的产品相互替代关系较强时，他们才有动机形成卡特尔并获得较高的利润。如果 b 并未达到上述条件中给出的关键值，则说明了两家经营者的产品间仍具有比较明显的差异化，经营者可以通过差异化在竞争中获得较高的利润，降低了他们之间形成垄断协议的动机。

从卡特尔的稳定性来看，两家公司在一个较长时期进行合谋的动机在于他们对短期（合谋）利润和长期（竞争）利润之间的权衡。反观表 9 - 1 中的数据，在两家经营者进行合谋的情况下，一家经营者选择了“背叛”，即从“不招认”瞬时转为“招认”，则该经营者会获得较合作时更高的利润。但是，这种高利润并不是长期存在，由于两家经营者处于一种合作博弈状态，当这种合作状态被打破，则两者会继续进行之前的博弈。在这种博弈下，两家经营者获得的利润则是竞争状态下的利润。因此，卡特尔的稳定性来自卡特尔持续过程中为参与者带来的总利润和瞬时背叛产生的短期收益之间的比较。若（至少一个）经营者处于较为短视的情况，其将更加关注于瞬时背叛为其带来的收益提升，使卡特尔的维持变得十分不稳定。作为一个延伸，反垄断执法部门对卡特尔的处罚程度也可以作为调节其建立和稳定性的一个重要指标，当反垄断执法部门对卡特尔的处罚程度十分高时，意味着建立卡特尔的机会成本提升，即便卡特尔会为成员带来较高的收益，十分高的处罚额也会稀释成员的合谋利润，降低成员建立和维持卡特尔的动机。

第二节　平台经济中的垄断协议行为

一般情况下，平台经济中的产品或服务同质性较强，这是由于平台经济下的主要有型产品大多都是独立于平台的第三方提供的，这些产品的差异化程度并不高。此外，平台经济经营者所提供的服务大多都是基于信息和技术所形成的撮合服务，例如，即时通讯、外卖订餐等，这些服务的流程性直接导致了他们的同质性较强。但是，即便在这种情况下，从平台用户的视角来看，平台经济中的经营者差异化依旧十分明显，这主要是由于平台经济中的经营者差异性并不单纯地体现在他们为用户提供的产品和服务，更重要的是，用户在平台上不同的体验度。例如，前章所探讨的多市场布局就是平台经济经营者在同质化产品和服务环境中的差异化策略，这种策略使用户在面对同质化商品时依旧可以感受到平台为其提供的不同于其他平台的消费者感受，如用户可以在接受一种服务时同时接收到其他相关商品的信息，增加了消费者在特定平台的感知程度，同时也增加了消费者在转移到其他平台时的成本。基于上述逻辑，平台经济经营者在这种差异化的环境下并不会产生较大的合谋动机。其可能的原因是，经营者来自差异化而生成的市场力量使其不会受到过多的竞争压力而带来利润降低。

然而，我们需要进一步明确的是，平台经济中影响经营者竞争程度和盈利的路径并不单纯地在于他们在产品和服务市场中的差异化程度，同时来自他们在要素市场的差异化。本文前章已经对平台经济的要素市场进行了较为深入地探讨，平台经济的要素高度涉及了数据要素，几乎所有的在产业前端（如产业数字化）的经营者都需要海量的数据来完成其经营，因此平台经济经营者之间的竞争会十分激烈地发生在要素市场。而作为信息的载体，数据要素对不同的经营者而言具有较强的同质性，而经营者关于数据的竞争大多在争夺用户流量和用户流量封禁上，这种关于数据要素的边界设定导致经营者在运用数据的过程中受到较为明显的限制，降低了相对竞争力，抑制了商业利润的生成。在这种情况下，经营者则产生了例如上一节所探讨的建立并实施垄断协议的动机。

平台经济经营者关于数据的垄断协议大多是发生在要素市场上，通过对数据的交换而获得更多用户的信息。这里我们需要明确的是，这种关于数据的垄断协议并不一定是为了突出经营者生产经营效率，而是当多归属特征的消费者在不同场景内活动时，平台对这些用户所产生的信息进一步收集，并基于整合的信息实施的垄断行为。具体而言，消费者的各个消费场景和全部消费活动并不一定仅发生在一个平台上，在他们多归属的特征下，消费者很有可能在多个平台完成其一系列的消费流程。通常情况下，同一个消费者在其他平台的消费信息是该平台以外的经营者无法观察到的，使消费者在特定平台上的相关信息具有比较明确的流动边界，一个特定的平台无法捕捉到多归属的消费者在各个消费场景下的消费特征。因此，即便是同一个消费者，其所产生的要素价值也不会仅被一个平台经营者所获取。此外，不同的平台经营者获得的同一个消费者的数据价值不尽相同，使他们在要素市场中的相对竞争力也出现了差异。而经营者之间关于同一个消费者的数据进行的垄断协议，使经营者的业务虽然仅涉及消费者的某一个消费场景，但能够通过其他经营者的数据"合作"来对这一个特定消费者进行画像。同样地，在这种数据垄断协议下，市场中参与卡特尔的其他经营者也可以获得消费者的信息。因此不难发现，虽然平台基于卡特尔的协同发生在数据要素市场，但是他们可以运用在协议中几乎相同的数据要素对消费者进行关于价格等交易条件的协同行为。这种协同行为可以是对消费者福利的剥削，例如差别待遇行为。此外，平台也可以利用他们所共有的数据要素的优势对市场中其他经营者实施排挤，或对那些潜在的经营者实施进入市场的扼制，以同时达到排除和限制竞争的目的。

在评估平台经济领域中市场支配地位的要件方面，市场份额已经不再是单一的评判标准。例如，在平台经济市场中，具有较大活跃用户体量、活跃商户体量、订单量和营业额等标注都可以成为判定一个平台经营者市场支配地位的标准。除此之外，其他经营者对该平台的依赖程度，以及该平台对技术和数据的控制与使用力量，都可以成为判断该平台经营者市场支配地位的辅助标准。如上文所述，平台经济经营者在垄断协议下更加希望可以获得一种协调性的数据控制能力，从而强化其控制其他经营者和消费者的能力，进一步巩固其在相关市场内的支配地位。这一项内容的核心在于，以数据协同为关键因素的垄断协议所产生的市场损害是否会受到市场结构的显著制约。在传统经济领域的分析中我们不难发现，当合谋的经营者所组成的市场体量不能够达到干扰市场规则的标准时，这些经营者的垄断协议并不会对市场产生显著的损害。虽然垄断协议行为在很多反垄断法中是严格禁止的，例如在《谢尔曼法》中，垄断行为是本身违法的行为，但是，从损害社会公共利益角度出发，市场体量很小以至于无法对市场规则产生明显影响的经营者之间进行的合谋行为并不会产生明显的经济损害。

反观平台经济，这个公共利益的标准依旧存在，但是我们对进行合谋的经营者的体量还需要进行进一步细致地厘清。因为平台经济经营者所产生的损害并不会仅来自其“可视的”市场份额，还在于他们能够运用数据的能力以及运用数据后的行为对整个社会经济产生的影响。因此，在平台经济中，我们对经营者垄断行为的评判，尤其是对垄断行为所产生的损害的评估应当将卡特尔对数据的控制和使用能力纳入考量。当经营者对数据的控制和使用能力十分强时，即便他们从活跃用户量、交易额、订单量等方面并未构成显著的市场支配地位，我们也可以认定其垄断协议行为产生了对社会经济（即公共利益）的明显破坏。

再次，上文提到垄断协议行为的稳定性受到了经营者的合谋收益与相对应的成本的影响。卡特尔成员的收益来自他们在卡特尔共同利润中的分配，在传统经济中，这种共同利润比较容易评估，卡特尔成员在面对共同的消费者市场中，通过协同行为而产生的利润增进，在内部的分配机制基础上进行分配。此外，在传统经济中，消费者市场的边界比较明确，而且消费者的购买决策具有一定的互斥性，即在短期消费者与一个经营者进行交易时，其他经营者的市场则无法将这名消费者包含在内。但是，在平台经济中，这种效果将发生比较明显的改变，这是由于平台经济经营者大多以消费者的数据和流量贡献来判断自身的预期收益，而并非来自消费者的接入规模。倘若对于一个平台而言，有大量的用户接入，但用户在平台上并不活跃，此时，接入的用户并不能为平台带来大规模的流量和相对的交易规模，也就不会为平台产生明显的收益。因此，平台经济中的卡特尔更加倾向于是一个由用户流量组成的经营者集团，这个经营者集团所产生的共同利润在卡特尔参与者中是可以进行部分共享的，这种共享是由数据在使用中非竞争的特征所主导的，使卡特尔内部的经营者在利润分配中的互斥性将大幅度降低。实施垄断协议时的经营者收益在共同利润可以部分共享的情况下实现提升，也就增加了经营者停留在卡特尔内部的动机，形成了卡特尔稳定的一个基础。

同时，卡特尔成员在维持卡特尔过程中的成本主要来源于两个方面，其一是退出卡特尔后进入到竞争状态下其利润相较于垄断协议下的利润的降低量，其二是反垄断执法部门对垄断协议行为的处罚额度。首先，平台经济的垄断协议可能发生在市场的前端，例如价格、销售量、其他交易条件等；也可以发生在市场的后端，例如数据和技术，无论在哪种情况下，对于平台经济经营者而言，退出卡特尔都可能会产生相较于传统经济更大的损失。这主要是因为在前端和合谋行为会使经营者在退出卡特尔时由于面临了更大程度的竞争而产生盈利压力，同时，失去了卡特尔为其供应可以在更大范围内进行共享的数据，使其在生产资料领域产生较大的约束，上述两种情况都会对经营者退出卡特尔产生较大的成本。其次，来自反垄断执法部门的处罚是一种事后行为，它是基于垄断行为被充分识别后而发生的，对于传统经济中的垄断行为识别大多具有一个比较成熟的手段和方法，但是平台经济中的垄断行为，尤其是发生在市场后端关于数据的垄断行为的识别通常比较困难，因为它并不能展现出一种在公众领域可以观察到的信号来识别经营者的行为一致性，而是以一种更加隐蔽的状态存在，而其形成的具体损失在短期也并不一定可以充分识别出来，这便导致了即便事后处罚的额度可以存在并进行大规模提升，也无法对经营者的潜在的垄断行为进行有效地威慑。在技术面纱的"笼罩"下，平台经济经营者的垄断行为更加隐蔽而复杂，使反垄断执法部门对垄断行为处罚额度的设定趋于无效，进一步降低了经营者的合谋成本，从成本侧强化了经营者稳固卡特尔的能力。

在目前的平台经济中比较具有尝试价值的规制卡特尔的路径是，可以通过强化"举报者机制"来弱化卡特尔的内部稳定性。卡特尔内部的举报机制对于卡特尔的参与者而言产生双重的效果。首先，举报者机制使卡特尔成员内部的沟通虽然充分但是增加了不可信承诺的色彩，卡特尔的参与者可以通过口头协议或意思联络来表达加入垄断协议的决定，但是其依旧可以通过举报其他参与者来逃脱加入卡特尔的处罚所产生的成本，因此，上述加入卡特尔的主张对于整个卡特尔而言并不具有可信度。其次，卡特尔内部会基于这种举报者机制形成一种不合作的协同，即在卡特尔内部所有的参与者依旧进行着一种博弈，这种博弈不同于在市场中的竞争下的博弈，而是一种处于竞争与合作之间的动态均衡，而这种均衡会在所有参与者都可能会瞬时进行举报的可能性下趋于一种非合作的状态。具体而言，当参与者可以预期其他的参与者都会产生举报的动机和实际行为时，这个参与者也会协调性地产生举报的动机，使参与者之间的相互合作变得十分不稳定。虽然举报者机制并不一定会在卡特尔成员内部实际发生，但是该机制的存在则增加了卡特尔参与者不信任程度，即便相互之间可以在决策前进行充分沟通，但是沟通的有效性和价值性大幅度降低，增加了卡特尔持续下去的成本，同时也弱化了卡特尔的稳定性。

第三节　算法合谋

算法合谋是 Ezrachi 和 Stucke（2017）首次提出的一个概念，它指的是由机器代理人类参与反竞争合谋的行为，计算机和算法接管了市场参与者角色并不同程度地促成了合谋。① 这个关于算法合谋的概念类似于一个广义的概念，从一个更加狭义的视角出发，算法合谋中的计算机和算法应独立于交易的参与者而自主完成合谋。从算法合谋的种类来看，其可以被划分为显性算法合谋和默契算法合谋，前者的主体是经营者，经营者将算法作为一种工具来实现合谋的目标；后者的主体是计算机和算法，是在市场中的经营者并无明确的合谋协议的情况下，计算机通过算法直接参与市场活动并达成合谋的结果。围绕上述两种分类，可以将算法合谋归纳为信使、轴幅、预设代理、自主达成四个应用场景，其中信使和轴幅两种行为目前可以找到比较明确的法律依据，而后两种应用场景目前因为并未能找到充分的行为证据和法律依据，因此对于其违法的判断还处于探索阶段。

信使类算法合谋更加趋近于一种显性合谋行为，它的主体是经营者本身，经营者首先预设出一个目标来达到合谋，算法则是经营者实现这个目标的手段和主要路径。因此，信使类合谋更加类似于传统的合谋模式，只不过在嵌入算法的场景下，实现合谋的协议或意思联络将更加隐蔽且合谋的成本将更加低廉。经营者之间关于合谋的沟通将更加依赖于以技术为主体的算法，算法可以将合谋的方案和手段以更高效、更隐蔽、更低成本的形式传递给合谋的参与者。

轴幅类算法合谋主要涉及了合谋的主体在横向市场和纵向市场之间的联络，通过横向市场中各个经营者与共同的上游或下游经营者之间的互动，由

① Ezrachi，A.，Stucke M. E.，Artificial Intelligence & Collusion：When Computers Inhibit Competition [J]，University of Illinois Law Review，2017（5）：1775—1810.

具有共同信息的经营者在所有参与者都知晓的协议和规则下进行的一致行动，而这种一致行动大多是依据算法而完成的。例如美国“Topkins 公司案”，该案被告 Topkins 是 A 公司的管理人员，他与 A 公司的竞争对手签署了一份持续性的垄断协议，约定他们共同维持在亚马逊平台上海报销售的价格，这个垄断协议从运行机制和实现方法上与传统的垄断协议一致。但是本案的特点在于，为了执行和维持这项协议，Topkins 撰写了用于定价的计算机算法，这个算法能够搜集亚马逊平台上出售海报的价格信息，并运用算法中预设的规则确保卡特尔内部可以及时地协调价格。为使本章内的结构逻辑保持一致性，本节主要探讨在一个相关市场内可能产生的算法合谋，即信使类算法合谋，轴幅类算法合谋将在纵向垄断协议一节进行讨论。

如上文所述，影响经营者合谋动机的主要因素在于以下两个方面。第一，合谋给经营者带来的收益以及经营者组织和维持卡特尔所承担的成本。从收益角度来看，经营者通过算法进行的合谋协调成本较低，相较于传统经济中的合谋，算法合谋使参与者无需面对更多的在卡特尔内部进行协调的过程，很多关于价格、产量、技术标准等方面的一致行为都可以通过预设的算法来解决。第二，在卡特尔运行的过程中，针对不同的市场变化，算法都可以以一个比较准确的方式，为卡特尔提供较为优化的解决方案，并使卡特尔内部的经营者做出一致性的回应。

上述两个特征可以解释算法合谋相较于传统的合谋在收益侧的优势，也同时可以被视为是算法合谋与传统合谋的不同点。具体而言，其一是算法合谋具有开发过程上的优势。开发过程指的是经营者在产生合谋动机后，通过不断地协商和设定协议，以及同时接受协议而承担的成本，这种成本大多来自卡特尔的参与者关于某一个特定的协议进行的谈判和议价。算法合谋通过一种外生且较为客观的标准和规则来制定协议，这种协议对于卡特尔的参与者来讲都是一个趋于最优的状态。其二是算法合谋具有执行过程上的优势。在市场竞争过程中，经营者通常都处于一个动态的博弈状态，即经营者在观察到竞争对手的行动之后，随即进行的动态反应。在合谋的情况下，如果参与者并不占据极高的市场份额，则他们会将卡特尔以外的经营者的行动作为其下一阶段的行动指南和策略标准，对于竞争对手的行动，算法往往可以给出一个符合整个卡特尔的反应策略，使卡特尔所有成员的收益达到最优。因此，在上述两个优势下，具有一定算法基础和算法执行能力的经营者都会因算法合谋带来的较高收益而产生合谋的动机。

在算法合谋的稳定度上来看，算法合谋可以比较显著地改变由于特定的贴现率对卡特尔维持时间的影响。例如 Levenstein 和 Suslow（2011）提出，在一个长期的动态竞争中，如果对于经营者而言贴现率较高的话，便意味着远期收益在经营者长期利润中占有了较高的比重，即便背叛卡特尔可以产生瞬时的收益，经营者也不会显著提高退出卡特尔的动机。① 从外生变量的角度出发，影响这种贴现率而进一步影响卡特尔稳定性的因素可以包括：卡特尔内部和外部的收益差、卡特尔维持过程中的成本、退出卡特尔时的短期收益等。为了考察算法合谋对卡特尔稳定性的影响，我们可以首先设定一个经营者在卡特尔中的利润为π_M，而竞争情况下的利润为π_C，当这个经营者退出卡特尔后，他能够在短期获得的利润为π_Q。短期利润刻画了经营者退出卡特尔的那个时期能够获得的暂时性利润，由于该经营者的退出，卡特尔与他的互动状态将从“合作”转变为“竞争”。在长期，退出卡特尔的经营者不会获得π_Q 的利润，而是转变为π_C 的利润，因此π_Q 被定义为是经营者退出卡特尔那个时期的短期利润。此外，定义跨时期的贴现率为 $\delta\in(0,1)$，当 δ 越靠近于 1，说明远期的收益对经营者获得的跨时期利润更加重要。此外，关于上述三个利润，我们假设以下排序：$\pi_Q>\pi_M>\pi_C$，说明了在一定程度上，退出卡特尔对于经营者而言是有利可图的，使经营者产生了退出卡特尔而获得较高收益的可能性。同时说明了，竞争往往给经营者带来更多的压力，且不能像在卡特尔内部一样与原先的竞争对手针对同一个市场进行协同行为，因此，经营者在竞争情况下的利润水平最低。我们可以考虑以下两种情况，情况 1：经营者继续停留在卡特尔内部；情况 2：经营者在卡特尔持续的某一个时期退出卡特尔，令经营者在两种情况中的利润分别为π_1 和π_2，则有：

$$\pi_1=\pi_M+\delta\pi_M+\delta^2\pi_M+\cdots=\frac{\pi_M}{1-\delta} \tag{9.8}$$

和

$$\pi_2=\pi_Q+\delta\pi_C+\delta^2\pi_C+\cdots=\pi_Q+\frac{\delta\pi_C}{1-\delta} \tag{9.9}$$

聚焦公式（9.9）的第一项，其描述了在经营者退出卡特尔那一个时期的收

① Levenstein, M.C. , Suslow, V.Y. Breaking Up is Hard To Do: Determinants of Cartel Duration [J], Journal of Law and Economics, 2011, 54 (2): 455－492.

益，由于在退出卡特尔之前，经营者在两种情况下的每个时期利润均为π_M，因此经营者在退出卡特尔之前的利润在公式（9.8）和（9.9）中一致，这里可以不做考虑。进一步地，当经营者产生退出卡特尔的动机时，他的跨时期利润应满足$\pi_1 < \pi_2$ 这个条件，即

$$\delta < \tilde{\delta} = \frac{\pi_Q - \pi_M}{\pi_Q - \pi_C} \tag{9.10}$$

公式（9.10）中的条件说明了，对于经营者而言，当贴现率较低，参与合谋获得的远期收益对经营者跨时期收益的整体贡献程度不高，使得经营者有动机在某一个较早的时期退出卡特尔。一方面，退出卡特尔时获得的收益π_Q 能够充分地补偿其继续停留在卡特尔内部而获得的跨时期收益；另一方面，由于贴现率较低，经营者的远期收益对其长期合谋的利润贡献率不大，经营者即便在退出卡特尔后长期保持竞争状态并获得竞争收益π_C，他的整体收益也并不因退出卡特尔而面临较大的负向影响。

进一步地，我们通过公式（9.10）中的条件分析算法合谋下卡特尔的稳定性影响因素。算法在卡特尔中首要的功能是提高了合谋的收益，因此，若将算法所涉及的参数定义为 s，则有$\frac{\partial \pi_M}{\partial s} > 0$；此外，以算法为基础的卡特尔相对于卡特尔以外的经营者具有更加明显的竞争优势，这种竞争优势不同于传统经济中的卡特尔竞争优势，算法合谋形成的卡特尔更加以数据和技术为依托，能够在市场竞争中做出更加准确的回应，因此，在算法合谋下，卡特尔以外的经营者利润将随着算法的应用而降低，即$\frac{\partial \pi_C}{\partial s} < 0$。说明了，当算法渗透进经营者合谋的程度逐渐提升时，那些依旧停留在卡特尔内部的经营者不会因为个别经营者的退出而产生较大的冲击，反而，他们会因为算法在合谋中的成熟运用而对退出者进行更加强烈的在竞争层面的反击。

通过对（9.10）关于 s 进行比较静态分析不难发现，$\frac{\partial \tilde{\delta}}{\partial s} < 0$，说明了当算法运用程度逐渐提升时，条件 $\delta < \tilde{\delta}$ 更加难以成立，换言之，经营者退出卡特尔的动机将进一步减弱。产生这个现象的一个方面是来自参与卡特尔的收益随着算法的应用而提升；另一方面是经营者不参加卡特尔时的成本随着算法的应用而提升，即不参与卡特尔的机会成本增加。因此，当 $\tilde{\delta}$ 随着 s 的增加而降低时，条件（9.10）更加难以成立，换言之，经营者退出卡特尔的动机将

更弱。

在卡特尔稳定性层面，当经营者出现了退出卡特尔的动机并实施了实际退出的行为后，对卡特尔本身会产生两个主要的影响，第一，由于卡特尔的规模随着参与者的退出而缩小，使得卡特尔本身对抗市场竞争的能力弱化，导致其盈利能力降低。第二，其他停留在卡特尔内部的经营者会形成一种协同性，也会增加其退出的动机。这主要是由于，卡特尔是经营者通过协议的形式而形成的行为一致，进而达到构建共同市场势力并因此而实现更高盈利的目的。当某个或某些卡特尔成员退出卡特尔时，一方面将直接降低卡特尔对市场势力的“聚拢”，而使卡特尔本身的盈利能力弱化；另一方面经营者的退出行为会给卡特尔的内部成员释放一个信号：退出卡特尔将能够相对于停留在卡特尔内部获得更高的长期收益。因此，当有少量经营者退出卡特尔时，可能会导致卡特尔内部成员持续退出，降低卡特尔的稳定性。

然而，算法合谋基础上的卡特尔恰恰从增加卡特尔收益和降低维持卡特尔成本的角度抑制了参与者退出卡特尔的动机，相较于传统经济，这种方式下的卡特尔将更加稳定。结合上述关于公式（9.10）的分析，算法通过降低维持卡特尔的成本增加了经营者停留在卡特尔内部的长期收益，从竞争视角出发，算法能够帮助那些依旧停留在卡特尔内部的经营者快速且有效地应对个别经营者的退出行为，并以一种更加具有针对性的方案对其退出行为进行竞争上的回击。这个特征不仅提高了卡特尔整体应对市场结构变化的反应能力，同时也增加了经营者退出卡特尔的直接成本，换言之，他们将在退出卡特尔后面临更加严峻的竞争压力。从上述两个方面来看，在算法嵌入下的卡特尔能够更显著地提高经营者停留在卡特尔内部的收益，以及增加他们退出卡特尔的成本，进而强化了卡特尔的稳定性。

第四节　平台经济中的纵向垄断协议行为

经济学领域所讨论的纵向市场中的垄断协议大多关于转售价格维持（Resale-price maintenance，RPM），转售价格维持通常发生在一个并没有形成纵向一体化的市场结构中，即转售价格维持并不涉及市场结构的改变，而是处于上下游的交易相对人之间的价格协议行为。具体而言，具有较明显市场力量的经营者对自己（大多处于下游市场的）交易相对人进行一种具有强制性的定价机制，这种机制并不关于该经营者与交易相对人之间的价格，而是针对其交易相对人在转售过程中定价的强制性规定。由于转售价格维持在经营者的外生力量干预下，产生了某个市场内的价格扭曲，因此，这种行为通常被认为是一个具有较强市场势力的生产商穿透纵向市场层面，将市场势力传递到下游市场，并干扰下游市场竞争的一种垄断行为。

纵向市场通常存在于产品的生产者与消费者并不发生直接买卖关系的环境中，生产者并不直接将产品销售给消费者，而是通过销售渠道中的其他参与者（如零售商），将产品转售给消费者。在这个过程中，零售商并非扮演着一个单纯的转售者的角色，而是在这个过程中对产品流通、销售、使用环节融入相关服务。例如，零售商会在销售产品过程中加入售前的信息传递、售后的服务、售中的配套或附加服务等。对于零售商而言，虽然他们转售的产品本身具有同质性，但是他们所提供的服务质量和服务程度不尽相同，由此产品及其相关服务所形成的整体在消费者市场中产生了产品差异化。消费者在选择产品时，会同时考虑产品的价格和他们购买产品时能够接收到的服务，这两种因素对消费者而言是相互补充的，当一种要素给消费者带来的福利大于另一种要素的缺失而给消费者造成的福利下降，则消费者依旧具有对该产品进行购买的可能性。

进一步地，我们同时需要考察消费者对价格和服务的敏感程度，当消费者对某一个因素更加敏感时，则这个因素的变化便更加能够发挥零售商捕捉消费者的功能。例如，若消费者对价格更加敏感，控制其他条件不变，少量的价格变化会引起消费者的大幅度转移，即便零售商会调整服务提供程度和水平来改变这种转移，但是需要零售商付出的服务调整程度要远高于价格调整程度。这主要是由于相较于服务，消费者的需求对价格弹性更高。在转售价格维持实施的情境下，上游的生产商则控制了消费者所关注的一个关于产品的主要因素，即价格，此时，生产商通过价格协议使零售商几乎丧失了通过改变价格来影响消费者购买决策的能力，在这种情况下，零售商为了提高在零售市场中的相对竞争力，则会强化对产品相关服务的投入水平和服务质量。如上述逻辑，当消费者为价格导向消费者时，零售商通过改变服务水平来调整价格对消费者购买意愿的影响所产生的实际效果相对较小；反之，当消费者为服务导向的消费者时（即对服务更加敏感），零售商的服务提供对消费者购买意愿产生的影响则更加显著。此时，上游生产商的转售价格维持通过控制零售商的转售价格的效果则趋于失灵，这是由于，即便消费者所接受的价格被上游生产商所控制，但相对于价格而言，消费者更加注重产品的配套服务。因此，对价格的严格控制并不会显著地改变消费者对产品的购买决策，使转售价格维持所涉及的主要“工具”发挥功能逐渐弱化。

在另一方面，转售价格维持可以形成对提供服务的零售商的一种保护，消费者在购买产品前，通常都会进入一个产品购买前的学习阶段，即对产品的性能、特征、使用、售后等信息的了解过程，尤其是对于耐用品，消费者的学习动机更加明显。通常情况下，零售商销售的产品具有较明显的同质性，但与此同时，零售商关于产品所提供的服务程度却不尽相同，且大部分售前的服务都是以免费的形式出现的。消费者一般会选择那些提供更加丰富服务的零售商来获得免费的产品信息，但是，当消费者决定购买产品后，会自发地选择那些制定价格更低的零售商进行购买。与之相伴的，提供售前服务但没有实现实际销售的零售商所承担的服务成本则转变为了沉没成本，这反映出了那些价格低廉零售商的一种“搭便车”的行为。虽然“搭便车”一般只发生在零售环节中，并没有对上游生产商产生直接的效果，但是从长期视角来看，当零售商预期到消费者在获得产品信息后会自发地流向那些可以提供更低价格的零售商时，这些零售商则会产生减少服务投入动机，以降低潜在的成本。当这种行为广泛地存在于零售市场中，则会形成在零售市场关于产品配套服务的供给失灵，使零售商所转售的特定商品相对于其他商品缺少配套服务层面的竞争力，进而使该商品的市场占有率下降。而这一个结果是上游生产商希望规避的，因为当生产商不直接面对消费者的时候，其与竞争对手的主要竞争则发生在零售市场中。为了保证零售商在提供服务后能够获得预期的收益，上游生产商则会通过维持转售价格来控制零售商的制定价格的水平或区间，使消费者无法在众多零售商中感知到价格的差异性，以此来激发零售商通过投入必要的售前服务来获得零售市场中的相对竞争力。

在平台经济中，数字产品能够比较有效地通过互联网载体在消费者群体中高效传递，使平台经济中产品或服务的供给者可以比较高效且低成本地直接接触到消费者。除此之外，平台经济领域中的平台经营者所提供的“产品”往往是以一种“服务”的状态呈现在消费者面前的。例如电商平台所提供的产品是消费者和销售者所交易产品信息的撮合服务，因此，作为平台经济领域中交易的一个“中间商”便不再过多地涉及产品实体的流通，而更多的是关于产品信息的流通，使得平台经济中的转售环节并不明显，进而弱化甚至消除了平台经济经营者“零售商”的身份。即便在电子商务平台在初始的发展阶段被视为是一种线上零售商，但是究其根本，并没有展现过多的转售特征，因为电商平台并未将产品从卖家处以一个供货价格购买并以一个销售价格转售给消费者，而是通过撮合卖家和消费者之间的供需信息而使两者直接交易。从这个过程中我们不难发现，在电子商务平台上的交易通常只有一个价格，即平台内经营者给消费者制定的销售价格。虽然这个价格往往涵盖了平台经营者给平台内经营者所制定的接入费用或抽成费用，抑或是平台经营者为其附加服务（如配送、物流、保险等）所指定的费用，但是这个费用所产生的溢价通常不会发生在产品的转售环节和流通环节，一般都是产品或服务的提供者与消费者之间直接的交易而决定的。例如，平台的接入费用是平台和平台内经营者直接交易而产生的，不会随着平台内经营者销售产品的价格而显著发生变化。

但是，在平台经济市场中关于产品信息的流通路径可以形成一个类纵向市场的环境，在这种环境下，平台经营者与平台内经营者则会实现一种趋于价格协议的垄断行为。具体而言，经营者（通常是平台）使用相同或类似的算法确定市场价格或对市场形成一致性反应的轴幅协议（Hub & Spoke arrangements），这种轴幅协议来自纵向市场中关联了横向合谋的一种行为。这种违法行为包含但不限于是一种轴幅协议，因为“轴幅”特征并不是这种垄断协议的构成要件。根据我国《反垄断法》第十九条，经营者为其他经营者达成垄断协议进行组织或提供实质性帮助的行为，是上述关于平台经济领域垄断协议的重要体现。第一，平台内经营者具有了形成垄断协议的故意，这种故意可以是平台经营者组织构成的，也可以是平台内经营者为了获得商业利润而自发形成的；第二，平台经营者为了平台内经营者形成垄断协议而提供了实质性帮助，换言之，缺少了这种帮助，平台内经营者的垄断协议无法顺利形成。上述两个特征说明了，在这种组织帮助类卡特尔中，纵向形式并不重要，关键的是在平台经济领域中，组织和提供帮助的主体与实际形成卡特尔的主体并不一定处于一个市场平面。换言之，即便平台与平台内经营者从产品的实体流通方面而言并不处于一个严格的纵向市场中，但是由于产品信息的纵向流动，使此类组织帮助类卡特尔更具有一种纵向垄断协议形态，即便这种卡特尔的最终体现形式大多是以横向垄断协议出现的。因此，在进行相关分析时，我们可以初步将平台与平台内经营者之间的协议视为是一种纵向协议，同时，在平台的组织帮助下，平台内经营者之间的协议可以被视为是一种横向协议。

如图 9 - 1 所示，平台虽然没有十分明显的转售功能，但是他可以作为平台内经营者（1 至 N）与消费者之间的信息中介。即便平台与平台内经营者之间并没有直接的供给和转售的交易关系，但是，两者之间存在一种关于消费者的需求信息的交换协议。在常规消费场景下，这种协议为平台内经营者提供了消费者的需求信息，同时将平台内经营者的产品供给信息提供给消费者，信息的提供体现在平台经营者可以利用供需信息实现针对性的撮合，为买卖双方在平台上实现交易提供必要的协助。这种平台模式的主要竞争特征是，虽然大量的平台内经营者都与同一个平台进行交流和对接，但是他们所使用的规则是一致且交流是相互独立的。具体而言，平台给平台内经营者和消费者所制定规则并不会出现差别对待的情形。此外，在同一个平台上的平台内经营者之间不会对产品价格等交易信息进行沟通，这一点主要来自平台为平台内经营者所提供的协议和交易规则是中立的，并且对于所有的经济活动参与者是客观的，不会掺入平台或其他平台内经营者对规则的影响。因此，在这种情况下的平台内经营者在消费者市场依旧处于一种竞争的状态。

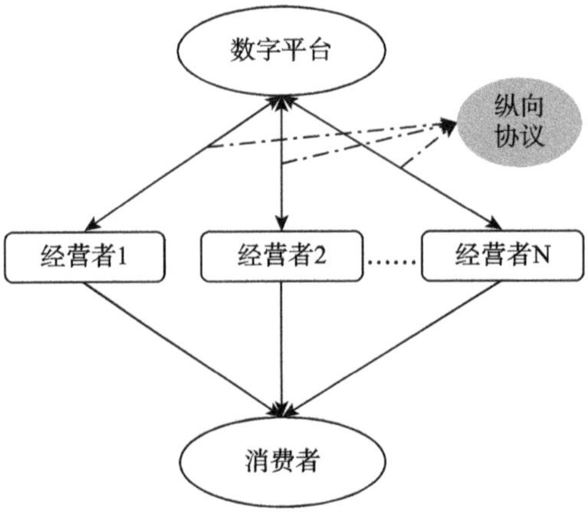

图 9 - 1　轴幅协议

但是，上述交易模式可能会进入另外一种关于平台内经营者的协同情况，平台在为平台内经营者提供信息对接和匹配服务的同时，将一种由平台自主设定的算法植入其与平台内经营者之间的协议中。这种算法的核心是将多个（并不一定是所有的）经营者的具体信息进行整合，并反馈给某一特定的平台内经营者群体，使群体内的经营者形成基于平台的实际目的而进行的协同行为。当这种协同行为强化了上述特定群体中平台内经营者的共同市场势力，并产生了排除和限制竞争的效果，损害消费者福利和社会公共利益时，则构成了垄断协议。此类垄断协议下的平台可被视为是一个组织者或为实施垄断行为的主体提供实质性帮助的经营者，以其所连接的平台内经营者为作为垄断协议的具体实施者。在上述轴辐协议的视角下，平台类似于一个轴心，平台内经营者类似于辐条，轴心所提供的实质性帮助（例如，为平台内经营者提供意思联络的渠道）以及辐条所实现的具体垄断行为两者在此类垄断协议中必不可少。

平台经济中轴幅协议的特殊之处在于以下几个方面。第一，平台和平台内经营者并不处于一个明显的上下游关系，虽然在实际交易过程中，两者具有一种供需关系，但是这种关系更倾向于一种在市场中的服务供应，两者之间的具体关联在于对平台所提供的服务的条款。第二，平台经济中的轴幅协议建立和执行更加便捷，因为平台与平台内经营者之间的关联是建立在数字化的交易条款上，并不过多地涉及实体交流，所以协议更加具有即时性。此外，在协议执行的过程中，算法可以比较便捷地对其他经营者的行动来做出反应并提供尽可能准确的解决方案，使轴幅协议的稳定性可以保持在一个较高的水平上。

与传统经济中的轴幅协议较为类似，平台经济中的轴幅协议的认定应至少满足以下三个要件。第一，数字平台开发并实施了一种用于平台内经营者合谋的算法，这种算法并不具有以提高交易效率为核心目的的中立性和客观性，更多是以平台通过平台内经营者来实现排除和限制竞争为目的，算法的规则指向是提升平台的商业利润。第二，轴幅协议内的全部经营者都充分地知晓算法的目的和规则，这一点说明了所有协议内的经营者都具有在某一个特定协议下的共同感知和协同行为，而非平台或少数平台内经营者所进行的单边行为。第三，轴幅协议内的全部经营者都在协议的框架内进行具体的反应和行动。无论协议内的经营者的行动是主动的还是被动的，只要其在充分知晓轴幅协议的具体规则后进行了相应的且符合该规则的行动，则轴幅协议便实现了使协议内参与者进行合谋的目的。

从轴幅协议的损害来看，虽然轴幅协议下的参与者都是卡特尔的成员，但是轴辐协议最终的受益人还是可以指向预设算法的平台上。首先平台通过制定协议和算法将控制其涉及的经营者对消费者的交易条件，例如统一的价格区间、固定的折扣额度等，使经营者在消费者市场中相较于其他平台的经营者具有明显的竞争力，保持了平台在消费者市场中的市场份额。轴幅协议在平台经济下使经营者波及的市场范围较大，因此协同行为对其他平台以及相关经营者产生了直接的冲击，这种冲击来自诸如价格方面的协同所带来的市场中竞争的约束。

其次，在轴幅协议下缺乏的竞争使市场中的价格不能按照经营者之间的博弈进行灵活地变动，使消费者并不能获得市场中的竞争价格，更多的是由平台经营者通过协议而制定的价格或价格区间，直接地降低了消费者的福利。

最后，轴辐协议下的协同价格还可能会产生限制市场竞争的效果，即便数据是平台经济中主要的生产要素，但是为了获取充分的市场份额，价格等交易条件是捕捉消费者的直接要件，平台通过轴幅协议来控制面对消费者的卖家所制定的价格，通过一个统一的价格规则来影响市场中的平均价格，间接地改变了市场中的竞争程度和进入门槛。例如，统一的较低价格压低了市场中的平均价格，同时也降低了潜在经营者进入市场后的收益，使经营者进入市场后难以利用收益补偿其进入成本，即提高了潜在经营者进入市场的门槛。

在 2016 年 12 月“E-Turas 案”中，立陶宛的一家线上旅行预定系统 E-Turas 向旅行社提供服务，使旅行社通过其确定的统一预订介绍方式由各自的网站开展旅游销售。随后，E-Turas 发送内部电邮告知旅行社，其做出的技术修改会使后者的促销折扣限制在 3%以内。如果某家旅游社自行降价高于 3%，E-Turas会运用算法自动将该折扣上限减至 3%。相关告示发送后，没有一家旅行社对被强加的折扣上限表示反对。从这个案件可以发现，E-Turas 执行的是一种轴幅协议。首先，这个协议是以提升 E-Turas 的盈利目的而制定的，通过较低折扣来增加 E-Turas 和旅行社在与消费者交易中的溢价。同时，执行和维持这个协议的算法并非中立和客观的，它并不是以提高旅行社的交易效率而设置的，而是为了维持 E-Turas 对旅行社折扣额的控制而设立的。其次，所有的旅行社都收到了关于折扣设定的告知邮件，虽然目前并未有证据证明旅行社是否对该邮件进行了具体地反馈，但是，旅行社并没有在接收邮件后离开该平台，也可以间接地认定旅行社默认了这个折扣协议，即旅行社无论将折扣设定为哪个水平，呈现在消费者面前的折扣额都不会高于 3%，便可以认为是旅行社在知晓 E-Turas 预设的规则下的一种协同。

从“E-Turas 案”中可以进一步进行分析的内容是，E-Turas 的行为是否显著地影响了旅行社所涉及的相关市场中的竞争、消费者福利和社会公共利益，探寻这个影响可以尝试分析 E-Turas 在其相关市场中的支配地位以及旅行社的归属性。首先，如果 E-Turas 在其相关市场中的支配地位很弱，则其所制定的轴辐协议对旅行社和消费者而言冲击并未有想象中的大，这是由于在面对较低折扣额的时候，消费者可以灵活地选择其他能够提供较高折扣，即较低价格的平台进行交易。其次，旅行社若能够在一个集中度较低的平台市场中进行灵活的切换，旅行社也可以通过在其他平台制定较高的折扣捕捉消费者。因此，当 E-Turas 所处的市场集中度较低，且 E-Turas 在其相关市场中并没有显著的支配地位，则从旅行社和消费者福利角度，以及市场竞争程度的角度而言，该轴幅协议都不具备形成经济损失的条件。进一步地，我们不难发现，在平台经济领域中，能够组织卡特尔或为卡特尔的形成提供实质性帮助的经营者，通常是那些具有能够显著影响相关市场的平台经营者，此类平台通常具有在技术、数据、资金等方面的优势，同时，此类平台所处的相关市场通常集中度较低。但是我们在这里需要强调的是，即便经济损失较低或不存在，都不能够构成轴幅协议实施的合理条件，除非 E-Turas 给出了一个能够说明该协议是为了提升交易效率的有效证据。

第十章　平台经济市场中的滥用市场支配行为

平台经济市场大多呈现较高的市场集中度，市场中的头部企业能够聚集大量的市场份额，进而具有明显的市场支配地位。为了实现对市场的持续控制和获得稳定的商业利润，具有市场支配地位的平台经营者有动机利用其市场势力限制和排除其所处相关市场内的竞争。与传统经济下的滥用市场支配地位行为不同，平台经济中的滥用市场支配地位行为涉及了很多的关于平台经济自身的特点。例如，平台经济经营者通常可以滥用数据优势以达到限制和排除竞争的目的，但是，传统经济经营者实施滥用行为的主要工具大多包含了传统的竞争工具，运用数据实施垄断的概率和规模并不会像平台经济市场一样大。

反观平台经济市场，技术是经营者在发展过程中的主要基础，而数据是经营者在发展中的重要要素，数据的生成和扩张为平台经济经营者带来巨大的市场力量。例如，亚马逊在其自营品牌业务中的“自我优待”问题，亚马逊利用其在电商平台获取的第三方经营者的数据，为其自营品牌在市场中获得竞争力而提供定价优势，将数据优势从一个市场转移到另一个市场。这种滥用市场支配地位行为在传统经济中虽然可以存在，但并不具备实施的基础，这是因为传统经济运行中并不涉及过多的数据流通和数据要素的使用。

本章将从平台经济的特征入手，探讨平台经济经营者的滥用市场支配地位行为的理论机制和具体经济损害。本章的展开逻辑如下，滥用市场支配地位行为的识别基础工作是分析经营者是否具有市场支配地位，因此，第一节将从市场支配地位的认定入手，对平台经济环境下的市场支配地位的因素进行探讨，着重分析平台经济经营者不同于传统经济经营者的市场支配地位来源路径。第二节将从一个较为宏观的视角讨论平台经济中滥用市场支配地位行为的主要形式，按照传统经济的分析脉络，分别讨论基于价格的和基于非价格的滥用行为。本章余下三节将讨论在平台经济中比较常见且引起大量关注的三种典型的滥用市场支配地位行为，分别是限定交易行为，即“二选一”行为、差别待遇中的“大数据”杀熟以及自我优待行为。上述三种行为虽然不能充分囊括平台经济中的滥用市场支配地位行为，但是这三种行为发生在不同的平台经济市场运用场景中，具有一定的代表性，同时，也突出了垄断行为在平台经济中的特征，本章将通过讨论这些特征分析平台经济中垄断行为产生的主要来源，和垄断行为对经济社会产生影响的具体路径，此外，也将分析这些行为带来的风险与规制方案。

第一节　平台经济市场中支配地位的判定

滥用市场支配地位的经营者应当处于一个十分明显的界域内，对该经营者的明确限制是其必须具有市场支配地位，其相关的滥用行为才能被认定为滥用市场支配地位的行为。而支配地位的判定应当发生在相关市场中，因此，滥用市场支配地位行为的一项基础性工作是判定经营者所处的相关市场边界，以及其是否在该相关市场中具有支配地位。关于相关市场的概念，是产品或服务在需求和供给上具有较明显的相互替代关系所构成的市场，平台经济中的相关市场的概念在本书前文已经进行探讨，在此不再赘述。关于市场支配地位的认定和推定，我国《反垄断法》第二十三和二十四条进行了解释说明。具体而言，经营者是否具有市场支配地位可主要从两个方面进行分析。第一，经营者自身的经营能力。其中，包括了经营者在相关市场中的市场份额以及该相关市场的竞争状况、经营者在原材料市场和产品销售市场的控制能力、经营者的财力和技术条件。第二，在相关市场中的经济活动参与者，以及其他在位或潜在的经营者在市场中受到该经营者的影响程度。其中包括经济活动参与者与其他经营者对该经营者的依赖程度，以及潜在经营者进入相关市场的难易程度。

上述两个方面涉及了一个经营者在相关市场内的绝对能力和相对能力，从绝对能力视角出发，可以从以下逻辑展开分析，经营者较好的技术条件可以帮助其在较竞争对手更短的时间实现规模经济，扩大市场，提高市场份额，若该经营者处于供应链的前端，则上游经营者更加倾向于将原材料或产品通过这个经营者推广到市场上，形成该经营者对上游市场的控制能力；若该经营者处于供应链的后端，则下游生产商或销售商则更加倾向于从这个经营者购买原材料或产品，形成该经营者对下游市场的控制能力。经营者的相对能力大多形成于经营者的绝对能力，当经营者的绝对能力形成后，使供应商或客户对其依赖程度提高，间接地弱化了其竞争对手在上下游市场获得交易机会（或较好的交易机会）的能力，而他们的交易相对人则更加倾向于选择交易更加稳定且持续的经营者，使那些具有绝对能力的经营者可以持续捕捉和控制市场。与此同时，当相关市场中的交易区域稳定后，潜在的经营者在进入市场后并不能快速获得大量的交易机会，使其预期收益无法充分地补偿进入市场过程中的成本，弱化了潜在经营者进入市场的动机，使市场潜在的进入门槛提高，增加了进入市场的难度。

从一个简单的经济学视角出发，当经营者运用其市场份额、财力、技术能力等绝对能力形成市场支配地位时，并且在一定时期内市场的规模没有发生明显改变，则会降低该经营者的交易相对人对其产品或服务的需求弹性。这种需求弹性的降低主要来自于两个原因。第一，经营者长期大规模的经营使其产品的供应和流通已经形成规模化，规模化带来的是该产品或服务在市场上形成了一种隐性的标准和规范，使其上下游的交易相对人在与其交易的过程中构建的长期的交易习惯，形成了交易相对人较为稳定的交易心态和对产品的长期依赖，在这种心态下，价格的波动并不会显著地改变交易相对人的决策和选择。第二，当具有市场市场支配地位的经营者与其交易相对人谈判失败时，前者具有更多的外部选择，使其能够获得相对更大的分歧回报(Disagreement payoff)；而后者在谈判失败后，能够在短期寻找到的有效替代交易者相对更少，使其增加了谈判失败的成本。当这个成本随着具有市场支配地位的经营者绝对能力的强化而逐渐提升时，后者的谈判力量也随之降低，形成了对上述经营者产品的刚性需求，反映出对该经营者较高的依赖程度。

平台经济中经营者的市场支配地位的来源在大部分条件下与传统经济类似，结合我国《国务院反垄断委员会关于平台经济领域的反垄断指南》（以下简称《平台反垄断指南》）第十一条进行对比，在平台经济市场中，关于经营者市场支配地位的认定将经营者控制原材料市场和销售市场的能力概括为了经营者控制市场的能力。这主要是由于在平台经济中的经营者，尤其是前文所着重讨论的在产业数字化领域中的经营者大多以平台的形式呈现在市场中，平台经营者所提供的服务通常是嵌入在一条供应链或多条供应链所形成的供应网络中，为供需系统中的参与者提供信息撮合的服务。因此，这种类型的平台并不具有明显的同交易相对人的上下游供需关系。此外，平台经济中的经营者也并不一定像传统经济一样存在一种关于实体产品的销售。例如，电商平台、网约车平台、短视频平台等，其中的平台都不涉及十分明显的“采购-销售”环节。在经营者试图控制市场的过程中，经营者通常依赖其在平台经济中的特有经营模式所产生的绝对能力，例如网络效应和网络外部性，来影响在平台上的用户流量，以稳定其在相关市场中的市场份额或其他经营者和消费者的依赖程度，进而改变或决定价格及其他交易条件。

除此之外，对平台经济中涉及了经营者在相关市场内的支配地位的因素也针对性地进行了补充。其中，比较关键的一个因素是关于数据要素在市场支配地位中产生的作用。虽然在《平台反垄断指南》第十一条中并没有直接地指出经营者所具有数据要素的体量和使用能力对其市场支配地位的影响，但是，关于经营者形成市场支配地位的几个传统因素大多涉及了该经营者涉及数据的能力。具体而言，平台经济中的经营者并不涉及过多的实体产品的销售，虽然在例如电商行业中存在大量的产品流通，但电商平台经营者的主营是在于对接买卖双方的信息并进行撮合和提供交易配套服务。当一种特定的商品销售量增加时，只能体现销售该产品的平台内经营者在它所处的相关市场内的市场份额的增加，并不能直接代表电商平台市场份额的增加。而平台经营者的市场份额应当体现在能够帮助多大规模的交易人完成交易，间接体现了这些交易人对平台交易的依赖程度。因此，在平台经济领域中的市场份额大多反映了该平台能够承担的有效交易规模，而这些交易规模反映在接入平台的用户在该平台上活跃的程度。其背后的逻辑是，平台能够通过其主要经营业务捕捉的用户流量和用户数据方面的能力。

从平台经济经营者的绝对能力来看，数据也扮演了重要的角色。其中包括了经营者掌握和处理相关数据的能力，这些因素都涉及经营者通过数据来实现自身支配地位生成的过程。结合数据要素的特征，在平台经济中，具有市场支配定位的经营者通常具有了一种在数据要素市场中十分突出的掌控能力，使此类经营者可以在较短时间内获得以数据为主的供其生产经营的资源。同时，通过对这些数据的持续使用，可以使经营者的数据获取能力和获取规模不断提升。虽然在平台经济的经营中，数据本身的价值并不会充分地体现在用户交易的过程中，但是数据可以以多种形式展现在经营者和消费者面前。例如，用户在不同的平台间进行切换时可以获得不同程度的差异化信息；用户在搜寻商品或服务时可以获得精准的匹配；用户的交易习惯可以为其带来定制化的信息供给等，这些特征使用户在选择平台进行接入时便产生了相当程度的差异性。除此之外，当经营者通过数据获得大量用户的规模时，数据规模的提升也同时为这些用户带来价值的增长，但同时也提升了这些用户转移至其他平台的机会成本。因此，数据的规模也可以增加用户的黏性，实现对用户的锁定，进而增加用户对特定的平台经济经营者的依赖程度，使基于数据的绝对能力转换为经营者的相对能力。

在市场的可竞争性方面，经营者对数据要素市场的控制可以增加其他经营者和潜在经营者对数据的获取难度。当经营者由于数据要素匮乏而无法达到用户对其提供服务的要求时，用户则会大规模降低对此类经营者的接入，降低这些经营者获取市场和收益的能力。同样地，当潜在的经营者进入市场后，由于数据要素的缺失而无法通过有效的收益补偿进入成本时，平台经济市场的进入门槛将提升，弱化了潜在经营者进入市场的动机，使市场的可竞争性减弱。在具体行为方面，经营者为了实现“关闭”市场大门的目标，还会主动地实现某种形式的数据封禁，这种数据封禁与下文所讨论的限定交易行为间存在较大差异。例如，限定交易行为是那些已经具有了市场支配地位的经营者通过协议等手段对其他经营者的交易选择所实施的外生干预，这种市场支配地位可以来自在位平台经营者的市场势力，也可以来自其财力、技术或数据等方面的优势。在另一方面，数据封禁更加倾向于一种对用户控制的前置，经营者通过对用户数据在不同的经营者间（主要是该经营者与其竞争对手间）传递过程中增加限制，增加用户在对经营者进行多归属使用过程中的成本。例如，经营者 A 的用户将信息传递到经营者 B 所运营的平台时，该信息在传输过程中无法实现转移或无法在经营者 B 所运营的平台充分展现，这便增加了用户对两个经营者进行多归属的成本，此时，用户便会权衡停留在平台 A 和转移向平台 B 所承担的成本和潜在收益，当用户感知到从平台 A 转移的成本过高时，其会继续接收这种信息传输障碍而继续停留在平台 A，而逐渐降低对平台 B 的使用（因为从平台 A 向 B 切换使用户承担较高成本），此时平台 A 便实现了对用户的控制，稳固了其市场支配地位。

第二节　平台经济经营者滥用市场支配地位行为的形态

无论从哪种类型的市场模式出发，滥用市场支配地位行为的形态可以进行多个维度的划分，例如基于价格和基于非价格的行为、排挤型的滥用行为和剥削型的滥用行为等。由于在市场经济活动中，价格通常是一个经营者采用的比较直接的经营和竞争工具，它并不会因市场模式的变化而发生明显改变，因此，本节将以价格作为主要的划分维度，对平台经济市场中的滥用市场支配地位行为进行划分并进行具体讨论。

1. 基于价格的滥用市场支配地位行为

类似于传统经济中的不公平定价行为，平台经济中基于价格的滥用市场支配地位行为主要包括了以不公平的高价进行销售、以不公平的低价进行购买和低于成本销售三个主要的形式。但是，与传统经济的模式不同，平台经济中存在大量的倾斜式定价，使不公平定价行为在平台经济经营者的竞争中展现出十分不对称的情形。具体而言，价格竞争在平台经营者所接入的收费一侧比较直观且明显，但在平台所接入的免费一端并不明显甚至并不存在，这便增加了对平台价格竞争以及可能的不公平定价的分析难度。

此外，平台经济中存在的网络效应和网络外部性使经营者不完全以其成本作为定价基础，而是融入了在多个用户群体之间形成的互补程度，这就使我们对价格进行的判定出现了一定程度的偏离。这是由于在进行价格公平性判断时，不能够单纯地以价格背后的成本作为判断依据，更重要的是，需要考察这种价格对网络效应和网络外部性在用户影响层面的放大效应。基于以上特征，在平台经济领域中的不公平定价行为相关研究中，我们需要关注以下两个主要问题。

第一，平台经济经营者的定价基础。通常情况下，经营者的定价基础在于生产经营所带来的成本和该经营者所处市场的特征。经营者的定价目标在于实现利润的最大化，科学合理的定价不仅可以补偿经营者在生产和经营中所形成的成本，还可以最大化单位产品销售的溢价，即增加了单位利润；但同时，较高的定价会抑制消费者的购买意愿，弱化经营者相较于其竞争对手的竞争力，进一步降低该经营者的市场份额。因此，经营者的定价通常会考虑单位利润的增量和市场份额的降低之间的权衡，通过寻找到一个均衡的水平来制定实现利润最大化的价格。上述定价的基本模式通常发生在单边市场当中，经营者在特定交易中仅面对一个群体的交易相对人，且经营者的成本在短期并不会发生明显的变化。而在平台经济中，上述两个方面的因素都会发生改变。首先，平台经济中网络产品特征改变了经营者的成本结构，网络产品具有十分明显的网络效应，引致了经营者无需对特定的用户集团进行离散型的销售策略。换言之，经营者在推广和销售网络产品时无需与每一位用户进行一对一交易，而是可以通过已有的用户规模来增加潜在用户的购买意愿。其背后的逻辑在于，网络产品的价值形成是基于使用网络产品的用户规模而决定的，当使用网络产品的用户规模不断上升时，便强化了潜在用户希望使用同一个网络产品的动机和实际行为，而此类关于用户对特定产品的选择决策并非由经营者主导，而是来自使用同一个网络产品本身的用户规模而决定。因此，在网络产品的市场中，经营者无需进行大量推广和宣传。网络效应帮助经营者在短期积累大量的用户，同时，网络产品通常具有高初始成本、低复制成本的特征，即经营者在面对不断增加的用户时，仅需要很低甚至为零的边际成本来完成运行，这就使得那些具有较大体量用户的网络产品经营者无需为大规模的用户来承担过高的成本。在这种情况下，网络产品的经营者的定价便会被持续降低的成本拉低，形成了接近于零的价格。其次，平台经济中的网络外部性改变了经营者定价的基础。在平台经济中的平台模式中，经营者的倾斜式定价来自接入平台的用户之间的互补性，即用户在平台上所形成的网络外部性。当一端对另一端的需求程度较高时，该边的用户则对接入平台的费用和对应的价格相对不敏感，即具有了较低的需求弹性。此时，平台则可基于该弹性来进行价格制定。因此，在倾斜式定价的模式下，平台经营者的定价基础并不是完全来自它的经营成本，而是来自于用户相互之间的网络外部性强度。

结合网络效应和网络外部性对经营者的定价产生的影响，平台经济经营者的定价特征和可能的不公平定价行为主要体现在两个方面。首先，网络效应带来的边际成本递减甚至为零，使经营者的定价也逐渐趋近于零，为经营者在市场中构建了价格优势。但是，这种价格优势为经营者带来的利润优势并不单纯地来自网络效应；在网络外部性同时存在的情况下，经营者可以将盈利路径进行合理转移，即将盈利路径转移至具有较低需求弹性的一端用户集团。此时，如果网络外部性已经上升到收费端用户对免费端用户的极高依赖程度时，经营者则可能对收费端用户征收不合理的高价格。这种高价格的根源来自收费端用户过高的转移成本。具体而言，当收费端用户转移到其他经营者，它可能会损失现有大量客户，而造成利润损失；当收费端用户离开平台经营模式而选择传统经营模式或其他模式，则可能会损失几乎现有所有客户，而产生更大损失。此时的收费端用户则倾向于接受经营者对其制定的较高价格。

第二，平台经济经营者基于定价的盈利目标。在平台经济市场中，经营者有时的定价目的并不是直接地获取利润，而是积累用户规模。当一个平台在特定的用户群体中形成一定规模时，该平台便培育了用户基础和用户对平台的使用习惯，无论是在直接定价模式还是间接定价模式下，一个庞大且稳定的用户规模都能为平台产生比较显著的盈利路径。因此，经营者基于这种围绕用户规模的阶段性盈利目标，会以积累用户规模为导向来形成价格制定模式。针对一个特定的平台，积累用户规模需要以相较竞争对手更低的价格来实现，平台通常不直接参与平台内经营者关于其消费者的定价策略，因此，平台无法直接干扰或控制消费者在平台交易中所接受到的价格。若平台以某种价格协议的形式要求平台内经营者对消费者制定比竞争对手更低的价格时，在平台内经营者并不具有较高的转移成本情况下，他们会选择转移至其他的平台，以保障自身的定价权利，通过市场功能来利用价格实现利润的最大化。因此，平台的定价策略将在不显著损害平台内经营者收益的基础上，实现消费者能够接受到较低的价格，以保障平台自身能够吸引更多的消费者接入。为实现这一目标，平台会通过补贴的形式来补偿平台内经营者的低价格，保持平台内经营者持续接入的同时吸引消费者。在补贴存在的情况下，消费者所接受的价格将很有可能低于产品本身的成本。就补贴这个概念本身而言，它作为一种竞争策略对经营者定价的合理性并不存在较大的影响，但值得注意的是补贴通常是发生在一定期限内，经营者为了发展业务、推广产品、吸引新用户而生成的。合理的补贴应当满足两个重要条件，其一是在一定期限内，表明了补贴是一种短时的经营策略，而并不是一种长期的经营模式；其二是为了经营者的业务在市场中的顺利展开，表明了补贴是一种提升自身竞争力的策略安排，而并不是一种干扰市场价格竞争秩序的方法。当上述两个条件未被满足时，补贴则很有可能成为排挤竞争对手的一种不合理的定价模式。

从基于价格的滥用行为造成的损失来看，平台经济中的不公平定价主要影响在三个方面。首先，不公平价格对主要竞争对手的损害。经营者制定的不公平低价，尤其是经营者通过补贴的形式制定的长期低于成本的价格直接损害了其竞争对手的定价策略。其背后的逻辑在于采用超低价格的经营者的主要目的是吸引用户的接入、扩大并稳定用户规模，而此类经营者的竞争对手的定价目标是在市场竞争中实现利润最大化。当两者的定价目标不同时，经营者不公平低价行为将扰动市场竞争，以扭曲的价格获得市场份额，同时使竞争对手的定价策略趋于无效。长期的不公平低价使竞争对手的定价不再具有竞争力，无法充分地获取公平竞争条件下的商业利润，使经营者的不公平低价对其竞争对手形成排挤的效果。

其次，不公平价格对市场的潜在经营者的损害。在一个可竞争市场中，潜在的经营者进入市场的基本依据是进入市场的难易程度以及进入市场后的预期收益，在给定市场进入门槛时，若进入市场后的预期收益大规模降低，则潜在的经营者降低了进入市场的动机。而在位经营者不公平的低价行为拉低了整个市场的平均价格，同时以价格手段锁定消费者，这种低价格无论是从补贴的形式还是超低价竞争的形式而生成的，都会抑制潜在经营者进入市场后的收益，产生了排除市场竞争的效果。

最后，不公平价格对收费端用户的损害。通常情况下，低价竞争会提高消费者的福利，但是经营者制定的低价格并不是单向产生的，尤其是在平台经济中，倾斜式定价导致了低价竞争发生的同时，通常会有至少一个群体受到高价格的损害。以平台竞争为例，平台给予免费端用户更多的补贴，通常会使依赖这一端的用户（通常是收费端）对平台的低价格竞争进行一定程度的补贴，这种补贴可以由平台向该边用户收取的接入费用或抽成费用的形式来展现。换言之，平台经济经营者的倾斜式定价模式会使经营者在进行低价格竞争的同时，伴随着一端用户受到高价格的损害。

图 10－1 描述了在竞争的平台经济市场中，其中一家平台通过对消费者的补贴而形成的可能的不公平定价的情况。具体而言，平台 A 和平台 B 在竞争过程中，同时吸引买方和卖方在自身的平台进行交易。考虑一个非对称的接入费用情形，平台仅对卖方征收接入费，对买方实施免费策略。买卖双方对两个平台均为多归属，且在数字平台环境下，两端用户在两个平台间的切换成本十分低，这里我们可以将其假设为零。我们需要明确的是，这种极低的切换成本是来自数字技术和移动设备在用户群体中的普及，是一种来自技术层面的对用户使用成本的降低，而非来自平台的经营策略。进一步地，考虑平台 A 对用户进行补贴的情形，平台 A 的补贴 s 影响买方对不同平台的接入动机。当补贴额提高时，买方接入平台 B 的机会成本增加，进而提高了接入平台 A 的动机，因此，图中路径①显示出买方接入平台 A 的数量随着补贴的增加而增加，即 $Q_A'(s)>0$。在网络外部性的作用下，当卖方观察到接入平台 A 的买方数量提高时，则会增加接入动机，因此可以发现在路径①下，卖方接入数量q_A 随着买方数量的增加而增加，即$q_A'(Q_A(s))>0$。进一步地，卖方数量随着平台 A 给买方补贴的额度增加而增加，即$\frac{\partial q_A}{\partial s}>0$。这里我

们需要强调的是，平台 A 的补贴给其带来了成本，需要通过倾斜式定价从卖方的接入费中补偿，因此不难发现，补贴程度越高，卖方所缴纳的接入费用 f_A 用以补偿平台 A 成本的需求越大，换言之，f'_A（s）>0。

结合上述分析，卖方的接入动机则会发生变化，一方面，由于平台 A 对买方的补贴，卖方接入平台 A 可以获得更多的交易机会，进而获得更高的利润；另一方面，平台 A 通过提高接入费用来补偿补贴所带来的成本，使卖方接入平台 A 的成本增加，弱化了卖方接入动机。因此，卖方的接入动机受到了接入平台 A 所获得的收益和承担的成本的影响，接入平台 A 和平台 B 获得的利润分别由 $\prod_A$ 和 $\prod_B$ 表示，卖方接入平台 A 的条件是 $\prod_A(Q_A(s), f_A(s)) - \prod_B(Q_A(s), f_B) > 0$。具体而言，当 s 增加时，从收益层面，既增加了卖方接入平台 A 的交易机会，又通过降低接入平台 B 的买方数量而增加了卖方接入平台 B 的机会成本；从成本层面，s 的增加会增加卖方接入平台 A 的接入费用。此时，当卖方对买方的接入的依赖程度远高于对接入费用的敏感程度时，换言之 $\partial q_A/\partial Q_A$ 的程度远高于 f'_A（s）的程度时，平台 A 则会在卖方一侧制定相较于与平台 B 竞争情况下更高的价格，而这个价格并不单纯地来自平台 A 成本的增加，而是来自卖方在平台交易中对买方的依赖程度。

进一步地，更高的接入费用并不完全会消除卖方接入平台 A 的动机，这是由于，卖方会进一步将其成本（即接入费用）以销售价格的形式部分地转嫁给买方，当高价格给买方带来的成本可以被买方获得的补贴所补偿时，买方不会显著地发生转移。此时，平台 A 便能够通过补贴来固定自身的市场份额，给定其他平台经营者的定价策略时，平台 A 则能够形成对其他在位平台的挤出，以及对潜在进入者的限制。

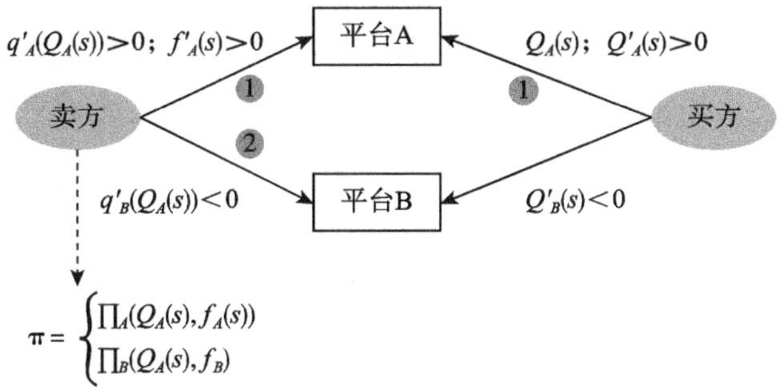

图 10－1　平台补贴与潜在不公平定价

2. 基于非价格的滥用市场支配地位行为

平台经济领域中的非价格滥用市场支配地位行为主要包括四个方面，分别是拒绝交易、限定交易、搭售和差别待遇，其中差别待遇既包含了基于价格的滥用行为（如“大数据”杀熟），也包含了非价格的滥用行为（如差别化的算法和规则），本节中的差别待遇主要关注后者。

在平台经济中，拒绝交易和限定交易可以发生在纵向市场结构中。类似于在传统经济领域，经营者利用其市场支配地位，拒绝其交易相对人的交易或要求交易相对人只能与该经营者或指定的经营者进行交易。与此同时，平台经济中的拒绝交易和限定交易也可以发生在一个横向的市场结构中，这一个特征与传统经济领域中的拒绝交易和限定交易行为具有明显差异性。平台经济中的拒绝交易一个特点是通过对技术设置不合理的限制和障碍，这个特点所体现的逻辑在于，平台经济中的用户通常以多归属的形态接入经营者，由于平台经济市场中的产品在使用过程中给用户带来了很低的成本，使用户在不同经营者间切换的便利性极大程度地增加，进而使经营者对于同一群体的消费者的竞争更加激烈。具有突出技术或数据优势的经营者可以通过规则或者算法在不同经营者间的切换时制造某种障碍，增加了买卖双方在不同经营者提供的平台上进行交易的成本，利用外生条件控制用户的流动。

为深入理解平台经济中上述拒绝交易行为，我们需要关注的一个问题是，平台经济中拒绝交易中所涉及的“交易”并不一定是发生在平台经济经营者与其用户之间的直接交易，而是经营者为用户在其平台上进行交易所提供的交易条件。若平台经济经营者在这种交易条件上加入一种限制，则事实上干扰了正常的交易秩序，弱化了多归属的用户在平台间进行切换的连贯性和平滑程度。假设两家竞争的电商平台 A 和 B，以及两种不同的电子支付方式 C 和 D，消费者对两家电商平台具有高度的多归属性，使两家平台在消费者市场的竞争趋于激烈。同时，消费者对于电子支付方式也具有多归属状态，即消费者可以非常顺畅地在 C 和 D 两种支付方式之间进行切换。若电商平台 A 拒绝接入支付方式 C 时，事实上增加了习惯使用 C 支付的消费者在 A 和 B 两个平台间进行切换的成本。虽然此时会有一部分消费者流向可以接受所有支付方式的平台 B，但是支付方式 C 的经营者的交易数量的实质性被削弱。

此外，我们还需要关注平台经济经营者是否掌握了在平台经济特定领域中的必需设施，目前争论较多的关于平台经济领域的必需设施是用户的数据。数据承载了用户的相关信息，这种信息不仅包含了能够刻画用户偏好的内容，还包含了有价值的信息在一个领域内或多个领域间传递的通道。当具有极大规模信息传递渠道的经营者封锁该渠道时，则用户将不能够在其所处的集团内部将信息有效、低成本地传递给其他用户，弱化了有效交易生成的可能性，也可以被视为是一种间接的拒绝交易行为。

平台经济中的限定交易行为通常呈现出“二选一”的形态，平台经济经营者通过协议、口头方式或规则、算法等方式要求交易相对人只能与其以某种特定的方式进行交易。特定的方式指的是交易本身的一种限定，此外，也可以包括对交易渠道、交易条件的限定。限定交易同时也涵盖了一种排他交易，即经营者通过某种形式要求交易相对人不得与特定的经营者进行交易。因此，限定交易行为主要目的是经营者通过某种形式构建了属于自己的一个相关市场，使该经营者在这个相关市场中形成了一种趋于垄断的地位。限定交易行为通常是那些具有市场支配地位的经营者用来加强或稳固自身市场势力和垄断力量的一种手段，实质性地构成了排除和限制竞争的效果。从限定交易行为的方法特征来看，限定交易行为包括了消极行为和积极行为，前者指的是经营者通过增加交易相对人拒绝协议时的成本来限定交易的行为；而后者指的是经营者通过增加交易相对人接受协议时的收益来限定交易的行为。从 2020 年“食派士案”以及 2021 年阿里巴巴和美团的“二选一”案中可以发现，目前平台经济的限定交易行为大多属于消极行为，即接入平台的经营者在不接受“二选一”条款时都会承担较大的成本，该成本包括扣除保证金的直接损失，也包括平台经营者拒绝交易后的交易机会消除的损失。在平台经济领域，经营者实施限定交易行为的成本较传统经济领域更低，这是由于平台经济经营者通过算法对大量的经营者进行监督和管理的成本更低、效率更高、针对性更强，使所有协议内的经营者都可以处于其规则监督的范围内，使平台经济经营者可以实现全流程的管理。

我们在这里需要明确拒绝交易和限定交易在平台经济领域发生时所产生的损害，这里主要探讨上述两种滥用行为在平台经济环境下产生损害的共性。首先，实施上述两种滥用行为的经营者的交易相对人受到了直接的冲击。直接的冲击与传统经济环境下类似，通过限制交易相对人在交易中的交易机会，而降低交易相对人的市场触及能力和获取能力。此外，间接的冲击主要来自拒绝交易和限定交易所产生的消费者接入动机的影响，当两种滥用行为约束了平台内经营者的接入规模时，网络外部性推动了消费者向实施滥用行为的平台流动，增加了平台内经营者拒绝接受协议的机会成本，进而强化了平台内经营者接受协议的动机。

其次，实施上述两种滥用行为的经营者的竞争对手受到了竞争弱化的影响。由于交易渠道的限定，滥用行为的实施直接降低了竞争对手可以获得的用户数量。用户数量的降低不仅减少了竞争对手的交易机会，同时，由于限定交易所带来的平台规模下降，使竞争对手无法通过平台规模来构建自身的网络外部性，进而弱化了竞争对手在市场中的力量，面临了被排挤的风险。

最后，市场中的消费者受到了间接的影响。由于限定交易或排他交易，平台上的某一个用户集团（通常是供给侧集团）被强制性地选择一家平台或该平台的指定交易相对人进行交易，增加了实施垄断行为的平台对这些用户的控制，进而增加了在这些用户中的定价能力。较高的定价增加了这些用户在经营过程中的成本，而这些用户则会通过平台将这些成本部分地向消费者溢出，使消费者接受更高的价格，弱化消费者的福利。

就搭售或附加不合理的交易条件而言，平台经济中的搭售与传统经济中的形态基本类似，其主要的逻辑是将两种或多种需求价格弹性不同的产品通过协议等方式强制性地销售给用户。这种搭售的强制性并不完全地来自一种有形的协议，而也有可能是消费者在面对两种产品时的基础选择。在搭售实施的过程中，消费者为了获得某种必需品，换言之，消费者为了获得那些需求价格弹性较低的产品，他们并不一定需要承担较高的价格，而可能会通过被强制性地购买另一种弹性较高的产品来满足购买必需品的前提条件。在搭售环境下，不仅消费者在被强制性地购买了一种并不需要产品时，承担了额外的成本，被搭售品经营者的市场也受到了外生的冲击，即搭售者通过将较低的弹性所形成的市场势力传递到另外一个市场中。在平台经济环境下，搭售所形成的特征主要体现在两个方面。首先，搭售所涉及的用户规模扩大。在平台经济中，搭售触及的用户不仅在于消费者本身，还包括了接入数字平台中的产品和服务的提供者，他们为了能够在平台所提供的较好的交易条件或交易渠道中获得更优的服务，可能会强制性地接受平台经营者提出的不合理的条件。其次，平台经济中的搭售品并不一定是一个特定的商品，也可能是与商品销售相关的数字化服务。例如，数字平台经营者为用户提供的搜索服务、流量服务、与交易相关的附加增值服务等，对于数字平台上交易而言，这些服务都属于完成交易所必须，为了获得这些服务，用户（包括消费者）也会极大可能地接受一些配套的服务和商品的购买，或者接受其他不合理交易条件。

第三节 平台经济中的“二选一”行为

平台经济领域中的“二选一”行为是平台经营者通过限定交易而形成的对用户交易渠道的限制，进而实现控制市场，排除竞争的一种手段。在2020年食派士限定交易行为、2021年阿里巴巴和美团两起限定交易行为中，都十分明显地呈现了平台经营者“二选一”的特点。不难发现，限定交易行为是目前平台经济领域中比较典型的关于经营者滥用市场支配地位的行为。本节主要通过探讨平台经济中限定交易行为与传统经济的不同，分析相关行为形成的机制和危害。

从“二选一”的行为特征来看，平台运行通常涉及了多个用户群体的接入，而“二选一”并不一定涉及了平台所接入的全部用户群体，在通常情况下，限定交易行为发生在那些对平台交易模式或通过平台所触及的另一个用户群体的需求更加强烈的平台业务中。例如，在上述三起限定交易行为的案件中，强制性地被要求选择平台接入的用户都是那些产品或服务的提供者，即平台内经营者。如上文所述，相较于消费者而言，平台内经营者对平台这种交易模式具有更强的依赖性，这种依赖性来自平台交易相较于传统交易具有更高的效率，平台内经营者可以以极低的成本将产品信息传递给消费者，并在同一个场景下完成与消费者的交易及涉及交易的全部工作。当经营者从平台交易转换至传统交易时，他们将承担更多的来自物理空间和时间限制产生的交易成本，因此，放弃平台交易对商品的提供者而言会产生十分明显的机会成本。不同于平台内经营者，消费者在购买中受到平台的约束更低，这一点不但源于消费者在消费路径上更具有灵活性，而且源于消费者在多个平台间进行切换的成本也更低，为消费者在平台间的多栖性提供了可行性。

图10－2刻画了平台经济经营者“二选一”行为的形成机制，当平台A实施“二选一”后，在阶段①中，接入平台B的卖方群体规模降低，使那些

已经接入平台B的消费者对平台B形成的关于卖方的网络外部性带来的效用降低。这种情况下，消费者在平台B能够获得的平台内交易机会和交易品质降低，弱化了消费者在平台B交易的体验感，而产生了切换至平台A的动机。在阶段②中，虽然消费者依旧会选择接入平台B，但这是由消费者在平台经济市场中的多归属特征而形成的。由于平台B所提供的信息和产品由于卖方转移而降低，消费者在平台B与卖方发生的实际交易降低。同时，消费者为了获得更多的交易信息和交易机会将逐渐将消费注意力转移至平台A，使平台A在卖方群体中能够获得更强的用来吸引卖方接受“二选一”条款的力量。在阶段③中，卖方观察到更多的消费者在平台A上的实际接入和消费，进一步强化他们接受平台A“二选一”条款的动机，并实现实际接入。这个过程带来的直接结果是，平台A上能够发生的实际交易规模增加，而同时平台B的交易规模降低，使得两个平台的市场份额和商业利润呈现了明显的反向变动。

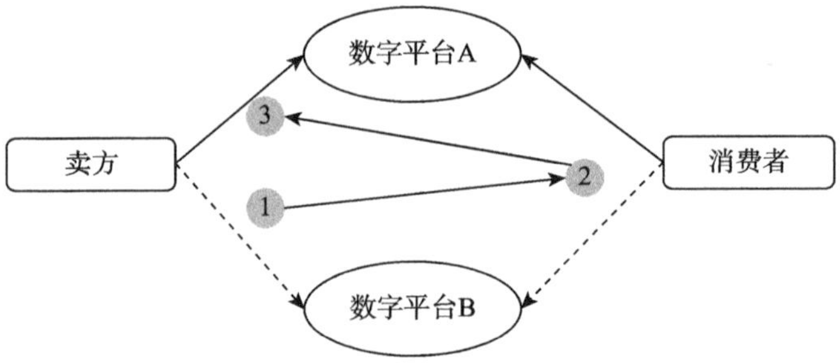

图10－2 “二选一”的形成机制

发生上述过程的一个主要基础在于，在阶段①中，当平台A对卖方实施“二选一”的条款之初，卖方是否可以协同性地接受这个条款。一方面，对于一个理性的经营者而言，当面对上述条款时，他进行决策的根本依据是接受这个条款对其带来的收益与成本之间的权衡。具体而言，接受条款对卖方更多的价值呈现是在于其成本的降低，接受条款意味着卖方将直接失去从平台B上交易和未来潜在交易的消费者。换言之，卖方此时能够实现交易价值的消费者群体仅来自那些接入平台A的消费者，而接受条款的可能的收益是平台A会为卖方带来针对性的关于交易条件的优待；在另一方面，如果卖方不接受平台A所制定的“二选一”条款，则卖方承担的成本可能来自于平台A对其实施的拒绝交易行为，或者来自平台A给卖家所制定的更为苛刻的交易条件，上面两种可能性都会提高卖家拒绝“二选一”条款而承担的机会成本。

从卖家整体的角度来看，当接受“二选一”条款的成本大规模地高于拒绝条款的成本时，大部分的卖家会产生协同性的拒绝行动。这主要是因为平台 A 并没有在实施“二选一”行为前就构建了与卖家群体在谈判过程中的优势力量，此时平台 A 的条款可以被视为是一种不可信的约束和威慑。反观目前数字平台“二选一”的案例不难发现，数字平台之所以能够较为成功地实施并实现“二选一”的条款和目标，主要的原因是其在制定“二选一”条款时就已经形成了能够与大规模卖家集团对抗的谈判力量。当卖家拒绝平台所制定的“二选一”条款时，便意味着卖家就会失去大量的交易机会。进一步地，上述谈判力量来自平台在制定条款前所控制的消费者集团，即消费者集团对该平台具有了一种长期的消费习惯和黏性。基于本书前章的探讨，这种消费习惯很可能来自平台对消费者效用的直接提升，例如，平台对消费者实施的补贴；或来自平台对消费者效用的间接提升，例如，平台所制定的多市场布局策略。当上述消费者黏性成功形成之后，便增加了平台关于“二选一”条款与卖家进行谈判的基础。在一个基于纳什议价的谈判过程中，卖家所面对的分歧收益随着消费者黏性对实施“二选一”平台的增强而减弱，便使卖家更加倾向于接受平台所制定的条款。基于此，作为限定交易行为的“二选一”条款而言，其形成并实施的基础的确是在于行为主体所具有的市场支配地位，而在平台经济中，这种市场支配地位是来自其对一边用户的强大吸引力而产生的，而这边用户通常对接受条款的一方集团具有较大吸引力。进一步地，从图 10－2 的阶段③中可以发现，类似的效果会对卖家的接入产生强化效应。当消费者感知更多的卖家接入平台 A 而放弃平台 B 后，消费者会进一步增强对平台 A 的依赖，吸引更多的卖家不断地接受“二选一”条款。

从“二选一”行为的损失路径来看，如图 10－3 所示，同样可以划分为三个阶段。第一阶段主要包含了平台 A 的市场构建，通过限定交易条款增加卖家和消费者的接入，实现对竞争对手的排挤，在自身的平台上创造更多的交易，增加特定业务上的市场份额。在第二阶段中，平台 A 在上一阶段所提升的市场份额增加了市场势力，进而强化了其定价能力。基于倾斜式定价的范式，平台 A 的定价路径主要作用在卖方集团中，平台可以通过制定较高的接入费用和抽成费用增加“二选一”行为下的商业利润。费用的提升增加了卖家在平台 A 交易的成本。这种成本主要包括两个部分，其一是平台制定价格提升所带来的直接成本，其二是卖家在“二选一”条款下被限制的在平台间切换所产生的间接成本。具体而言，当卖家观察到在某一家平台交易所承担的成本增加时，卖方会通过平台间的切换来调节成本压力，但是在“二选一”条款下，卖家的转换路径被限制，使其不能通过转换平台来调整成本结构。在第三阶段中，由于卖家承担过高的成本，其会通过销售价格的形式将部分的成本转移至消费者，使平台对其制定的费用在产品或服务的销售过程中向消费者溢出，此时，消费者需要接受更高的购买价格，消费者的福利也随之降低。

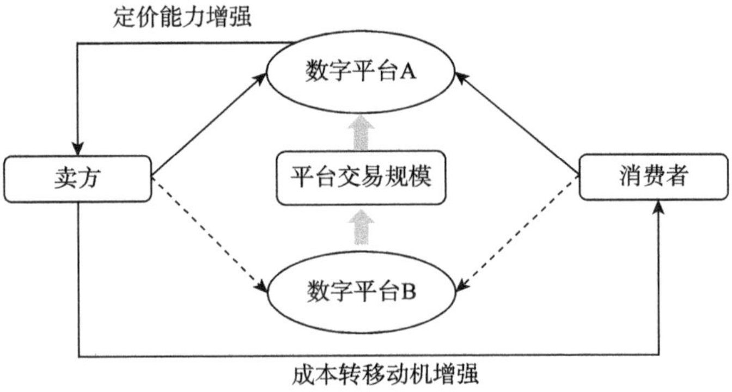

图 10－3　“二选一”的损害

上述关于数字平台“二选一”损害的背后逻辑可以通过两条路径展开讨论。第一条路径是关于卖方是否可以接受平台 A 对其制定的较高费用，这个问题背后的逻辑与卖方是否会接受平台 A 制定的“二选一”条款类似。当平台能够为卖方提供更多的交易机会时，卖方对平台所制定的价格反应程度（类似于一种抵触情绪）将大幅度降低。此时，卖方将权衡所接受的平台价格对其产生的成本与转移后失去顾客而产生的成本，当转移后产生的成本更高时，则卖家会更加趋向于继续停留在平台。这条逻辑路径的生成基础在于，平台能否较为稳定地控制消费者继续停留在平台上，并继续为平台在竞争过程中提供支配地位的保障，但是，当卖家通过销售价格将其成本向消费者转移时，消费者停留的意愿将会显著降低。

这便延伸至平台“二选一”行为造成损害的第二条逻辑路径上：消费者接受到的销售价格是否会推动消费者转移？为回答上述问题，需要从平台所制定的接入费和抽成费上来进行探讨。平台制定的费用基础是其能够保证消费者长期且稳定地停留在平台，为其保持支配地位提供保障，而较高的费用则会使消费者停留的成本增加，弱化消费者停留的动机。因此，平台所制定的费用通常会保持在一个区间内，这个区间内的价格使卖方即便将一部分的费用通过价格的形式转移至消费者，也不会显著地抵消消费者面对大量卖家接入平台后形成的网络外部性增益对其带来的效用提升。对于平台的定价机制而言，平台会基于自身的市场力量而相应提高对卖家的费用，但是买卖双方在平台上的网络外部性增益的诉求会促使平台为了维护这种外部性而弱化定价力量。但在相应配套策略存在时，平台的价格也会向上产生扭曲，例如，平台可以通过对消费者进行补贴的形式来尽可能消除消费者在面对购买价格提升时的转移动机，在消费者停留意愿在补贴下增加到足够强时，平台则通过倾斜式定价的方案，以接入费用或抽成费的形式反向从卖家处补偿补贴成本。

从“二选一”行为对其他平台的损失来看，他们受到的排挤所产生的损害很可能较传统经济下的损害程度更大，其中一方面来自实施“二选一”的经营者对其造成的直接排挤而失去市场所带来的成本，另一方面来自其竞争环境的弱化。在平台竞争中，平台内经营者通常被视为是平台的一种经营要素，“二选一”行为则可以被视为是要素市场的一种限制，或在要素市场垄断和谋求垄断的一种形式。当平台内经营者的经营路径被限制后，消费者的消费路径自然会被限制。但是，与传统经济不同的是，消费者的消费行为被间接限制后，卖家的供给路径也无法实现灵活转换。因此，在平台竞争中对供给侧的限定交易行为对其他平台经营者实现进一步竞争与市场争夺的压力会更大，其他的平台竞争者想要再一次获得市场，提升市场竞争力，则需要在供需两侧都进行相当程度的竞争。而在平台环境下，供需两侧之间本身就因网络外部性而形成一种链式关联，仅对一方的争夺无法有效地获得全部用户，也无法实现有效交易体量提升，使竞争者进入一种竞争困境。

第四节　平台经济经营者的“大数据”杀熟行为

平台经营者的“大数据”杀熟通常被认为是具有市场支配地位的平台经营者对其交易相对人所进行的差别待遇，这种差别待遇可以体现在交易价格上，也可以体现在其他非价格的因素上。以价格为主导的差别待遇被视为是一种基于消费者个体偏好差异而进行的价格歧视。从经济学视角出发，合理的价格歧视既可以增加经营者的利润，又能够为差异化的消费者以不同的价格来提供商品，增加消费者福利。这种以三级价格歧视为主而展开的差异化定价主要来源于消费者对同一种产品所具有的支付意愿不同。以三级价格歧视为例，在市场中的消费者通常被某种外生条件而界定为不同的群体，不同的群体在上述外生边界内具有类似或几乎相同的偏好和支付意愿，也产生了若干特定消费者群体对同一种产品所形成的不同的需求价格弹性。因此，对不同群体所制定的差异化价格既可以使经营者在给定的成本水平之上，通过捕捉更多的消费者来获得更大的商业利润，又能够使对同一种商品具有不同支付意愿的消费者尽可能获得商品或服务，提高其个体效用，进而实现增加消费者福利的目的。

但是，“大数据”杀熟所体现的经济学内涵在于通过海量数据识别每一位消费者的个体偏好来对不同的消费者个体进行定制化的价格，以寻求捕捉每一位消费者尽可能多的消费者剩余的行为。因此，“大数据”杀熟行为更加趋近于一种一级价格歧视的操作。以图 10 - 4 为例，当市场中的 5 名消费者并不能以某种外生条件进行界定时，这些消费者则可以被认定为无差异的消费者，经营者在价格以及其他方面交易条件的设定便应当对这些消费者进行一致性的待遇。就价格层面而言，当经营者执行单一价格（即无歧视价格）时，经营者在既定成本水平上会激发消费者的需求价格弹性，消费者均会基于自身的支付意愿选择购买或不购买商品，使经营者在定价时会将消费者的决策纳入考量范围。例如，图 10 - 4 中单一价格下，支付意愿较低的两名消费者选择不购买商品，市场需求为 3。但当经营者可以基于每一位消费者的支付意愿定价时，经营者则可以对每一位消费者征收能够使其购买的最高价格，并获得全部市场，同时，通过抽取全部消费者剩余来获得更高利润。从效率视角出发，这种差异化定价能够使经营者的利润达到社会总福利的水平，即社会总福利可以尽可能最大化，但是，这种效率的实现是以牺牲公平性为代价的，即全部消费者福利全部转移为生产者剩余。

从传统经济市场来看，上述一级价格歧视的情况并不容易发生，因为一级价格歧视实施的要件除了经营者需要具有相当程度的定价能力（即市场支配地位）以外，还需要具有能够捕捉包含消费者支付意愿的信息的能力。但第二个要件的形成难度在平台经济环境中被大幅度减弱，因为平台经济经营者可以运用数字技术，收集和整合消费者在平台活动的行为痕迹数据，将其转化为能够反映消费者偏好的信息，利用这些信息制定价格决策。这种定价

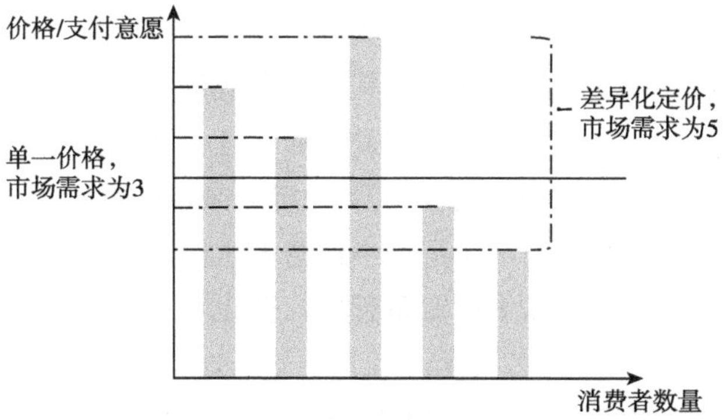

图 10－4　一级价格歧视

相较于传统的定价在模式上存在两个主要的差异。第一，传统的定价模式是基于经营者的成本和市场整体需求特征来完成的，前者表达了经营者技术和生产经营能力，后者反映了消费者群体对价格的接受能力和市场竞争程度。如果将经营者的价格以简化的形式表达出来，可以将其定义为 $p \equiv P\ (c,\ Q\ (p),\ q\ (p))$，其中 c 刻画了经营者的单位成本，$Q\ (p)$ 描述了经营者面对的市场内消费者集团整体对价格的接受能力，而 $q\ (p)$ 描述了该经营者的竞争对手的价格。通过需求定理可以发现，当经营者价格增加时，消费者的需求降低，在特定的需求价格弹性水平上，经营者的涨价行为会降低其利润。但是，当经营者可以通过数据所展现的信息识别每一位消费者的需求特征时，由需求对价格所产生的影响则会大幅度降低。例如，两名消费者的支付意愿分别为 5 和 8，以这两名消费者的群体特征进行单一化的定价使经营者在收益或市场份额其中一个方面产生收益降低。① 但是，如果经营者可以获得两名消费者的意愿支付信息，则可以通过差异化定价尽可能多地在捕捉全部市场的基础上获得更高利润。

第二，经营者的差异化定价会同时弱化其竞争对手的价格对市场的影响，这个价格的调整主要来自消费者反应和经营者竞争互动两条路径上。假设竞争对手所使用的价格为非歧视的单一价格 q，经营者对这种价格的歧视性策略则可以进行如下安排：对于那些支付意愿较高并充分接受价格 q 的消费者而言，经营者可以制定略低于 q 的价格吸引这部分消费者的转移；对于那些支

① 例如，定价为 5，虽然可以捕捉全部消费者，但是经营者对于某些消费者无法实现利润最大；如果定价为 8，经营者则会失去一部分市场。

付意愿较低并没有接受 q 的消费者而言，经营者可以针对消费者的支付意愿进行差异化的定价，以捕捉这部分消费者。当经营者所指定的差异化价格可以充分补偿其选择竞争的单一价格对其利润造成的相对损失时，则差异化定价会显著提高经营者的利润水平。因此，通过这一逻辑不难发现，经营者的差异化定价不仅可以尽可能充分吸收消费者剩余，降低消费者福利，同时，还会改变市场中的竞争机制，使市场中经营者之间来自竞争的互动失灵，使市场中的价格无法反映市场中的竞争程度，弱化竞争，达到排挤竞争对手的效果。

差别待遇（尤其是基于价格的差别待遇）形成的另外一个主要的因素是消费者不能充分地在不同场景间进行价格比较，换言之，不同的消费者在接受到不同的价格时，不能够与其他同类消费者进行比照。在传统经济中，这种情况并不多见，因为传统经济的消费活动通常都是发生在一个实体的场景中，消费者在消费过程中都具有一定程度的时间或空间的互动和联络，使消费者针对价格的信息可以通过联络进行比较，因此，传统经济下消费者接受到差异化的价格通常较为容易地被识别。而在平台经济环境下，消费场景对不同的消费者而言更加独立。虽然消费者与经营者的互动可以发生在同一个平台内，但是消费者并不能充分地共享价格信息，为卖家提供了一个与单个消费者点对点交易的机会和场景。此外，平台经济的消费活动覆盖面显著放大，使消费者之间的联络大幅度降低，进而弱化了消费者针对特定产品在特定条件下的价格进行识别和比较的可能性。这种情况更大程度地提升了消费者关于同类产品价格的信息不对称，使差异化定价行为更加容易地发生在大规模的消费者群体中。

从那些并不完全基于价格的“大数据”杀熟行为来看，虽然非价格因素的差别待遇行为最终的导向也是通过排除和限制竞争帮助经营者实现利润增加的目的，但是非价格因素的差别待遇相对于价格因素的相关行为实施的隐蔽性更高，在长期使消费者识别的可能性更低。我们并不能完全依照差异化定价来判定基于非价格因素的差别待遇行为属于经营者的市场支配地位滥用行为。其主要的原因是，价格因素和非价格因素进入消费者效用的路径并不相同，价格通常是以直接成本的形式进入到消费者效用中，价格的改变直接改变了消费者的效用水平；而非价格的因素通常是以间接成本的形式进入到消费者的效用中，这种非价格因素可能会产生增加或降低消费者间接成本的两个反向的作用。例如，一名消费者的效用函数可以表达为 $u \equiv U(p, \sigma)$，

其中 p 为产品的价格，且$\frac{\partial u}{\partial p}<0$ 说明了价格增加会降低消费者的效用水平；而σ描述了消费者在消费过程中的不确定性，这种不确定性是消费者对市场、产品信息、自身偏好信息的不充分了解，当消费者并不能对所购买产品进行充分了解时，则会付出更多的成本完成购买前的信息收集，因此$\frac{\partial u}{\partial \sigma}<0$ 反映了消费者面临的不确定性对其效用的抑制作用。此外，不同的消费者关于不确定性对自身效用的影响程度存在着差异性，即对于一个任意的消费者 k，他的效用描述为$u_k \equiv U_k$（p，σ_k），其所面临的不确定性是不能够通过其他消费者的信息来补偿的，即$\frac{\partial u_k}{\partial \sigma_{-k}}=0$。因此，在给定价格下，由于来自不确定性的间接成本对每一位消费者所产生的效用弱化都不尽相同，便产生了消费者集团整体的福利降低的情况。

具体而言，在一个包含了 N 个消费者的市场中，消费者福利可以表示为：$CS=\sum_{k=1}^{N} U_k(p,\sigma_k)$，当$\sigma_k>0$ 时，消费者福利总会因其中部分消费者的效用降低而降低。此时，对每一位消费者进行差别待遇如果体现在通过海量数据来实现对消费者针对性的信息获取，则会在一个更加广泛的范围内降低每一位消费者的间接成本。当经营者可以更广泛、更精准地识别消费者的偏好时，我们可以定义r_i，$i=1$，2，…，来刻画经营者对消费者偏好的识别程度，换言之，经营者可以基于对不同消费者偏好的识别程度来差别化地对待不同消费者，降低每一位消费者的间接成本，即σ_k'（r_k）<0，以实现消费者效用提升的目的，即$\frac{\partial u_k}{\partial r_k}=\frac{\partial u_k}{\partial \sigma_k}\cdot\frac{\partial \sigma_k}{\partial r_k}>0$。基于此，识别经营者差别待遇的合理性，可以直接通过这种差别待遇行为是否能够降低消费者的间接成本，进而提升消费者福利的角度展开。

但是，通常情况下，一种长期保持的基于价格差别待遇一般会提高消费者的直接成本，不利于消费者福利的提升。具体而言，在差别价格嵌入消费者效用时，消费者效用函数可以改写为$u_k \equiv U_k$（p_k，σ_k（r_k），t_k（r_k）），其中t_k刻画了消费者比较其他经营者价格时所承担的成本，同时也可以被视为是消费者向其他经营者进行转移时所承担的成本。如上文所述，在平台经济中进行经济活动的消费者的价格比较，通常来自类似商品在不同消费者间的价格水平差异，而平台经济放大的相关地域市场使消费者此类的相互比较难度增加，换言之，平台经营者可以通过差异化消费者能够接收到的数据内容而提高消费者在进行价格比较时的成本，进而弱化消费者进行价格比较并实施转移的动机。结合消费者此时的效用函数，当经营者对消费者偏好识别程度r_k提升时，消费者获得的服务的精准化能够降低不确定性给消费者带来的间接成本；但同时，利用消费者的偏好信息而针对性地制定价格p_k则会帮助经营者尽可能将消费者的福利转化为自身利润，以达到一级价格歧视的效果。此时，若消费者能够充分识别价格层面的差别待遇时，则有动机向其他经营者进行转移，但是这里我们需要明确的是，经营者也能够有动机通过其技术和数据的优势，提高产品价格信息在消费者群体内的共享，进而提高消费者群体内比较价格的成本t_k。

因此，在平台经济领域中的“大数据”杀熟行为下，经营者技术和数据优势可在三个方面发挥作用，其一是通过精准化服务给消费者带来效用提升，以提高消费者体验度；其二是通过精准化定价将消费者剩余转移至自身收益，以实现利润的提升；其三是通过精准化技术将消费者能够掌握的信息控制在一个极小的范围内，以控制消费者的转移。上述三个方面的作用可以带来两个主要效果，第一，“大数据”杀熟并非绝对地损害了消费者的福利，而是当经营者的差别待遇行为给消费者带来的成本高于消费者获得的收益，消费者福利会受到相对损害。第二，“大数据”杀熟可能会绝对性地影响市场竞争，这种差别待遇行为一方面控制了消费者的购买决策，另一方面抑制了消费者向其他经营者进行转移，在市场层面弱化了竞争的功能，产生了限制和排除竞争的可能性。因此，我们对“大数据”杀熟行为的反竞争担忧并不单纯地来自消费者福利受到的损害，还在于该行为对市场竞争和可竞争程度的干扰。从差别待遇的手段来看，数据是平台经济和传统经济两种市场模式下差别待遇的主要不同，在数字技术下，数据的有效使用是实现差别待遇并为经营者带来超额利润的前提条件。但我们能够同时发现，数据的有效使用并非是简单地帮助经营者抽取消费者福利，而是可以为消费者提供针对性的服务而提升消费者的福利。因此，对于数据层面的差别待遇所关注的该行为的“正当理由”应当侧重于评价经营者对数据的滥用和善用，当经营者使用数据是出于一种滥用动机时，数据的使用则会扭曲福利分配、损害市场竞争，则应受到规制和调整。

第五节 平台经济中的“自我优待”行为

所谓“自我优待”是指平台经营者通过运用其数据或技术优势“偏袒”其自营产品或服务的一种行为，“自我优待”的优待对象虽然大部分出现在平台经营者的自营品牌或自营业务上，但也可以被定义为针对平台上的某特定的产品、品牌、业务等，所作出的不与平台上的其他产品、品牌、业务有着同样交易条件的策略安排。通常情况下，自我优待行为被认定为具有市场支配地位的平台经济经营者对交易条件相同的交易相对人进行差别待遇的行为。例如，谷歌、亚马逊、脸书等，都曾经受到过关于自我优待的指控。自我优待行为的发生环境，一般是基于一个具有多条业务线的平台经营过程中。结合本书前章的解释，那些具有多市场布局的平台经营者通常都会构成实施自我优待的行为基础。

就自我优待的运行逻辑来看，图 10－5 给出了一个较为直观的描述。平台通过其主要经营业务收集用户的信息，这些信息潜在的价值化基础成为平台在后续经营过程中的重要生产要素。上述“主要业务”一般指的是当平台作为双边或多边市场下的经营者时，它对不同用户群体在相互搜寻和实际交易过程中的信息收集、整合、匹配、撮合和交易所进行的投入与相应回报，在上述一系列过程中获得的关于用户交易信息、偏好等特征的相关数据。当平台经营者实施多市场布局，开展新的业务或者在现有业务线上进行延伸时，它会将主营业务收集的信息应用至延伸业务的开展过程中。例如图 10－5 所呈现的情形，当平台经营者所推广的自营商品或服务与现有业务的某一个用户集团（如平台内卖方）所经营的商品或业务间存在着竞争关系时，则平台经营者则会利用搜集的信息作为其定价辅助工具，对目前的竞争对手进行针对性的价格打击。

从一个简单的经济学分析出发，经营者在竞争环境下的价格制定主要考虑两个主要因素。其一是消费者对价格的反应程度，即消费者针对特定产品的需求价格弹性；其二是竞争者之间的价格互动，这种互动来自消费者对不同产品间的替代程度，即消费者在不同产品间的交叉价格弹性。而经营者制定的价格需要充分考量消费者的整体偏好在面对价格绝对的变动和相对的变

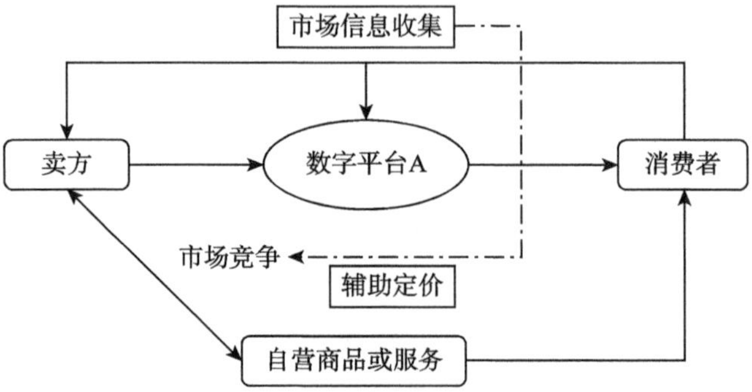

图 10－5　“自我优待”的实施逻辑

动时的需求变化，这一方面需要了解消费者对自身产品的需求信息，同时也需要尽可能地了解消费者对竞争对手产品的需求信息。相较于平台内经营者而言，平台经营者在获取信息方面具有更加突出的技术和数据规模，因而可以使平台经营者在市场信息方面更加具有竞争优势。这种竞争优势并不是始终存在的，而是当平台所推出的业务或某种特定的产品与现有的平台内经营者的业务形成相互替代关系时，才会产生两者的竞争关系，也才能进一步反映出平台的竞争优势。当平台经营者将这种竞争优势应用至价格制定过程中时，便会对其竞争对手（如平台内经营者）的价格形成针对性的制约，压制竞争对手在相关市场内的竞争力。在市场竞争层面，这种以价格来获取竞争力的方式并无大碍，自我优待行为的反竞争效果是来自平台经营者获取定价优势的路径上，平台所具有的定价优势主要是来自其扮演平台角色时对用户的数据获取，从这种要素的获得路径方面，平台与平台内经营者就具有明显差异，同时，前者具有突出的优势。平台将这种优势实现了一种跨市场的传递，即将一种市场的绝对优势地位转移至另一个市场中，并且直接干扰了该市场中的竞争程度。

上述关于自我优待行为的讨论简单地用定价和价格竞争的形式展现出来，而在实际案例中，一些非价格的因素也在自我优待行为中为平台实施垄断行为发挥了作用。例如，苹果公司在其应用商店中优先提供其自营音乐、谷歌在搜索平台上优先提供其广告等，都属于非价格因素的自我优待行为。但无论形成自我优待的手段是否是基于价格的，都涉及了一个关键的问题：形成自我优待的产品或服务是否与平台为卖家所提供撮合服务的产品或服务之间具有相互替代关系。相互替代出现后，消费者就成为平台经营者所涉及的销售业务和其服务的平台内经营者的主营业务所针对的稀缺资源，为了获得稀缺资源为自身带来的商业利润，平台经营者则利用其撮合服务过程中所获得的信息优势开展竞争。

从自我优待的损害来看，直接的损失主要在于平台内经营者和消费者两个方面。平台内经营者并不像平台一样具有明显的数据优势，则其在定价层面无法与平台实现有效抗衡，导致其市场份额直接下降，进而减少商业利润。消费者受到的损失来自于多个维度，一方面，由于消费者无法在经营者的充分竞争环境下获得价格，使得消费者无法充分获得来自经营者竞争的价格水平；另一方面，平台的优势会导致其针对不同的消费者进行差异化的价格，形成平台经营者对卖家和消费者的双重差别待遇的损失。

但是，如果我们进一步探索自我优待所带来的损失，事实上平台也会因其实施自我优待的行为而受到潜在的冲击。具体而言，平台在自我优待环境下的盈利路径主要来自于两个方面，其一是为平台内经营者和消费者的交易提供撮合服务，并从买卖方实际交易中获得的抽成费用；其二是平台销售其自营产品或服务的收入。我们将上述两条路径分别定义为 1 和 2，平台经营者的抽成费用外生刻画为 r，则平台经营者此时的利润函数可以写为：

$$\pi_P = r \cdot Q_1(p_1(I),\ p_2) + p_2 \cdot Q_2(p_1(I),\ p_2) \qquad (10.1)$$

在公式（10.1）中，$Q_1(p_1,\ p_2)$ 和 $Q_2(p_1,\ p_2)$ 说明了平台所经营者的两条业务是相关的，我们进一步定义 $\frac{\partial Q_1}{\partial p_2}>0$ 和 $\frac{\partial Q_2}{\partial p_1}>0$，说明两个业务具有相互替代关系，体现了平台所提供撮合服务的业务与其自营业务之间具有竞争性。此外，参数 I 描述了平台经营者自我优待的程度，且 $p_1'(I)>0$ 反映了自我优待行为使平台自营产品的竞争对手的产品价格更加不具有竞争力，因此 $\frac{\partial Q_1}{\partial I}<0$，$\frac{\partial Q_2}{\partial I}>0$。我们同时需要明确的是，平台经营者进行自我优待的信息并不是其自身生成的，而是平台在进行撮合服务中产生的，换言之，当平台完成的撮合服务体量越大时，其能够获得的供自我优待的数据体量则越大，因此，$I'(Q_1)>0$。

通过对公式（1）中平台经营者的盈利路径进行分析，当其运用自我优待的规模和程度提升时，将会产生三个层面的主要效果。第一层效果来自平台自营产品利润提升。当平台实施自我优待后，平台经营者的自营产品市场竞争力提高，为其带来了通过销售自营产品而获得的商业利润。第二层效果来自平台撮合业务的利润下降。在既定市场规模下，当平台通过自我优待使自营产品获得更多的市场份额的同时，也挤占了平台内经营者的交易机会，使后者能够在平台上发生的实际交易量降低，进而降低了平台能够通过撮合服务所产生收入的基础，使平台通过这项业务获得的商业利润减少。第三层效果属于一种连带效果。当平台内经营者通过平台进行交易的规模降低时，平台也会面临着获得信息体量的降低，使得其进行自我优待时所具有的数据规模量降低，使自我优待的效率降低，进而弱化了其自营产品在市场中获得较明显集中度的效率。

结合上述逻辑，分析平台进行自我优待的动机和程度应当延续这三层主要效果展开。具体而言，平台实施自我优待并不是绝对受益的，这是由于平台不单从自营产品的销售中获得收益，而是从第三方撮合服务中也可以获益，这使得自我优待对平台内经营者的交易产生损失的同时，也对平台自身带来连带损失。当平台通过实施自我优待损害竞争对手业务的同时，平台自身的利润也受到一定程度的冲击。因此，当平台制定是否进行自我优待的决策时，若产生的连带损害造成的平台成本无法被其自营商品营收充分补偿时，平台进行自我优待的利润则不会得到明显提升，也便会降低平台进行自我优待的动机。

基于上述分析，我们是否可以推定由于利润的内部转化和平台的理性决策，在某些条件下，平台自我优待的动机并不充分，从而平台经营者的自我优待行为并不会形成巨大的反竞争担忧？这个答案并不是绝对的，其主要原因是，上述分析主要关注了平台的自营产品或服务与现有平台内经营者的经营业务具有明显的替代关系，引致了平台通过自我优待对竞争对手的冲击动机。同时我们也明确，平台通过自我优待对平台内经营者的竞争压制也会间接地降低自身利润。但是，如果平台自营的产品或服务与现有平台内经营者之间不存在明显的竞争关系，更进一步地，具有比较明显的互补关系，则平台自我优待的问题所展现出的反竞争担忧将会更加明显。如图 10 - 6 所示，平台依旧为买卖双方提供关于产品或服务交易的撮合服务，并基于这个服务获得充分的数据和信息。此时，平台经营一种能够辅助撮合服务的产品或服务，这种辅助服务可以被视为是平台交易的附加服务，例如，电商平台在撮合服务所实现的交易同时，提供的配套支付和物流服务，这种类型的服务与电商交易间存在着较为明显的互补性，平台内经营者在完成交易时需要平台所提供的此类配套服务。当平台通过提升这些服务的效率时，自然而然增加了平台内经营者对此类服务的依赖程度，进而增加了平台通过多个业务对平台经营者的控制。如亚马逊在其物流服务中，就将选择其物流服务的卖家和不选择其物流服务的卖家进行差别对待，利用差别的协议为前者提供一定程度的福利，进而使不选择其服务的卖家承担较高的机会成本。此外，这种差别待遇还会形成对其他市场竞争的排除和限制。回顾上述亚马逊的物流业务，当这种自我优待逐渐形成并稳固后，则对其他的物流服务提供商产生了较明显的冲击，在一个更大范围的市场内产生了反竞争下的损失。

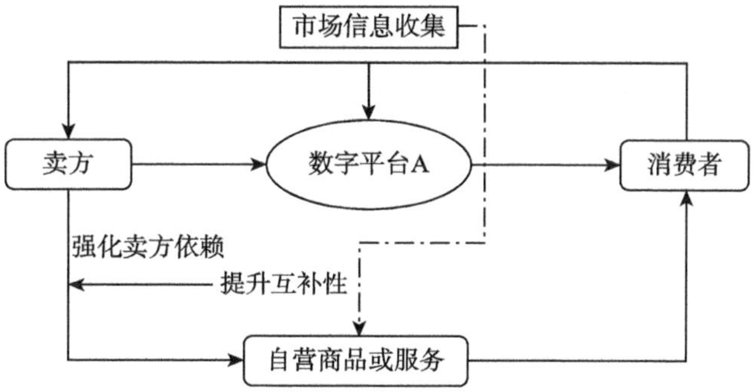

图 10－6　“自我优待”的互补性

上述关于自我优待所涉及的互补性的问题会使我们对这种垄断行为的分析变得更加复杂。第一，如图 10－6 所示，平台 A 所提供的业务与平台内卖方所提供的产品没有竞争关系，反而是相互补充的。从直觉来看，两者的同时存在具有了较强的协同效果，在以平台 A 为基础的交易场景中，这种互补性可以比较明显地形成范围经济，并将成本节约以价格降低的形式传递给消费者。但是，在自我优待情况下，上述协同效应带来的福利提升并不一定存在，这是由平台 A 在卖方群体中的支配地位决定的。当卖方十分依赖平台 A 所提供的交易场景时，卖方自然而然地对平台 A 所提出的交易条件丧失了较强的谈判能力，进而使平台 A 这种互补的自营业务在卖方市场形成一种必需性，换言之，卖方若希望在平台 A 上获得较为合理的交易条件，则需要满足平台 A 在自营业务上对卖方所提出的要求。第二，平台 A 对于自营业务的自我优待涉及的条件若对于卖方而言具有一定的强制性，自营业务的互补性则使其成为了一种平台 A 作用在卖方身上的搭售品。从自我优待的这种行为本身来看，平台 A 并不一定绝对地将自营业务“搭售”给卖家，因为在平台 A

的交易场景中，大多存在着与其自营业务相互替代的其他经营者。但是，当平台 A 能够给予那些选用其自营业务的卖家若干优待条件时，则会造成自营业务所处市场的竞争损害，这种损害类似于搭售行为下对搭售品市场的竞争排除和限制效果。

因此，结合上述分析，对平台经济领域中的自我优待行为的垄断分析应从平台经营者动机、产品特征和行为特征三个方面展开。首先，对于那些与现有产品存在相互替代关系的自营产品而言，经营者的自我优待动机会相应弱化。这是由于当自营业务获得较多“优待”时，平台经营者会因为第三方卖家的交易降低而失去一定程度的收益。其次，不同的产品特征使平台经营者的自我优待主体发生改变。不同于相互替代产品间的自我优待行为，当平台自营业务与第三方卖家的业务间具有互补关系时，平台自我优待的主体则不再是其自营业务本身，而是那些选择了其自营业务的第三方卖家。实际上是围绕平台自身利益对不同的卖家进行了差别待遇，而不再是对不同的产品进行差别待遇。最后，针对平台本身在市场中的支配地位，还需明确其推出的自营产品对其他平台活动参与者的必需性，当这种产品趋于必需设施属性时，我们则需要进一步考察自我优待行为是否是平台经营者的一种搭售行为。

第十一章　平台经济中的市场规制

本书所讨论的平台经济中的市场规制主要侧重于平台经济经营者的垄断行为规制。从行为特征上看，平台经济经营者的垄断行为虽然依旧处于传统反垄断视角下的垄断行为框架下，即分类为垄断协议行为、滥用市场支配地位行为和具有排除和限制竞争的经营者集中行为，但是，平台经济市场的特征使平台经济经营者的垄断行为较传统垄断行为更具有特殊性。

首先，平台经济中的垄断行为特征更加难以判定，这是由于平台经济市场的独特经营模式带来的，双边市场的特征使垄断行为所面对的客体更加多样，使关于垄断行为的传统判定方式存在一定的适用难题。

其次，平台经济中的垄断行为更加隐蔽，这一方面是由于平台经济中广泛的数字技术应用使市场中的技术不对称程度增加，另一方面是由于平台经济经营者在实施垄断行为时更加“远离”市场前端。具体来说，虽然垄断行为的实际损害是发生在市场当中，但是平台经济市场中的垄断行为的实施更加靠近市场的“后台”，这是数字经济环境中的技术和数据特征而导致的结果。平台经济经营者更加关注对数据要素的使用，使得经营者不再将垄断行为的实施工具设定在市场前端，而是逐渐向数据要素所存在的市场后端转移。

最后，平台经济中垄断行为的损害范围更大且程度更高，这是由于平台经济的经营已经不再限于在某一个特定的时间和空间，而是通过互联网载体使交易发生在一个更大的范围内，因此，平台经济中的垄断行为产生的损害范围会较传统经济更大，进而受到垄断行为的损害客体体量增加且不仅限于市场中的消费者和其他经营者，使垄断行为的损害程度提升。

从平台经济领域中的垄断规制方案视角来看，规制应当更多地从事后监管向事前监管转移。平台领域的事前监管更多地倾向于对平台经济领域中的公平竞争环境的培育和构建。同时，通过标准的设定来构建经营者的“自发”

机制，即通过一种激励相容机制来增加经营者实施垄断行为的成本，进而约束经营者在竞争过程中为了获得更高的商业利润而进行的垄断行为动机。从事中监管的角度来看，对竞争环境中经营者行为的监督应当从传统的制度性审查向技术性监督和市场性监督两个方面转移，尤其是对于平台经济领域中技术性垄断的风险，更应采用技术手段来实现事中监督；市场性的监督是发挥市场中竞争机制对经营者行为的约束力量，激发竞争的内部和外部的力量，形成对垄断者的压力。

从平台经济领域中的垄断规制方式来看，制定平台经济领域的反垄断规制方式应当充分考量市场结构、损害评估和规制标准三个维度。

首先，虽然目前世界上大部分国家和地区反垄断所关注的对象是经营者的垄断行为，但是垄断行为的生成因素和实施效果在不同的市场结构中不尽相同。尤其是在平台经济领域中，不同的市场结构引致了经营者在竞争过程中形成了不同的市场切面，导致不同结构的平台经济市场产生的垄断行为渗透力和持续力存在明显差异。因此，对垄断行为的判定和规制方式应当基于平台经济的市场结构做出基础性的判断。

其次，损害评估是判定经营者行为是否具有反垄断所关注的损害竞争的重要依据。传统市场中的垄断行为产生的损害通常是“单边”的，即经营者的垄断行为主要的损害对象是市场中的其他经营者和消费者。但在平台经济领域中，经营者垄断行为产生的损害通常是“双边”或者“多边”的，这就使我们需要将经营者的垄断行为损害的分析范围向外延伸。同时，由于网络效应、零边际成本、网络外部性等特征普遍地存在于平台经济中，在技术和数据的作用下，这些效应将更加明显地使经营者的垄断行为波及范围增加，不但对市场内的利益相关者产生了损害，同时，对市场边界和市场外的利益相关者也产生了影响。因此，准确地对平台经济经营者垄断行为损害进行评估即是对垄断行为规制和调整的量化基础，又是培育良好平台经济竞争范围、前置反垄断规制的有效度量工作。

最后，对垄断行为的诸多规制标准以货币的量化形式展开，这种方法是对那些对市场竞争产生实际损害的垄断行为较为直接的规制方式。一方面，货币形式的处罚可以比较直接地衔接垄断行为产生的实际损害和垄断者的具体行为；另一方面，货币形式的处罚可以更加直观地对那些潜在的垄断行为实现威慑力，达到规避垄断行为、降低垄断风险的目的。但是，我国《反垄断法》对于各项垄断行为的规制标准大多以多重静态的形式出现，具体而言，其对不同垄断行为的罚款给出一个比较宽泛的区间或比例，没有针对不同的市场结构、市场特征和经营者状态进行差异化的动态分割。此外，对存在于不同市场发展周期内的经营者的垄断行为也并未做到动态划分，便形成了多重的处于较为静态的规制标准。这种标准虽然在传统经济领域中得以较全面地适用，但是在平台经济中，由于市场结构差异化、经营者特征差异化，传统的规制标准存在明显不足。因此，平台经济领域中的反垄断规制的逻辑终点，需要对规制的各项标准进行动态且差异化地调整。

第一节 公平竞争与可竞争市场

竞争是市场经济中十分具有效率的一种制度。从竞争本身的属性来看，它能够激发市场中经营者在参与博弈过程中的相互促进，实现资源配置和资源的优化配置。同时，竞争能够促使经营者在其生产经营方面力求寻找强化自身竞争力、获得市场份额、吸引用户的合理路径和可行方案，运用竞争在市场中对经营者形成压力，使市场从效率、规则和可持续性方面实现整体改良和提升。因此，竞争与市场经济之间在本质上具有比较明显的统一性。而经营者的个体自由、私权保障、意思自治等法治原则在某种程度上干扰了竞争的公平性，经营者以商业利润的最大化为经营目标，所有的竞争策略受到了经营者内生的动机干扰。在某种程度上，使市场中的竞争公平性产生了协同性的偏离，这便需要一种能够推动公平竞争的机制和手段并对不公平的竞争行为进行纠偏。

从促进公平竞争的制度性工具来看，反垄断法是世界上各个国家和地区约束经营者垄断行为，提高公平竞争环境的重要制度工具。但是，反垄断与竞争政策之间存在较明显的差异，反垄断法更多地关注了对经营者垄断行为的规制和调整，侧重于对垄断行为的事中和事后的监管，而竞争政策则更加关注于一种在市场动态运行过程中的全局性规制。① 简言之，竞争政策是一个更加关注宏观层面的概念，它包含了反垄断，同时也需要反垄断法来进行某种程度的实现。但是，反垄断法的实施并不意味着公平竞争的实现，公平竞

① 孙晋．新时代确立竞争政策基础性地位的现实意义及其法律实现——兼议《中华人民共和国反垄断法》的修改［J］．政法论坛，2019，37（02）：3—12.

争通常指的是一种市场状态，是一种市场即便在动态运行过程中也依旧适用的状态。而反垄断通常是在这个过程中出现了反竞争状态时进行的节点化的调整，具有了一定程度的静态性。更加重要的是，实现公平竞争这种状态是一种需要规制者进行事前筹备、设计和实施的行为，换言之，它可以被视为是一种约束垄断行为的前置机制。

因此，公平竞争状态的实现和公平竞争策略的实施，是对经营者垄断行为规制的一种基础工作，也是规避垄断行为的实际发生和垄断风险的先导方案。2021年6月29日，由国家市场监督管理总局、国家发展和改革委员会、财政部、商务部、司法部会同有关部门修订《公平竞争审查制度实施细则》（以下简称《实施细则》）明确地阐述了公平竞争的具体标准。相较于我国《反垄断法》对经营者垄断行为的刚性约束，《实施细则》更加关注于垄断行为可能发生的市场环境和市场状态。具体而言，《反垄断法》是针对经营者的垄断行为进行的一种事后规制，对垄断行为具有明确的针对性，明确了经营者的行为哪些是竞争的，哪些是反竞争的，并对那些反竞争的行为进行规制和调整。因此，《反垄断法》通常具有对垄断行为的刚性约束。这种刚性约束在实现了对垄断行为的针对性规制的同时，存在一定的缺陷，最为明显的是《反垄断法》所规制的对象是已经实际发生的垄断行为，即垄断行为所产生的损失实际出现后使用《反垄断法》进行调整。反观公平竞争视阈下的竞争政策，更加倾向于对市场进行一种柔性的制度性安排。具体而言，公平竞争政策通过基于《实施细则》下的各项标准对市场的公平竞争环境展开设计，使市场本身的状态进入到一种公平竞争的状态（在这种状态下，经营者的行为范围得到控制），并基于市场中利益相关者的福利水平来制定能够规范经营者行为的市场边界。同时，通过政府“看得见的手”的力量来激发市场经济中“看不见的手”的活力。

相较于传统经济而言，平台经济领域中更加需要公平竞争政策的培育和引导，这主要来自两个方面的因素。第一，平台经济经营者的生产经营行为具有多样性、复杂性和隐蔽性的特点，这种特点增加了反垄断监管的难度和执法成本。反垄断的主要目标是为了调整市场中的反竞争行为实现公共利益即社会总福利的提升，而反垄断执法成本的提高又从公共成本的角度降低了社会总福利，这就呼唤监管者采用一种更加具有弹性的方式规避平台经济经营者垄断行为。

第二，平台经济经营者在市场中的经济活动具有比较明显的动态竞争性，使得经营者的垄断行为可以随着平台经济中的商业模式的快速变化而改变。这种动态竞争性使传统的反垄断理论和反垄断方法不能及时地应对，也无法充分且科学地解释动态的垄断行为。虽然目前在平台经济领域中的反垄断执法已经开始将经济学方法融入其中，但是，尚未有一个系统性的经济学理论运用来优化平台经济领域的反垄断执法，导致了反垄断方法在平台经济中的应用存在明显的滞后。因此，约束平台经济领域的垄断行为更加需要弹性的政策来对刚性的反垄断法进行适度的补充。从狭义角度来看，这种补充回应了竞争政策和反垄断之间的优势互补在市场实际运行中的体现；从广义角度来看，这种补充填补了经营者在市场活动中各个环节的监管和引导方面的空白。

市场竞争能够顺利展开的重要路径是市场的可竞争性或可竞争市场（Contestable market）的构建和形成。市场竞争并不一定发生在已经处于市场内部的经营者之间，即市场竞争并不仅限于在位者，同时还包含了市场的潜在进入者。市场潜在进入者的存在对市场竞争的影响是发生在可竞争市场的基础上的，当这个市场的可竞争性降低甚至出现了不可竞争的状态，这个市场就存在一种“关闭”的现象，即形成了封闭市场。无论是从经济学理论视角出发还是法学视角进行判断，市场竞争并不是关于在位者之间的狭义竞争，而是包含了在位者和潜在进入者之间的广义竞争。因此我们所讨论的竞争应当既包括了市场中目前存在的竞争，又包含了市场在未来可能发生的竞争，或一种赋予了市场外经营者进入市场并参与市场内部竞争的机会。

如果一个市场存在比较明显的市场准入和退出的门槛，则会增加市场内外经营者在进入或离开市场中的成本，这种成本的存在并不是不合理的，在市场竞争的决策中，经营者需要将进入或离开市场时所承担的必要的成本和收益充分纳入考量，并制定其是否参与竞争的决策。因此，一个良好的公平竞争环境应关注两个主要方面，第一，市场内部在位者之间的公平竞争，指的是目前市场内部所存在的“可视”的竞争是否处于公平竞争状态；第二，市场外部的经营者可能进入市场之后所产生的公平竞争，指的是目前市场内部并不一定存在竞争，但是发生竞争的条件是存在的，且这个条件并未被经营者外生约束。当两种类型的竞争受到损害时，我们都可以将其认定为是一种排除或者限制了竞争的状态，如果这种状态是由于市场中某些经营者而导致的，则这些经营者的行为则可以被认定为是一种排除或者限制了竞争的垄断行为。对于市场内部已存在竞争的损害，是一种对于竞争状态的弱化，对于市场潜在竞争造成的损害，则是一种对垄断状态的强化。从公平竞争政策的设计来看，规范市场中的准入和退出，事实上是打破了经营者在进入和离开市场时所承担的不合理的成本。判定成本是否合理的主要依据是这种成本的存在是否是为了改善市场中利益相关者福利的一种安排，如果成本并非出于一种公意而设定，即成本的存在是为了满足市场中某一个或少数几个主体的利益目标，则这种成本便干扰了市场中的准入和退出，需要在公平竞争政策下予以限制和排除。

从市场竞争的经济学分析来看，市场准入是一个对竞争环境培育非常关键性的基础，它不仅涉及对市场竞争边界的厘定，还影响到市场已有竞争的程度。换言之，市场准入是影响市场结构的重要因素，当市场进入或退出门槛过高时，市场的可竞争性急剧降低，使市场结构从开放转变为关闭，进而使那些集中度较高的市场中的经营者所具有的市场势力可以转变为其控制市场能力的可行性增加，便提高了经营者控制市场的能力。在平台经济领域，这种能力的转换更加明显。这是由于平台经济经营者在双边或多边市场的格局下，能够通过控制多个市场活动的参与者来影响市场进入难度，经营者并不一定会直接对在位竞争者或潜在竞争者设置进入和退出条件，便可以比较便利地影响市场的进入难度和市场封闭程度。具体而言，平台经济经营者所面对的要素市场和产品市场之间是高度关联的。例如，电商平台在传统生产要素如技术的基础上，还将供需双方的数据作为其主要生产要素，通过对接和匹配，吸引双方接入。当平台控制其中一方或几方的接入，同时屏蔽这些用户接入其他平台时，则提升了其他平台进入市场的难度，降低了市场中的可竞争性。

关于可竞争市场结构，我们可以考虑以下经济学模型。定义 I 是一个在位的平台，它的利润主要来自两个方面：对用户收取p_I的费用获得直接受益，以及通过从用户使用中获取数据d_I并利用数据获得间接收益，因此可以将平台 I 利润表示为：$\pi_I \equiv \Pi_I$（p_I，d_I）。在市场不存在竞争时，平台 I 在既定的数据获取和掌控程度上，通过对用户制定费用来最大化其利润。通常情况下，这种封闭的市场结构被视为是一种垄断的结构，而平台 I 可以在一个较为封闭的市场环境下运行。但是，当市场中并未设置不合理准入条件的情况下，现行平台经济市场以外存在着相当数量的潜在进入者 E，这些进入者在技术与资金允许的情况下可以自由进入市场，令其中一个潜在的平台经营者在进入市场后的利润函数为：

$$\pi_E \equiv \prod_E (p_E, p_I, d_E) - F \tag{11.1}$$

其中，p_E是平台E进入市场后向用户制定的价格，d_E是平台E获得的用户数据量，F是平台E进入市场所需要承担的成本。当新平台进入市场后，市场结构发生改变，从一个垄断的市场转变为竞争市场，此时平台I的利润函数改变为$\pi_I \equiv \prod_I (p_I, p_E, d_I)$。在这个模型中我们需要明确的是，平台不仅通过制定价格在市场中展开竞争，与此同时，平台也可以将其获得的数据作为竞争工具，帮助自身获得市场竞争力。其主要的原因是，在平台经济中，价格在很多情况下已经不能充分发挥提升平台经营者竞争力的功能，而更加重要的，是数据要素在平台经营过程中扮演的重要角色。因此，无论是在位平台还是潜在的竞争平台，其利润都受到了价格竞争和数据要素竞争的双重影响。

考虑平台E可能成功进入市场，由于竞争压力的存在，在位平台会面临利润可能的减少。此时，我们不考虑平台I对其竞争对手进入成本和进入后价格的控制和影响，仅考虑该平台通过数据封禁形成的潜在竞争者进入门槛的提升。可以假设平台I进行一定程度的数据封禁的可能性，将这个封禁行为对数据的影响程度设定为x，它会同时影响两个平台对用户数据的获取程度。具体而言，数据封禁可以在提升平台I数据保有量的基础上，降低平台E的数据获得程度，可以将两家平台的数据规模表示为：$\frac{\partial d_I}{\partial x}>0$，$\frac{\partial d_E}{\partial x}<0$。数据封禁并不仅限于对平台关于用户数据获取方面的狭义上的封锁；还涉及了对能够提供数据的用户对平台选择的控制，例如，“二选一”行为也可以被认为是一种数据所包含的信息在传输路径上的封锁行为。此时，在给定竞争价格和进入成本时，平台I的利润最大化可以表示为一个有条件的最优化问题：

$$\max_x \prod_I (p_I, p_E, d_I(x)) \tag{11.2}$$

$$s.t.: \prod_E (p_E, p_I, d_E(x)) - F \leqslant 0 \tag{11.3}$$

上述最优化问题（11.2）和（11.3）分别说明了，平台I通过制定其数据封禁的程度x最大化目标函数（11.2）中的利润Π_I，同时，平台I在进行数据封禁决策时将考虑一个能够降低潜在竞争者进入市场后的利润的数据封禁程度，使平台 E 进入市场后的利润降低至零甚至更低，消除潜在竞争者进入市场的动机，使市场继续保持垄断的结构，维持平台 I 自身利润保持在垄断水平。令 $\lambda\geqslant 0$ 为上述有约束条件的最优化问题对应的拉格朗日乘子，则可以将相应的拉格朗日函数表示为：

$$L(x,\lambda)=\prod_{I}(p_I,p_E,d_I(x))+\lambda\left[F-\prod_{E}(p_E,p_I,d_E(x))\right] \quad (11.4)$$

关于（11.4）的最优解条件可以写为：

$$\frac{\partial L(x,\lambda)}{\partial x}=\frac{\partial\prod_I}{\partial d_I}\cdot d_I'(x)-\lambda\cdot\frac{\partial\prod_E}{\partial d_E}\cdot d_E'(x)=0 \quad (11.5)$$

$$\frac{\partial L(x,\lambda)}{\partial\lambda}=F-\prod_{E}(p_E,p_I,d_E(x))\geqslant 0;\lambda\geqslant 0;$$

$$\lambda\left[F-\prod_{E}(p_E,p_I,d_E(x))\right]=0 \quad (11.6)$$

其中，（11.5）是关于（11.4）实现平台 I 利润最大化的数据封禁操作水平，（11.6）是关于（11.4）的互补松弛条件。通过比较静态分析，我们可以得到：

$$\left.\frac{\partial L(x,\lambda)}{\partial x}\right|_{x=x^*}=-\lambda\cdot\frac{\partial\prod_E}{\partial d_E}\cdot d_E'(x^*)>0 \quad (11.7)$$

（11.7）给出了一个关于在位平台经营者数据封禁行为的主要结果，当平台 I 数据封禁水平达到无约束条件的最优化水平 x^* 时，此时平台 I 的无约束条件时利润水平最大化，即边际利润为零，说明了 $\frac{\partial\Pi_I}{\partial d_I}=0$。通过（11.6）的互补松弛条件可以得到，当 λ 逐渐增加时，即当 $F-\Pi_E$（p_E，p_I，d_E（x））逐渐趋近于零时，平台 I 将逐渐降低其控制数据的行为（这是由于 d'_E（x^*）<0）。以上结果说明了，当潜在竞争者在进入市场后的利润水平逐渐增加时，在位平台经营者将有动机通过更加显著的数据控制来降低平台 E 进入市场后的利润，弱化其进入市场的动机。

通过这个结果不难发现，在平台经济市场中，在位经营者并不一定会使用内生的价格策略和外生的成本策略来改变潜在进入者的进入决策，而是通过数据要素的控制来调整两者在可能发生的竞争过程中的相对竞争力，并通过比较明显的数据封禁来使进入者在进入市场后无法获得能够补偿其既定进入成本的市场，使两者的相对竞争力始终具有明显的悬殊。潜在经营者在进入市场前的预期或进入市场初期的实际观察下，利润无法达到持续经营的水平，则不会进入市场或快速离开市场，此时，市场将继续保持一种不可竞争的封闭状态。

结合上述分析，在平台经济领域中关于公平竞争的市场进入和退出的规制应当关注两个层面的标准设定。第一，市场潜在竞争者在进入市场后的利润路径。传统模式下，经营者进入市场后的主要利润路径来自商品市场和要素市场两个方面，在平台经济领域，商品市场和要素市场之间的关联更加明确，这种关联主要来自经营者对市场中数据的控制。当经营者可以控制市场中较大规模的数据时，就可以利用数据通过价值化过程后对不同参与平台交易用户的溢出以及外生的干预手段，使平台交易中的用户增加对自身的黏性，直接弱化了潜在竞争者在进入市场之后能够获得市场的能力，降低了进入平台市场的经营者的利润。

第二，市场潜在竞争者在进入市场过程中的成本。在平台经济领域的竞争中，经营者很多成本并不单纯是与其他经营者竞争而产生的，而更多的是来自对生产要素的获取。平台经济领域中以数据为主导的生产要素在经营者生产经营活动中的很多环节发挥了重要的作用。例如，平台交易依赖信息的传输，而数据的控制恰恰抑制了这种信息传输的渠道，使市场中的进入者无法通过这些渠道来实现交易信息的表达和获取。这便需要我们在市场准入中明确信息传输渠道在生产经营过程中的必要性，因此，市场中的竞争程度水平判定的一个基础工作是要明确要素的必需设施属性，如果在位经营者所控制并影响的信息渠道是在平台经济市场中经营所必需的，则对这种信息渠道的控制直接增加了潜在进入者的成本，增加了市场进入难度。

第二节　平台经济市场中的反垄断规制

现有关于平台经济市场反垄断规制方面的大部分学术研究和实践指出，平台经济市场不同于传统经济市场的特征带来了反垄断监管和规制方面的挑战。具体而言，平台经济中的双边市场特征使平台经济领域中的垄断行为与网络外部性和数据之间存在十分密切的联系，加之平台经济经营者对技术的应用，使经营者所使用的垄断工具更加具有高效性、隐蔽性和交叉性。[①] 在监管制度方面，面对平台经济的技术性和数据性的特点，传统的“监管—反垄断”二分法容易出现体系性的混乱，这是由于传统的反垄断规制更加关注于通过垄断行为带来的结果来判定监管的方式和手段，进而达到反垄断的目的。[②] 但是，在平台经济的双边市场模式下，如果缺少对平台经济市场结构的判断，就难以形成对垄断行为和其产生实际效果的准确定义。在更加宏观的角度来看，反垄断的最终目的是希望通过有效竞争达到福利的提升，而这两者的均衡的实现并不是单纯地通过规制具体的垄断行为而产生的，更应该是通过对具体市场结构和经营者所使用的工具的特点的分析而进一步形成的。

鉴于此，本节将围绕目前平台经济反垄断规制所面对的实际问题，归纳出平台经济反垄断方案设计的三个主要思路。首先，通过市场结构分析和福利水平综合判断，来界定平台经济领域反垄断规制的主体方向。其次，从市场机制的视角，提出平台经济反垄断规制的一种经营者间的自发机制。具体而言，平台经济领域中的反垄断并不一定是一个自上而下的规则制定过程和实施路径，而可以构成一个发生在市场内部的且可以自发调节机制，通过对市场中有效竞争的培育和引导，规避经营者的垄断行为实施动机，更重要的是，使经营者可以在这种机制下自发地消除实施垄断行为的动机。最后，从制度设计的视角出发，构建维持有效竞争、增加市场机制活力的事前监管框架，将反垄断监管尽可能前置，一方面，回应了早期原则在平台经济反垄断领域中更大程度的更新和应用；另一方面，事前规制可以极大程度地通过制度性的手段降低可能发生的垄断行为对市场造成的实际损失。

1. 市场结构与福利水平

平台经济市场中最具有特色的一种商业形态是双边或多边市场的属性，这种属性使平台经营者的竞争工具变得更加多样。在技术的使用和数据要素的融入下，平台经济经营者的竞争工具也变得更加丰富，但同时，这也使得

---

① 陈庭强，沈嘉贤，杨青浩，等．平台经济反垄断的双边市场治理路径——基于阿里垄断事件的案例研究［J］．管理评论，2022，34（03）：338－352.

② 杨明．平台经济反垄断的二元分析框架［J］．中外法学，2022，34（02）：366－384.

平台经营者可能产生的垄断行为更加隐蔽、更加复杂且影响范围更大。在平台经济市场中，双边市场的属性使市场结构发生了明显的变化。

从横向的市场切面来看，平台经济经营者之间的竞争并不完全在于对消费者市场的争夺，还在于在那些接入平台的其他经营者群体中的竞争，这便形成了平台竞争从一个“经营者-经营者”之间的竞争状态转变为经营者所涉及的“市场-市场”之间的竞争状态。从纵向的市场切面来看，平台经营使传统的纵向市场格局变得模糊。在平台市场中的大部分用户之间，虽然存在着较为明显的供需关系，但是这种关系被平台上的网络外部性产生的力量所影响，使这种供需关系转变为互补关系，换言之，平台所涉及的所有用户群体接入平台的动机同时来自对其他用户群体形成互补性，进而产生了用户对平台的需求。

因此，对平台经济经营者垄断行为的判断应该立足其所处市场的结构特征，从市场结构的角度开展反垄断规制。传统意义上的反垄断规制遵循了行为主义的范式，当我们实际观察到垄断行为以及垄断行为产生的损失时，对该行为进行调整和规制。但是，平台经济中的市场结构使我们在对垄断行为的判断过程中面对了若干难题，其中比较突出的问题是，从平台经济发展的全局角度来看，平台经济经营者某种特定的行为是促进竞争的还是抑制竞争的？

在传统经济市场中，这个问题比较容易回答，也能够给出一个令人满意的答案。这是因为，在传统经济的单边市场模式下，经营者的行为所面对的客体比较容易识别。同时，经营者在市场中的主要竞争边界也较容易划定，这便帮助我们可以在一个比较清晰的环境下来判定和分析经营者的行为是否存在着反竞争性。但是，在平台经济中，平台经营者面对了多个市场，换言之，经营者在平台经济市场中所面对的利益相关者较传统市场中更多、更复杂，使我们在分析经营者的行为是否具有反竞争性这个问题时便面临一些困境。例如，经营者一些获取数据要素的行为的直接目的是为了通过更多的要素资源实现对市场的辨别，以更加清晰地了解所接入的用户差异化的偏好，通过算法对这些用户进行差异化的服务。简言之，平台经营者利用海量的数据精准化服务其用户，达到提高用户体验度、提高交易准确度、强化数据价值化溢出等效果，平台经营者这个行为的长期目的是为了通过合理的技术手段来提高自身的竞争力，维持自己所处市场中的市场结构，以达到长期获得商业利润的目的。从这个视角来看，平台经营者某些行为可能会产生排除和限制竞争的效果，但从福利视角出发，这个行为又可以为接入平台的大部分用户提高接入平台、使用其提供服务的福利水平，如果这种福利水平的提升是基于并未明显损害其他利益相关者福利的基础上，那么，平台的获取和使用数据的行为将不存在损害公共利益这一项垄断行为判定标准。

如果我们进一步追问，应当如何在福利视角评判平台的反竞争行为？回答这个问题的核心路径是如何结合平台经济市场结构来判断平台经济经营者的具体行为对各个利益相关者产生的福利影响。具体而言，我们可以将那些对利益相关者的影响划分为市场内部利益相关者影响和市场外部利益相关者影响，以及市场长期影响和市场短期影响两个维度。同时需要强调的是，上述两个维度并不是分析平台经营者行为对利益相关者福利影响的必须的评定标准，有些学者利用经济上的福利影响和非经济上的福利影响来进行判断平台行为的合理性，也可以补充于上述两种评定标准。

从市场内部利益相关者和市场外部利益相关者的影响来看，市场内部利益相关者主要包含了平台的经营对象和竞争对象两类。

经营对象主要是平台经济经营者在正常的生产经营活动中的交易相对人，在特定的平台经济市场中，主要包括了消费者、平台内经营者、广告商、第三方服务提供商、数字技术服务与设备提供商等。平台经营者的具体行为对这些利益相关者的影响主要涉及经营者是否在这些利益相关者所处的市场中产生了福利的不公平的分配。具体而言，经营者的行为如果是能够通过技术、管理、数据处理等手段直接或间接地增加了上述利益相关者的福利，则该行为可以被视为是一种合理行为。但是，在平台经济市场中，倾斜式定价普遍存在，在网络外部性作用下，如果经营者行为对一组利益相关者福利产生了明显的提升，而同时经营者又通过倾斜式定价的方式侵害了另一组与上述利益相关者互补或依赖的集团福利，则这种行为可以被视为是一种不合理行为。这里我们需要进一步明确的是，利益相关者福利的增进与平台经济经营者的利润提升并不是互斥的。作为一个商业主体，平台的主要经营目的在于利润最大化，其执行各种行为（包括垄断行为）的首要目标是为了提升自身利润，因此我们不能将经营者的利润显著提升作为衡量其行为是否合理的标准，而应当考虑在经营者利润提升的基础上，他是否可以有效地将这种价值的创造传递到大部分利益相关者群体中，并且这种利益的创造并不是来自损害某些利益相关者而带来的。此时，我们可以将这种行为初步判定为是一种帕累托改进的行为。①

平台经济经营者的竞争对象主要包括了在位竞争者和潜在竞争者，在处理平台经济市场的内部结构中，我们主要关心平台经营者的在位竞争对手。如上文所述，在平台经济市场中的竞争是市场经济的主要动力来源，存在竞争的市场可以有效调节市场资源配置和优化市场资源配置，使那些能够创造更多价值的资源向更加具有竞争力和推动市场进步的经营者流动。但这个目标和经营者的经营目标不尽相同，经营者的核心目标是利润最大化，虽然这个目标与社会福利增进的目标并不相斥，但是从经营者为实现这个目标的具体表现上看，却能够潜在地影响社会福利的增进，其具体表现在经营者通过不合理、不公平的手段来获得市场资源。从平台的竞争对象视角出发，如果经营者对其竞争对手的挤出是来自非市场因素，则可以初步判定这个行为是反竞争的不合理行为。所谓市场因素，主要指的是与经营者在生产经营过程中息息相关的因素，也是参与市场竞争所具备的关键因素，例如商品价格、质量品质、技术水平、信息安全等。这些关键因素在经营者的竞争过程中扮演着重要的角色，也是经营者获得市场中的相对竞争力的主要手段。而非市场因素是指那些如果不存在，也不会在正常竞争层面干扰经营者竞争力的手段，它具体针对了《反垄断法》中所明确表示的“没有正当理由”。

在平台领域中比较典型的一个案例是食派士“二选一”案件，食派士通过其制定的“独家送餐权计划”限制了餐饮商户在多个平台接入的选择权，属于平台经济经营者利用其市场支配地位干扰了平台内经营者的多归属性的一种具体方式，被认定为限制交易行为。如果暂不考虑非市场因素的话，食派士此种行为可以被初步认为是通过集聚大量的平台内经营者来实现规模经济，并将这种规模经济带来的效率提升和价值创造传递给消费者的一种表现形式，是一种常规的竞争手段。但是，如果我们考虑非市场因素，这种所谓的效率提升和价值创造是直接来自通过一种非常规竞争所必需的方式而削弱了主要竞争对手的竞争力，直接损害了经营者的竞争对象的福利。此外，我们还可以通过另一种路径对食派士案进行分析。在处罚决定书中，食派士主张其所执行性的“独家送餐权计划”是出于知识产权保护的目的，是“为了防止合作餐厅商户将由当事人编辑、翻译的餐单交由其他平台使用”，换言

① 李剑．平台经济领域的反垄断法实施　以经济效率目标为出发点［J］．中外法学，2022，34（01）：44—63.

之，是为了在知识产权的层面维持和提升福利所制定的。但是，平台内经营者所提供的餐单基本上都是他们自行完成提供的，并不涉及关于食派士自身的知识产权保护。并且，食派士在执行这一条款后，其价格出现了明显的上涨，可以被认为是一种通过非市场因素的运作而实现的市场因素强化当事人垄断状态的过程，通过非市场因素损害了竞争对象的福利。在动态视角下，又通过非市场因素（即限定交易行为）为市场因素（即市场势力）带来的优势（即定价能力）提升了价格，损害了经营对象的福利。例如，价格的提升可以体现在对平台内经营者抽成费用的增加，也可以体现在对消费者配送费用的增加，这两种价格的提升都会提高平台的经营对象的成本，降低此类利益相关者的福利。

从市场的外部利益相关者来看，主要分为了狭义的潜在竞争对手（或市场的潜在进入者），以及广义的整个市场环境。本章第一节阐述了市场竞争与市场潜在进入者之间的关联，当经营者进入市场的难度较低时，这个市场可以被视为是一种开放的、可竞争的市场，经营者可以在技术、资金和制度允许时，自由地进出市场。但市场的可竞争程度同时又给在位的经营者增加了竞争压力，降低了在位经营者预期的商业利润以及其实现利润最大化的能力。以利润最大化为核心目标的经营者则会通过某种非市场的因素来约束潜在经营者的进入，使其所处的市场保持在某种能够有助于其利益的结构。分析平台经济经营者所面对的潜在竞争以及所面对的潜在竞争对手，我们需要从两个方面进行评判。第一，市场外部的经营者进入市场是否是平台经济市场的必然发展规律和促进市场发展的需要。对于这一点的分析通常比较直观。在没有外部干预的情况下，经营者进入市场通常是自由的，而且是能够促进市场竞争的，因为市场竞争本身就对经营者本身的市场因素进行了有效筛选。经营者进入市场的决策通常是基于其能够获得预期利润而制定的，而获得利润的主要路径是该经营者能够在市场因素下取得相较于竞争对手更好的交易条件，例如，经营者可以通过更好的质量品质、更优质的技术、更好的服务来获得市场，在这种竞争环境下，经营者利用市场因素进行市场争夺大多是为市场内的利益相关者，主要是那些交易对象集团提供福利提升的条件。

第二，在位经营者所采用的竞争手段是否是利用其市场势力制约了潜在经营者的进入。具体来讲，我们可以回顾本章第一节所讨论的可竞争市场模型，在经济学分析中，在位经营者的市场行为实质上产生了排除和限制市场竞争的效果，且这个效果是经营者为了“关闭”市场而产生的，这个效果并没有直接或间接地提高市场内部其他利益相关者的福利。但是，我们反观在位经营者的常规经营手段，这种手段通常是经营者为了保持其经营能力而形成的。例如，经营者通过增加消费者体验而进行的技术创新，这种方式的主要目的是为了回应经营者的经营对象的福利提升诉求，而并不是以限制市场竞争而产生的。这种方式就不应被认定为是一种干扰市场竞争的不合理行为。因此，基于福利水平的视角，我们可以从上述两个角度进行评判。如果潜在经营者进入市场的行为是促进市场内部竞争且可以通过竞争增加市场内利益相关者福利的，同时，在位经营者的竞争行为是出于提高自身经营效率以达到服务经营对象群体福利的，那么，福利标准下便应当接受这条路径上的经营者行为的合理性，反之，则应当对经营者的行为进行必要的调整和规制。

从市场长期影响和市场短期影响来看，通常涉及了平台经济市场的一种动态变化。这种动态变化往往发生在平台经济市场中的经营者集中的领域，由于平台经济中的技术和商业模式存在比较明显的动态发展趋势，使平台经济经营者的若干行为并不能通过传统反垄断规制的视角来进行绝对性地判断，这是因为我们对于技术在应用过程中和商业模式在具体实践过程中存在着一定程度的不确定性。即便使用早期原则对平台经营者的集中进行的分析，我们也只能停留在市场结构所带来的经营者行为影响方面，对其产生的潜在的技术效果并不一定可以进行十分准确地判定。这就涉及了经营者行为对短期市场结构的影响和长期技术创新的影响之间的均衡关系。但是，如果从福利标准的视角来观察，当经营者的某些行为可以带来长期的技术进步、提高经营效率，并且我们有理由证明这种经营效率的提升能够在市场层面为更多的利益相关者带来福利的增进，这种行为可以被视为是一种合理的行为。在短期市场结构的影响方面，如果长期并且可以计量的福利提升能够充分补偿由于市场结构的变化而带来的短期福利下降，那么可以通过附加若干条件来缓解短期福利降低，并实现长期由于效率提升而带来的福利增进效果。

2. 市场机制视角：事中监管

平台经济市场中的事中监管主要涉及的是一种过程性的监管。目前在平台经济领域中的事中监管的相关研究主要关注了平台治理过程中的事中监管，在这个治理的分工中主要侧重于对监管者和消费者对平台经营者的过程性监督。在治理方式层面，主要引入了政府的规制手段和平台企业的私人监管，但在事中监管过程中，平台企业的私人监管更加有效，这是由于私人监管相较于政府规制更加具有技术优势和信息优势。① 政府在事中监管中的投入一方面需要具有一定的渗透性，即监管者要将其监管的路径尽可能广泛地渗透到平台经济经营者的经营活动中，另一方面政府在事中监管中需要具有十分显著的持续性，才能突出事中监管的全流程性。因此，市场机制的功能在平台经济领域中的事中监管具有比较高效的优势，它一方面可以将对市场活动中垄断行为进行监管的“监管者”的身份转移至市场内部，另一方面，可以尽可能降低由于政府作为监管者全面持续地进入到市场中进行监管所产生的成本。

在市场竞争中的监管机制体系中，除了消费者以外，还存在着另外一组具有较强监督能力的监管力量，这种监管力量的主体主要是由经营者本身所构成的。经营者被视为是一种监管者的主要逻辑在于以下几个方面，首先，经营者是垄断行为实施的主要目标，也是垄断行为的主要损害者，因此，经营者具有监督竞争对手潜在的垄断行为的主观动机。参与公平竞争的经营者为了维护自身所处市场中的公平竞争环境，有充分的动机形成对竞争对手的“垄断行为观察”，通过紧密关注竞争对手可能存在的垄断行为来维护自身利益。在这个层面上，对竞争对手的垄断行为观察的经营者可以被视为是在一个市场的范围内的“吹哨人”。其次，经营者具有针对垄断行为识别的专业性。相较于监管者和消费者，经营者对垄断行为的识别具有技术上的专业性，虽然从执法和司法的角度来看，经营者的专业性水平并不优于监管者，但是作为同在一个市场平面的经济活动参与者，经营者可以比较明确地了解同时参与经营活动的竞争对手的行为动机和实际影响。同时，相较于消费者而言，经营者之间的信息不对称程度会更低，帮助经营者可以穿透技术和信息屏障来观察到竞争对手的具体行为影响路径。最后，经营者具有监督垄断行为的长期可持续性。竞争的市场是长期存在并运行下去的，这需要经营者长期在市场中开展经营活动，因此，经营者之间的竞争是随着市场的运行而长期保持的。依靠经营者对其竞争对手进行监督，可以在一个市场的竞争格局下较为长期地运行下去，具有相当明显的连续性且不易间断。

---

① 王勇，陈美瑛．平台经济治理中的私人监管和规制［J］．经济社会体制比较，2020（04）：62—68.

从潜在的垄断行为实施者的视角出发，竞争对手的观察对其具有一定的威慑力。经营者之间关于相互的经营模式和技术特征具有相当程度的针对性和专业性，能够相较于消费者和监管者更容易突破市场中的信息不对称和技术不对称，因此，这种威慑力可以被视为是一种对违法者的可信威胁（Credible threat）。然而，这种威慑力并不能够直接地消除垄断者实施垄断的动机，仅能够比较显著地降低其垄断行为的实际实施概率。为了描述这个过程，我们考虑一个平台经济市场中的经营者在市场中与其竞争对手历经两个时期竞争的模型，该经营者的跨时期利润可以表达为：

$$\pi_H+\delta\pi_H \tag{11.8}$$

其中，定义π_H为经营者在每个时期进行正当经营时的利润，$\delta\in(0,1)$描述了跨时期利润的贴现率。当平台为寻求更高的商业利润，实施垄断行为时，平台可能会因垄断行为的成功实施而获得较高的利润水平，将其在这种情况下的利润改写为：

$$\pi_L+\delta[q\cdot\pi_L+(1-q)\cdot(-F)] \tag{11.9}$$

其中，$\pi_L>\pi_H$表达了垄断行为为平台带来的利润，由于违法者可以通过垄断行为排挤竞争对手或剥削消费者，因此，在垄断行为成功实施后，其利润较正当经营时的利润有所提升。进一步地，由于反垄断监管部门会对垄断行为进行一定程度的事中监管，因此，平台的垄断行为能够跨时期为其带来利润的概率仅为$q\in(0,1)$，换言之，在概率$1-q$下，平台的垄断行为会被监管者查证，并处以F的罚款。比较（11.8）和（11.9）两个利润可以得到平台实施垄断行为时的概率应满足：

$$q>\bar{q}=\frac{\pi_H-\pi_L+\delta(\pi_H+F)}{\delta(\pi_L+F)} \tag{11.10}$$

并易证$\bar{q}\in(0,1)$。（11.10）说明了，当垄断行为违背查证的概率较高时，平台经营者可以通过实施垄断行为而获得更高的利润，增加了平台经营者实施垄断行为的动机。在平台经济市场中，垄断行为具有普遍的隐蔽性，这就导致了垄断行为一方面不易被监管者充分识别查证，另一方面增加了监管者全流程监督平台经营者行为的成本，在一定程度上增加了垄断行为的可持续性，即q可以保持在一个较高的水平，进而增加了经营者实施垄断行为的动机和实际发生概率。

聚焦那些作为“监管者”的竞争者，我们假定其为同一个相关市场的经营者 E，在市场中不存在垄断行为时，该经营者的跨时期利润表示为$\pi_E+\delta\pi_E$，其中π_E刻画了正常经营环境下竞争者可以获得的利润；而当垄断行为发生时，经营者 E 成为垄断行为的直接受损害方之一，其跨时期利润将降低为$\tilde{\pi}_E+\delta\tilde{\pi}_E$，这来自$\tilde{\pi}_E<\pi_E$的设定。同时，为了避免垄断行为对自身造成的损害，经营者 E 也产生了对竞争对手的垄断行为进行观察的动机。如果经营者 E 针对性地观察竞争对手垄断行为的投入程度为 e，其观察成本可以表示为 $C(e)$，且 $C'(e)>0$，$C''(e)>0$。当经营者 E 对竞争对手的垄断行为进行观察时，由于他具有相较于监管部门和消费者在技术层面所具有的专业性，因此，他能够比较有效地提高垄断行为的识别概率，即$q'(e)<0$。此时，经营者 E 进行事中监管时的跨时期利润为：

$$\prod\nolimits_E(e)=q(e)\cdot(\pi_E+\delta\pi_E)+(1-q(e))\cdot(\tilde{\pi}_E+\delta\tilde{\pi}_E)-C(e) \tag{11.11}$$

经营者 E 为了实现自身在竞争过程中的利润最大化，进行监管投入的水平应当符合条件：$\Pi'_E(e)=0$，结合（11.11）可以写为：

$$\frac{C'(e^*)}{q'(e^*)}=-\frac{1}{(1+\delta)\Delta\pi_E} \tag{11.12}$$

其中，$\Delta\pi_E=\tilde{\pi}_E-\pi_E$描述了平台 E 在面对垄断行为和常规竞争行为下的利润水平的差值，即垄断行为为平台 E 带来的利润上的损失。公式（11.12）可以直观地刻画在图 11－1 中。在 A 点，经营者 E 的垄断行为观察投入水平为 e^*，这个均衡水平来自（11.12）条件满足时形成。如果经营者 E 由于竞争对手的垄断行为为自身带来的损失增加时，即当$\Delta\pi_E$增加时，公式（11.12）右侧分母增加，使图中描述均衡的射线斜率降低，均衡点从 A 移动到 B，此时经营者 E 的垄断行为观察投入水平提高为e^{**}。这个结果说明了，当经营者受到竞争对手的垄断行为的实际损害增加时，经营者则更加有动机对竞争对手的垄断行为观察投入更多。进一步地，随着 e 的不断增加，经营者可能发生的垄断行为被差别的概率也将随之提升，即 $q(e)$ 将持续降低，根据（11.10），经营者通过实施垄断行为产生的利润将持续减小，如果经营者实施垄断行为获得的利润低于正常竞争时获得的利润，则此时经营者将没有动机实施垄断行为。

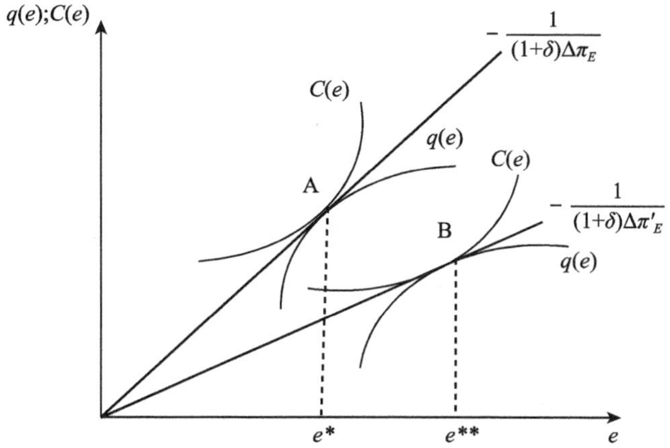

图 11－1 竞争者对垄断行为观察动机

上述理论分析说明了，当经营者的行为能够受到其竞争对手较为充分的观察时，该经营者则会显著地降低实施垄断行为的动机。上述逻辑能够顺利展开的基础主要在于以下三个方面。首先，作为观察者的经营者需要与垄断行为的实施者之间具有比较明显的利害关系。这个因素比较有效地扩大了能够参与事中监管的经营者范围，因为与垄断行为实施者具有明显利害关系的集团并不仅限于与该经营者处于同一个相关市场的竞争对手，还包括了这个经营者的主要交易相对人。例如，接入一个特定平台的平台内经营者，当他们由于平台经营者的垄断行为受到实际损害时，他们也可以扮演监督者和观察者的角色。

其次，作为观察者的经营者在实施事中监督过程中需要承担一定程度的成本，但这种成本可以被垄断行为的有效规避而充分补偿。这一点将直接影响到经营者在监督自己竞争对手时的决策，如果其承担的监管成本并不能够被收益充分补偿，便直接弱化了经营者对竞争对手垄断行为的观察动机，使市场中的垄断行为产生一种无序的状态。

最后，垄断行为的实施者会将竞争对手的观察充分纳入其实施垄断行为的决策考量。这一点在平台经济中尤为重要且有效，因为竞争对手的观察和监督能力在技术层面较政府监管者和消费者更强，他们的观察和监督能力能够比较有效地降低竞争对手垄断行为的差别概率，这就会直接形成竞争者观察和垄断行为之间的关联，形成一种对垄断行为实施者的威慑。上述分析指出，这种威慑可以成为一种对违法者的可信威胁，即便竞争对手的实际观察不存在，但是这种观察是可以在市场中随时发生的，构建了一种对垄断行为实施者的激励相容约束，增加了其实施垄断行为的成本，进而弱化其实施垄断行为的动机。

在某种程度上，竞争者观察这种事中监管的方式可以有效地补偿技术性监管的手段，将监管机构在平台经济监管中的技术化趋势“下放”到市场中的各个主体中。在这种情况下，竞争者观察这种机制能够更好地在甄别和监督垄断行为上发挥作用，经营者之间处于一个相对平衡的技术性平面，在平台经济领域中的主要竞争者大多具有比较同步且一致的技术水平，这使竞争者观察机制在执行过程中更加能够甄别平台经济领域中特有的垄断行为。例如，“大数据”杀熟行为，通常是经营者通过算法和用户的海量信息而形成的一种垄断行为，通常是那些具有市场支配地位（包括了技术优势）的经营者对交易条件相同的交易相对人进行的差别待遇的行为。由于平台经济市场中存在着多重的信息不对称，使得监管者、消费者、平台内经营者对平台经营者的实际行为以及相关影响观察不到或观察不充分，导致经营者的垄断行为无法被充分识别，或者被声称的垄断行为不能够被实际验证。具有类似技术和数据体量的竞争对手则相较于上述利益相关者能够更加准确地识别该经营者的垄断行为，并验证该行为对市场中利益相关者产生的实际影响。当这种竞争者观察能够广泛地存在于平台经济市场中时，则能够比较有效地降低经营者实施垄断行为的动机。

因此，在事中监管的具体要求和平台经济的特征下，在平台经济领域中的事中监管可以尝试将监管的层级向下延伸，使市场活动中的参与者进入到监管者的范围内。从事中监管对竞争全流程的观察要求来看，市场活动中的参与者具有了长期存在于市场、参与市场活动、获得交易带来收益、承担垄断行为成本的特点，他们能够在长期且稳定的市场经济活动中实现对经营者行为的观察和监督，在一个较长的时间层面保持事中监管的持续性。从平台经济领域中的垄断行为隐蔽性角度来看，竞争者观察具有比较独特的优势，通过使那些具有类似技术水平的经营者具有监管者的视角，经营者为了维护自身在市场中进行正当竞争的收益，具有了较强的动机对其竞争对手的垄断行为进行监督。从监管方案制订上来看，监管机构可以设计一套比较完整的竞争者观察、监督和举报制度，赋予市场中的经营者一定的权限对其竞争对手可能的垄断行为进行监督，实现流程化的垄断行为规避框架。

3. 制度机制视角：监管前置

平台经济市场中垄断行为的隐蔽性给目前反垄断实践带来的一个主要效果是，反垄断监管部门通常需要观察到垄断行为的实际发生，且造成了较为明显的损失时，再对这些垄断行为进行规制和调整。换言之，目前在平台经济领域中的反垄断规制大多处于一种事后监管的状态。相较于反垄断监管的其他环节，事后监管存在着一个比较明显的缺点。事后监管通常是通过对垄断行为和垄断行为产生的损害进行的度量来平台垄断者的违法程度，并进一步对其进行处罚。这种方式的发生场景是经营者的垄断行为虽然受到了处罚，但是垄断行为的客体也已经实际上受到了垄断行为的冲击，承担了相应的损失。一方面，受到垄断行为冲击的主体并不一定可以因为垄断者受到了处罚而缓解其承担的成本；另一方面，对垄断者的处罚也并不一定可以充分地传递至垄断行为的受害方，充分地补偿其承担的成本。因此，在平台经济反垄断方案的设计中，更应该需要一种事前监管的机制来对经营者潜在的垄断行为进行规制。

如上一节所述，反垄断监管部门在平台经济领域的监管中存在一定的技术性难题，技术性难题增加了执法成本，降低了社会福利。平台经济领域中大部分的反垄断难题大多集中在市场层面和技术层面。市场层面例如相关市场的界定标准已经开始通过经济学方法解决，而对于技术性层面的调整目前还在探索中。例如，平台经济领域中的算法共谋和“猎杀式”并购，都是目前在反垄断监管过程中无法充分识别，且无法在事前充分评估的垄断行为。现有研究对于此类行为的反垄断规制大多提出了事前规制的制度安排。① 这种事前监管的制度安排要求我们在平台经济反垄断中实现一种有效的监管前置，监管前置从广义上讲，可以有助于维护平台经济市场中的一种良性的公平竞争秩序；从狭义上讲，可以通过制度性手段为经营者的具体行为厘定一个合理的框架，构建经营者在竞争过程中的激励相容，增加经营者在实施垄断行为中的成本，规避经营者的垄断行为动机。同时，也可以通过某些事前监管的制度对经营者潜在的垄断行为进行威慑，在长期构建经营者公平竞争的合规习惯。

---

① 王先林，曹汇．平台经济领域反垄断的三个关键问题［J］．探索与争鸣，2021（09）：54－65＋178.

监管前置框架下的事前监管离不开反垄断执法机构对于相关垄断行为的进一步细化，突出有效市场和有为政府在反垄断监管中的均衡点。① 具体而言，有效市场是反垄断监管的核心目标，通过反垄断监管平台之间进行有效的竞争，而非进行破坏竞争的行为；有为政府是保持监管者在平台反垄断规制中的中立性，突出以实现有效竞争为目标的监管制度和监管标准。在事前监管的具体实施方面，较为有效的方法是监管者通过向市场活动中的经营者释放一种“信号”，来使经营者可以充分知晓自身竞争行为和潜在的垄断行为为其带来的成本和收益。经营者实施垄断行为的根本动机是垄断行为下的经营者收益高于成本，而经营者的收益和成本信息是在市场中高度不对称的，即这个信息是经营者充分知晓的，但是经营者以外的主体（包括监管者）是无法充分观察到的。上述“信号”可以从监管者的角度向市场传递一个十分明确的信息，这个信息更多的是关于经营者垄断行为的成本信息，即垄断行为的一种事后处罚机制和标准。虽然这个处罚是发生在垄断行为被充分识别后的，但是它可以作为经营者在垄断行为上的一种决策制定标准，当经营者感知相应的垄断行为会产生较大成本时，他们会自发地降低选择垄断行为的动机。

延续上述逻辑，从表面上看，一个极大的（甚至是无穷大的）针对垄断行为的处罚标准能够尽可能大地增加经营者实施垄断行为的潜在成本，极大可能地弱化经营者垄断行为的实施动机，换言之，极大的垄断行为处罚标准产生了对垄断行为的威慑力。但是，上述逻辑同时强调了，政府对市场的监管应当遵循一种构建有效市场的准则。同时，反垄断罚款裁量应具有一定的针对性和弹性，由于反垄断罚款裁量的不确定性，使得处罚机制无法形成对垄断行为造成的损失的有效补充和威慑力量。② 因此，一个有效的处罚标准应当是结合垄断行为所涉及的各个利益相关者的福利损害以及在执法过程中所产生的成本而制定，具体可以设定为以下四个标准。

第一，经济损害分析标准。经济损害是垄断行为造成的排除和限制市场竞争的直接后果，由于经营者的垄断行为而导致的市场竞争缺位直接影响了相关市场中其他经营者和消费者的福利，因此，应当将垄断行为所造成的经

---

① 时建中，郭江兰．论平台经济领域前置式反垄断监管［J］．探索与争鸣，2021（09）：44－53＋177－178＋2.

② 王健，方翔．中国反垄断罚款裁量的不确定性及其克服［J］．社会科学战线，2021（05）：202－214.

济损害设定为反垄断罚款的基本标准。此类损害通常可以通过对市场的常规分析而进行较为清晰地度量，这是对垄断行为对市场中经济活动的主要参与者产生损害进行救济的主要路径。这种损害通常是一种经济福利上的衡量，可以被视为是在垄断罚款中具有一种直接性、基础性的处罚制定方式。与传统经济相比，平台经济中来自垄断行为的经济损害标准所涉及的分析主体相对更多，这是由于平台经济经营者在双边和多边市场运行模式中会触及到更多的交易相对人和利益相关者，除了直接具有交易关系的平台内经营者和消费者，以及具有直接竞争关系的其他平台经济经营者以外，垄断行为所产生的损失还可能会波及到平台所涉及的其他市场内的经营者，即便平台的垄断行为并不发生在这些平台，这种情况在平台经济经营者实施多市场布局的策略中格外明显。因此，在平台经济的经济损害分析标准中，应当将更大范围的市场和经济活动参与者的经济福利纳入分析。

第二，市场可竞争性损害标准。通常情况下，除了自然垄断行业，所有的市场应具备可竞争性，即市场的潜在进入者可以通过承担可计量的成本进入市场，垄断行为往往通过限制竞争和排除竞争而试图达到约束市场可竞争性的目的。市场可竞争性的降低将进一步强化垄断行为带来的市场封闭和垄断者的快速形成，因此，应当将垄断行为对市场可竞争性的损害设定为反垄断罚款的市场标准。具体而言，平台经济市场在发展过程中所具有的一个特点是高度地依赖数据作为生产要素，数据在一个平台上的聚集是平台通过高度网络外部性实现经营和发展的重要路径。但是，当数据出现大量聚集后，市场中的集中度便会高度提升，也产生了其他平台经营者顺利开展业务和进入市场的限制，降低了市场的可竞争性。当平台经营者的某些垄断行为形成了“关闭”市场的效果后，就需要对该行为产生的竞争弱化效果进行必要的规制。换言之，目前对于平台经济的垄断行为处罚大多关注了垄断行为的实施者对在位利益相关者的影响，而并未关注对那些潜在的并且具有了实质进入市场动机和行为的经营者产生的影响，这种影响是来自市场可竞争性的降低，在衡量垄断损失和制定处罚标准时，也应当将这种市场运行的动态损害纳入其中。

第三，技术性损害标准。垄断行为的主要损害是限制和排除了市场中的竞争，这种竞争的缺位并不完全体现在资源配置效率和市场效率的下降，同时也体现在损害了其他在位经营者和潜在经营者进入市场开展竞争的机会。在平台经济领域中，经营者为了获得交易机会，通常会通过大量的技术性投入和研发创新来完成，这主要是来自平台经济市场的运行特征，它需要充分的技术基础来完成平台与用户之间的互动和交易，并达到价值创造的目的。但是，当经营者的竞争机会被抑制后，他们也便失去了技术创新融入商业活动的机会。技术创新具有比较明显的外溢性，经营者的技术创新除了为其在商业活动中带来经济价值，还可以通过这种技术溢出向社会价值进行一定程度的转移。当社会活动在平台经济融入下形成比较明显的技术池后，一些社会活动中的参与者则能够享受到技术溢出带来的福利。若垄断行为对上述技术创新的社会化溢出产生了抑制作用，则会降低潜在经营者的创新投入对社会价值的提升效果。平台经济领域的垄断行为从表面上看，降低了市场中的竞争程度。从更加深层的视角来看，降低了经营者为了获得更强的竞争力而进行的创新价值外溢，不利于经济活动和社会活动之间的价值转移，尤其是在诸如平台经济这种技术化革新的市场经济中，经济价值与社会价值的相互转移尤为重要。因此，在制定垄断处罚标准时，也应当将竞争损害而带来的潜在的技术价值纳入充分的考量。

第四，公共成本标准。反垄断执法过程中需要承担相当程度的执法成本，这些成本被纳入到公共成本中，而公共成本又属于社会总福利中重要的组成部分。反垄断执法成本的提升不利于社会总福利的提高，从宏观层面抑制了维护公共利益目标的实现。在市场经济快速发展的过程中，一些新的经济形态、经济业态、经营模式层出不穷，也为反垄断执法增加技术难题，使执法部门承担更多的执法成本（包括经济成本和时间成本）。在平台经济中，公共成本标准尤为重要。这是由于相较于传统经济，平台经济领域中的垄断行为更加难以被观察与被识别，这就需要通过一些前置性的垄断行为处罚标准设定形成一定的威慑效果，将平台经济中可能因为技术性难题而无法快速甄别垄断行为产生的概率纳入其中，即在垄断行为处罚标准中，利用上述概率设定必要的乘数，以增加潜在垄断行为的处罚额度构建经营者的激励相容机制。一方面可以增加垄断行为实际损害的处罚标准的准确度，另一方面使经营者自发地弱化实施垄断行为的动机。

围绕上述四个标准和平台经济的相关特征，对垄断行为经济损害标准的制定应当遵循差异化的原则，在监管和执法成本不显著提高的基础上，结合个案分析实施差异化判定和处罚。具体而言，在垄断行为的涉案金额的基础上，对垄断行为造成的市场经济损害（例如对相关市场潜在经营者的抽样，识别潜在经营者的入场成本、相关市场内的在位经营者退出市场的机会成本）

进行计量，并形成基础罚金的提升系数；对垄断者的主要利益相关者进行抽样，识别他们在垄断行为实施过程中的福利损害；划定以市场特征为基础的行业类别，对垄断行为基于技术、数据、算法等手段产生的隐蔽度和覆盖面进行测评，形成罚款上涨系数；对执法者的预期成本进行度量。在基础罚款的基础上，以对潜在垄断行为的威慑作为目标，可以以垄断行为识别率作为系数适度提高罚款区间，弱化经营者实施垄断行为的动机、提高经营者实施垄断行为的中止动机，实现以反垄断罚款标准的调整来达到垄断行为事前和事中监管的目标。

从罚款设计的具体方法来看，应当基于上述垄断行为罚款标准合理使用以下两个制订方案：以救济为导向的标准和以威慑为导向的标准。如表 11 - 1 所示，以救济为导向的方案主要针对于那些比较容易识别且损害比较容易被评估的垄断行为。在平台经济领域中，一些垄断行为可以依据我国《反垄断法》的垄断行为认定方法和标准进行判定，这些垄断行为在经济福利上的损失也较容易计算。这类垄断行为大多出现在那些平台经济经营者所涉及的利益相关者和交易相对人比较单一且明晰的场景中。例如，在平台“二选一”行为中，主要的交易相对人是平台内经营者，主要的竞争对象是那些并未选择“二选一”的平台经营者，主要的利益相关者是接入平台的消费者，这些主体受到垄断行为产生的损害计算大多来自他们的经济福利评估，比较容易度量。因此，可以主要采用以经济损害标准的方式对其进行评估，并形成对受害方的救济路径。以威慑为导向的方案主要针对那些不易在短期充分识别或执法机构在识别过程中承担较大成本的垄断行为，在平台经济领域中，很多商业模式快速变化，使传统反垄断方法在使用过程中不易找到合适的方案对其进行规制，这就更加需要前置的处罚方案向垄断行为的潜在实施者发送成本信号，增加其实施垄断行为的成本，降低其实施动机。

表 11 - 1　两种罚款方法标准比较

标准类型	主要方法	垄断行为隐蔽度	执法成本	查证识别概率	平台经济中典型垄断行为
以救济为导向的标准	处罚金额＋比例	低	低	高	限定交易行为“二选一”
以威慑为导向的标准	处罚金额＋概率	高	高	低	垄断协议写行为“算法合谋”

除此之外，合理的举报制度和宽大制度也是在平台经济反垄断监管过程中，对前置性的垄断罚款机制的保障机制。举报制度和宽大制度的共性在于，

市场中的经营主体的自发行为降低了监管者和违法者之间的信息不对称。在平台经济市场中，垄断行为更加向市场的后端转移，使单纯地观察市场运行情况无法充分地捕捉垄断行为产生的具体影响，这就需要市场的“内部人”向市场外传递一种关于市场内部的信息，而举报制度和宽大制度均可以达到上述效果。在另一方面，举报制度和宽大制度之间的不同在于，前者主要来自市场中垄断行为的受害方，而后者主要来自实施垄断行为的主体。在举报制度下，举报者的主要动机来自为了降低其他经营者的垄断行为对其造成的成本；在宽大制度下，经营者的主要动机来自为了降低垄断处罚对其产生的成本。两种制度事实上都是通过设定一个合理的条件，来构建经营者的“成本-收益”杠杆，激发经营者行使能够降低市场中信息不对称程度的行为。

举报制度和宽大制度从机制设计的视角来看并不是一种事后监管的组成部分。换言之，举报制度和宽大制度的设置并不完全是等到垄断行为实际发生后再启动的，而是通过这种制度框架，形成了一种对潜在违法行为的前置性威慑。在这两种制度下，虽然举报行为和宽大行为并不一定真实地发生在经营者之间，但是，前置性的威慑所释放的信号表明市场中永远会存在这两种情况的发生，给垄断行为的实施者施加了一种预期成本。在平台经济中，这种预期成本的产生使监管者并不需要承担大量的执法成本去在市场运行的全流程中对垄断行为进行监督和查证，而是将这种垄断行为控制在经营者前期的决策中，使他们可以形成一种自发的垄断行为抑制动机。

结合上述两种制度的经济学效果，我们可以设定一个简单的平台经济市场环境。其中一个平台的正当竞争利润为π_C，该平台实施垄断行为时的利润为π_M，且$\pi_M>\pi_C$说明了垄断行为增加了经营者实施垄断行为的动机。假设垄断行为未被查证的概率为$q\in(0,1)$，即垄断行为能够被反垄断执法部门查证并进行处罚的概率为$1-q$。定义F为垄断行为的罚款额度，这里设定F为外生的。由于垄断行为在平台经济中被识别的概率相较于传统经济更低，因此，可以按照上述标准将垄断罚款额度设定为查证难度的函数，即$F(q)$，且$F'(q)>0$，说明了当经营者垄断行为的识别难度越高，对其垄断的处罚力度越大。基于上述模型，经营者实施垄断行为的预期利润为：

$$q\cdot\pi_M+(1-q)\cdot(-F(q)) \tag{11.13}$$

当举报制度和宽大制度不存在时，经营者不实施垄断行为的条件应当满足：

$$\pi_C > q \cdot \pi_M + (1-q) \cdot (-F(q)) \tag{11.14}$$

或可以改写为：

$$\pi_C - q \cdot \pi_M + (1-q) \cdot F(q) > 0 \tag{11.15}$$

当公式（11.15）左侧在某些因素的驱动下可以实现提升时，则说明了经营者实施垄断行为的动机减弱，即此时不实施垄断行为的利润较实施垄断行为时的利润更高。上述驱动因素主要来自垄断行为被查证的难度，通过对（11.15）进行比较静态分析可以得到：

$$F'(q) > \frac{\pi_M - F(q)}{1-q} \tag{11.16}$$

（11.16）说明了，当垄断罚款额度随着垄断行为被查证难度的提高而明显提升时，会对垄断者产生一种威慑作用。但是我们需要进一步明确的是，这种处罚是在垄断行为被实际查证后才能够生成的，而实际查证这个垄断行为是需要监管者基于这个垄断行为场景承担相应的执法成本才能够充分识别。因此，公式（11.16）实际发生作用的前提条件是，执法成本已经实际付出，并查证了垄断行为。

举报制度和宽大制度在另外一条路径改变了（11.16）的表达形式，当这两种机制存在时，市场中的信息不对称程度出现降低趋势，即在未进行执法者投入成本进行监管时，垄断行为实施者能够维持垄断行为并从中获得收益的概率降低，即随着这两种制度的实施，q 会呈现降低的趋势。在公式（11.16）中具体体现在不等式右侧表达式降低上，使监管者能够在既定的处罚额度下，能够承担更低的成本，实现垄断行为查证。

如图 11-2 所示，当举报制度和宽大制度不存在时，处罚额度应当设定在 A 点以上的区域才能够实现处罚额度对垄断行为的约束作用，而此时，执法成本承担额（图中第二象限）需要作用在 A′点以上的水平；当举报制度和宽大制度存在并能够缓解市场中信息不对称程度时，q 得以下降，使第一象限中描述（11.16）右侧部分的程度降低，进而降低了执法机构需要为处罚额度发生作用而投入的成本，即执法成本承担的下限降低至 B′的水平。因此，一个有效的机制不仅可以降低垄断行为发生的概率和实际损失，同时也可以在更大层面降低执法过程中的成本，这个结果验证了一个合理的执法前置的框架能够缓解事中监管和事后监管所需要承担的监管成本，从成本侧提高了社会福利水平。

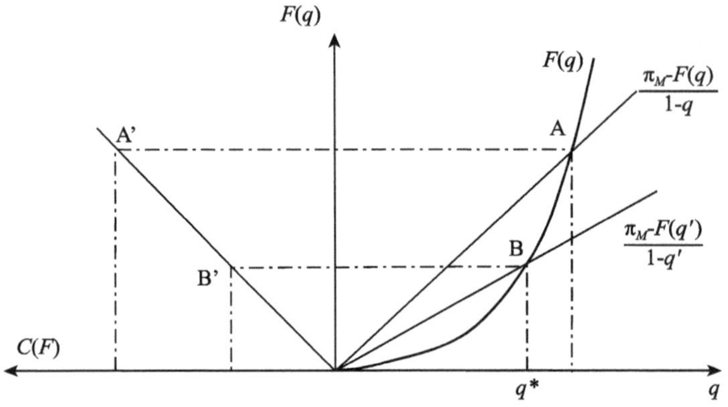

图 11-2　举报机制和宽大机制在执法成本中的作用

第三节　平台经济市场中的商业伦理培育与引导

在商业活动快速发展的过程中，企业与社会之间的互动更加频繁，企业在竞争中实现生存与发展的目标，使企业所受到商业环境与社会环境的影响愈加显著，这种影响促使企业在制定商业策略时更加关注商业价值与社会价值的相互溢出。① 而作为一种价值观和社会导向，商业伦理影响着企业内部道德规范的建立与外部社会反馈的优势构建，作为企业内部和外部两种社会价值体现的路径，企业内生构建的商业伦理观念和外生显现的社会责任行为在企业声誉和品牌价值协同发展过程中发挥着重要的作用。现有研究指出，作为企业主要利益相关者的消费者虽然关注企业对社会责任的履行程度，但同时会将企业商业活动中所展现出的商业伦理视为同等重要的企业价值体现，进一步地，消费者更加愿意对那些具有优良商业伦理的企业产生更多的正向反馈。②

在激烈竞争的商业环境中，企业为了自身的生存和发展往往将注意力更

---

① 莫申江，王重鸣．国外商业伦理研究回顾与展望［J］．外国经济与管理，2009，31（07）：16—22+42.

② Ferrell，O. C.，Harrison，D. E.，Ferrell，L.，& Hair，J. F. Business Ethics，Corporate Social Responsibility，and Brand Attitudes：An Exploratory Study［J］．Journal of Business Research，2019，95：491—501.

多地集中在商业价值创造上，而忽视了商业价值和社会价值之间的关联。尤其是在平台经济领域，技术的动态变化、数据的快速流动、竞争工具的不断优化，使经营者之间的竞争更加激烈，同时，也使经营者更多地关心如何在商业环境中获得更强的竞争力和更大的市场份额。因此，平台经济领域中的竞争可能会产生一种经营者互动的过程中的负外部性。这种负外部性所产生的成本并不会完全由经营者自身吸收，而是涉及到经营者所关联的大范围的利益相关者集团中。

如本书所探讨的部分内容，平台经济经营者所涉及的利益相关者较传统经济更为广泛，不仅涉及了平台经济经营者的竞争对象和经营对象，还包含了平台经济的各种商业模式、商品市场、要素市场所关联的各个主体，例如技术的创新、平台市场发展、数据的安全等。这些利益相关者的福利都直接或间接地受到了经营者在生产经营活动中的影响，但相关的成本并未由经营者充分承担。例如，平台经营中的数据需求使平台经营者的竞争路径逐渐转移至以流量为导向，凡是可以获得流量的商业模式都是平台经营者用以强化其竞争力、获得市场的主要竞争方式。① 此外，技术层面的竞争使平台经营者将竞争路径转移至技术基础上，使其自身行为与公众感知之间存在更强的信息不对称。同时，经营者通过数字技术将其商业活动的相关行为变得更加隐蔽，造成了算法场景下的对利益相关者的福利损害。②

上述关于平台经济领域中商业伦理问题的产生背后所蕴含的核心因素是，平台经济经营者的生产经营方式存在比较明显的不可持续性，从平台经营者的视角出发，这种不可持续性来自他们的商业活动与社会价值之间明显的割裂。一种生产变革和商业模式的生成与快速发展，离不开商业环境中的创新在社会活动中的价值创造，同时，也离不开社会活动在商业价值基础上对商业环境的反馈。进一步地，商业模式的可持续性需要商业活动与社会活动之间能够在某种特定的价值上进行共同创建和共同分享，才能够让这种商业模式被社会所认可，并实现可持续发展。平台经济领域也是遵循了这个逻辑，在平台经济经营者制定竞争决策时，如果没有将产生的社会价值或社会成本纳入考量，则会造成一种社会价值创造的缺位。当平台所涉及的利益相关者

---

① 阳镇，许英杰．共享经济背景下的可持续性消费：范式变迁与推进路径［J］．社会科学，2019（07）：43—54.

② 阳镇，陈劲．数智化时代下企业社会责任的创新与治理［J］．上海财经大学学报，2020，22（06）：33—51.

并未感觉到其获得的商业价值溢出，或者利益相关者承担了商业活动所产生的社会成本，则会对这种商业模式和相关的经营者产生一种逆向反馈，使经营者虽然在商业环境中获得了更强的竞争力，但其所面对的社会环境不会对其市场势力产生明显反应，使经营者所制定的竞争策略在社会层面失灵。

因此，平台经济市场中的商业伦理构建应当延续可持续市场发展的核心逻辑，从平台经济经营者与利益相关者的价值共享和价值共创两个方面制订培育的方案。平台经济领域的价值共享主要侧重于对现有平台经济领域中的商业价值和社会价值的存量所进行的共享，平台经济经营者在这个过程中应当了解其所获得的商业环境并不是由其经营模式单独创造出来的，而是在社会主体的需求和期望中产生的。因此，平台经济经营者应当意识到他们所存在的商业环境是来自社会环境带来的价值基础，在进行商业决策时，应当在寻求竞争力提升的同时考虑社会成本的缓解。此外，平台经济领域的价值共创主要侧重于商业价值向社会价值的溢出，在理性人假说下，平台经济经营者的商业行为以最大化其自身利润为目标，换言之，平台经济领域中的价值创造大多会流向平台经济经营者中，但是，当这种价值没有实现对社会价值的溢出，在长期，社会价值就无法形成对商业价值的反馈，使得平台经济市场的社会资源逐渐匮乏，产生了商业价值逐渐降低的效果。因此，平台经济经营者应当意识到价值创造是由商业环境与社会环境共同带来的，在价值创造的过程中应当充分考虑与社会价值之间的必然联系，将社会价值的溢出同时纳入商业决策的考量。

作为一个简单的经济学分析，我们通过平台经济经营者的生产资料作为切入点，令一个平台经济经营者的主要生产要素为数据，它通过制定数据的使用规模 x 来实现利润的最大化。因此可以设定该平台经营者的收益为 $V(x)=a\cdot x$，数据投入的成本为 $C(x)=\frac{cx^2}{2}$，其中 $a>0$ 为数据投入的边际收益率，$c>0$ 刻画了平台经营者使用数据的效率，c 越高（越低），则数据“投入-产出”效率越低（越高）。在社会价值层面，平台通过数据使用产生了一定程度的社会价值 $W(x)=e\cdot x$，其中 $e>0$ 是数据投入的边际社会收益率。同时，平台使用数据过程中也会产生社会成本 $F(x)=k\cdot x$，其中 $k>0$ 是数据使用过程中的边际成本。以上关于数据使用的社会收益和社会成本的逻辑在于，数据在平台经济市场中呈现出一种公共物品或准公共物品的特征。在平台经济经营者使用过程中，数据使用效果具有两重性，它既可以生成激发用户体验和便利的外部性收益，也可以产生干扰用户使用的外部性成本，而部分收益和成本是平台经营者不能充分分享和补偿的。例如，平台经济经营者可以通过数据的封禁和信息的封锁降低其竞争对手获得数据展开生产经营的能力，但是，这种行为会增加消费者在接入平台后承担的转移成本，而这种成本并不会由平台来承担，进而形成了其在使用数据过程中的外部性成本，降低了社会福利。在商业价值和社会价值相互融合的情况下，公众对平台企业的商业行为所产生的收益和成本形成了感知，进而对其相关行为进行反馈，使经营者的实际利润水平受到了这些反馈的影响。基于这个逻辑，我们可以将平台经济经营者在使用数据时获得的利润表达为：

$$\pi \equiv \prod(x) = ax - \frac{cx^2}{2} + \theta \cdot ex - \gamma \cdot kx \tag{11.17}$$

其中，$\theta \in (0, 1)$ 和 $\gamma \in (0, 1)$ 分别表示了公众对平台经营者的数据使用效果产生的收益和成本的反馈水平，当 θ 和 γ 较高时，公众的反馈水平提升。在上述情况下，平台经营者制定数据使用规模来最大化利润，经营者利润最大化满足条件：$\Pi'(x) = 0$，可以将其利润最大化时的数据使用规模求解为：

$$x^* = \frac{a + \theta e - \gamma k}{c} \tag{11.18}$$

将x^*代入（11.17），可以得到平台经营者的最大化利润水平：

$$\pi^* = \frac{a^2 - (\theta e - \gamma k)^2}{2c} + \frac{(a + \theta e - \gamma k)(\theta e - \gamma k)}{c} \tag{11.19}$$

通过对（11.19）进行比较静态分析可以得到：$\frac{\partial \pi^*}{\partial \theta} > 0$，$\frac{\partial \pi^*}{\partial e} > 0$，$\frac{\partial \pi^*}{\partial \gamma} < 0$，$\frac{\partial \pi^*}{\partial k} < 0$，总括而言，比较静态分析的结果说明了当社会收益相关指标增加时，平台利润可以得到提升；当社会成本相关指标增加时，平台利润将下降。这个结论说明了平台经营者的商业行为所产生的利润与其对应的行为所产生的社会影响相关，从平台视角出发，在这种商业价值与社会价值相互联系的情形下，平台经济经营者更加希望可以通过更多的社会价值溢出和更低的社会成本来获得更高的利润。在公众视角下，他们对平台经营者行为的反馈并不会随着平台的行为变化而发生明显的变化，因此，平台经营者通常会在既定

的 θ 和 γ 下来通过调整自身决策而尝试改变社会反馈对其利润的影响。

关于对（11.19）的比较静态分析结果具体说明了，平台经营者可以通过激发自身在使用数据时对社会福利产生的溢出效果（即改变 e），以及降低使用数据时对社会成本产生的增加效果（即改变 k）来实现利润的增加。我们可以考虑上述两种行动都是平台通过技术层面的创新而完成的，当平台通过更好的技术满足社会面的需求时，在既定的数据使用规模下，利益相关者可以通过平台经营获得更多的溢出效果。同时，平台也可以通过合规使用数据来尽可能降低社会成本，两种效果都可以通过社会的反馈转移至平台利润上。但是，这个利润的提升来自两个相反的力量，其中正向的力量是利益相关者在感受到平台商业活动向社会价值溢出过程中而对平台进行的正向反馈，提高了平台利润；反向的力量是平台需要为了实现社会价值的提升而进行的投入，进而承担相应的成本。

我们可以基于上面的基础模型做出进一步延伸，令平台对社会收益的提升程度表达为：$e=e_0+d_1 g_1$，对社会成本的弱化程度表达为：$k=k_0-d_2 g_2$，其中 e_0 和 k_0 是平台的经营活动对社会收益和社会成本产生的基础水平，d_i，$i=1$，2 刻画了平台的技术投入对社会收益和社会成本的变化所形成的边际程度，g_i，$i=1$，2 是平台针对社会收益和社会成本进行的投入水平。同时，令平台经营者为了实现上述效果而进行的投入成本为 $\frac{\beta_i g_i}{2}$，平台为了实现利润最大化，而进行相应投入。上述两种方式在本节所讨论的商业伦理框架下的具体展现为：平台经营者对提高社会收益的投入可以被视为是平台与利益相关者形成的价值共创，平台经营者对缓解社会成本的投入可以被视为是平台与利益相关者形成的价值共享。平台经营者利润最大化时，应同时满足条件：$\frac{\partial \pi}{\partial g_1}=0$ 和 $\frac{\partial \pi}{\partial g_2}=0$，可以进一步得到：

$$g_1^*=\frac{\theta d_1\ (a+\theta e_0-\gamma k_0)}{c\beta_1-\theta^2 d_1^2};\ g_2^*=\frac{\gamma d_2\ (a+\theta e_0-\gamma k_0)}{c\beta_2-\gamma^2 d_2^2} \qquad (11.20)$$

基于（11.20）中最优化的技术投入，我们需要回答的问题是，平台经营者在这种社会价值与商业价值关联的情况下应当更加关注哪种解决方案，价值共享还是价值共创？回答这个问题的关键在于哪种方式对社会价值的提升更加重要？例如，当 γ 逐渐增加时，公众对平台经营者在生产经营过程中产生的社会成本更加敏感。具体而言，公众此时会对平台在使用数据过程中产生的数据安全和消费者隐私问题产生担忧，如果相关风险实际发生，则公众会承担较为明显的成本，并对平台进行负向反馈，此时平台的利润将会大幅度降低。在这种情况下，平台则有动机将资源更多地投入在缓解数据使用过程中关于数据安全和消费者隐私的问题上，即更多地增加g_2^*而降低k。平台在使用来自公众的数据时，数据所产生的价值能够通过平台对成本的缓解而实现数据价值的共享。类似地，当公众对平台经营所产生的商业价值对社会价值的溢出更加敏感时，平台则会将更多的资源投入到g_1^*中，进而实现e的增加。

因此，平台经济中的商业伦理框架是一个系统性工程，它的存在和发展离不开三个重要的条件。首先，公众作为平台经济经营者的主要利益相关者，需要能够更加充分地了解平台在创造商业价值的同时，是否会为他们带来预期的社会价值和造成可能的社会成本，并将这种价值和成本与其自身的福利进行关联。当利益相关者形成了上述认知之后，便可以通过实际的反馈行为将这种认知在经济活动中展现出来。

其次，利益相关者的反馈行为直接影响了平台经济经营者的商业利润。如上面理论分析所述，利益相关者通过对平台使用数据产生的社会价值和社会成本对平台形成了认知，并基于认知进行必要的反馈，而且这种反馈能够直接作用在平台的利润上。这种反馈机制类似于传统经济模式下，利益相关者对企业声誉的认知，企业的声誉类似于一种企业在社会层面的投资，如果这种投资失灵，则公众会对企业后续的经营进行一定程度的抵触。类似地，平台如果并没有产生公众所期待的社会价值，或者在其经营过程中形成了较高的社会成本，则利益相关者会产生对平台后续经营的一种需求弱化，相当于一种对平台的负向反馈，直接降低了平台的商业利润。

最后，平台能够充分认知公众的反馈对其利润产生的影响，并将这种影响融入到自身的商业策略决策中。这个逻辑是完成上述两条路径在平台经济领域的商业伦理闭环中的逻辑终点。所有关于商业价值和社会价值的关联，最终都会体现在平台经济经营者的具体行为上。这需要平台能够将利润最大化作为其生存和经营的一个重要组成部分，而并不是全部的组成部分。这是由于平台的可持续经营是在社会价值能够充分达到预期水平的基础上而实现的，而社会价值的提升离不开平台商业价值的溢出，因此，这个框架要求了平台经营者在制定商业决策时，需要将商业价值和社会价值同时纳入考量。

针对上述三个条件，在平台经济领域中的商业伦理构建具体方案需要从以下三个方面展开。

第一，打通平台经济商业活动和社会环境之间信息屏障，强化公众对平台经济生产经营社会效果的感知。与传统经济不同，平台经济在生产经营过程中所产生的效果更加“无形”，换言之，公众在平台经济领域中并不能像传统经济一样可以短期地感知到经营者商业活动带来的社会效益与社会风险。例如，当数据安全和消费者隐私风险并未转化成实际问题、产生实际损失时，这个风险并不会被公众充分感知，也便不会形成公众的反馈行为。这个问题主要来自于平台经济的商业活动通常是投入“无形”的内容要素（例如数据），同时，产出“无形”的内容产品（例如供交易者所使用的信息），这些“无形”的特征使经营者可以直接获得商业价值，但是利益相关者是否获得社会价值或者承担社会成本却不能被快速识别。因此，规制者在培育平台经济领域的商业伦理系统时，应当将利益相关者与平台之间关于社会价值生成路径的信息渠道尽可能打通，形成利益相关者构建反馈机制的基础工作。

第二，建立利益相关者反馈渠道，强化利益相关者反馈机制在商业领域中的实现空间。利益相关者对于平台经营的感知与具体行动之间需要一套反馈体系，反馈体系的构建与完善是利益相关者能够充分对平台价值的感知基础上实现充分行为反馈的必要条件。当反馈机制不存在时，利益相关者所生成的感知无法以具体行动的形式体现，就产生了公众的行动受阻、反馈失灵的情况。这种情况通常会产生诸多社会活动的困境，例如，公众无法在平台经营者产生社会成本时进行有效转移，被迫承担逐渐增加的社会成本；公众在承担较高社会成本时，由于放弃平台交易的机会成本很高，降低了他们在向其他替代品转移时的福利水平。因此，规制者在培育平台经济领域的商业伦理渠道时，应当将利益相关者的具体行为的市场体现作为一个重要的标准，即利益相关者对平台经营者的群体行为可以形成对后者的显著影响。

第三，建立平台经济领域的负面清单制度，强化利益相关者反馈在平台经济经营者行为中的嵌入机制。在平台经济快速进入商业和社会活动中时，越来越多的经济活动参与者开始依赖平台交易，使平台交易在公众的日常经济和社会活动中占据了更大的比重。这种效果使公众在不同的经济社会活动方式间转移时形成了较大的成本，也增加了公众对平台行为制定和变化的刚性需求。这导致了平台在很多情况下可以不顾及社会价值而专注于为提升自身商业价值来制定自身的经营决策。换言之，利益相关者的反馈机制无法影响平台的经营决策。这种情况下，就需要规制者在平台经济领域构建一种负面清单制度，帮助利益相关者的反馈机制能够充分地渗透至平台的决策中。例如我国《反垄断法》六十四条指出，“经营者因违反本法规定受到行政处罚的，按照国家有关规定记入信用记录，并向社会公示”，实际上打通了经营者具体的行为与公众可能形成的反馈行为的信息平台，推动公众对经营者那些不合规行为进行积极反应。这种负面清单一方面是对平台行为的一种约束，使平台的行动在没有符合一部分利益相关者预期时快速地被更广泛的公众群体所知晓，以一种更加充分的信息传递的形式增加了经营者不合规经营时的预期成本；另一方面负面清单制度是对利益相关者反馈机制的一种强化，它能够使反馈机制在可行的基础上更加能够影响平台经营者的商业决策，从规制和引导两个方面来实现平台运行中商业价值和社会价值的相互融合。

参考文献

[1] 蔡跃洲，牛新星．中国数字经济增加值规模测算及结构分析［J］．中国社会科学，2021（11）：4—30＋204.

[2] 蔡跃洲，马文君．数据要素对高质量发展影响与数据流动制约［J］．数量经济技术经济研究，2021，38（03）：64—83.

[3] 陈庭强，沈嘉贤，杨青浩，等．平台经济反垄断的双边市场治理路径——基于阿里垄断事件的案例研究［J］．管理评论，2022，34（03）：338—352.

[4] 邓灵斌，余玲．大数据时代数据共享与知识产权保护的冲突与协调［J］．图书馆论坛，2015，35（06）：62—66.

[5] 费方域，闫自信，陈永伟，等．数字经济时代数据性质、产权和竞争［J］．财经问题研究，2018（02）：3—21.

[6] 郭家堂，骆品亮．互联网对中国全要素生产率有促进作用吗？［J］．管理世界，2016（10）：34—49.

[7] 黄璜．对“数据流动”的治理——论政府数据治理的理论嬗变与框架［J］．南京社会科学，2018（02）：53—62.

[8] 罗珉，李亮宇．互联网时代的商业模式创新：价值创造视角［J］．中国工业经济，2015（01）：95—107。

[9] 刘洋，董久钰，魏江．数字创新管理：理论框架与未来研究［J］．管理世界，2020，36（07）：198—217＋219.

[10] 李剑．平台经济领域的反垄断法实施　以经济效率目标为出发点［J］．中外法学，2022，34（01）：44—63.

[11] 李文莲，夏健明．基于“大数据”的商业模式创新［J］．中国工业经济，2013（05）：83—95.

[12] 莫申江，王重鸣．国外商业伦理研究回顾与展望［J］．外国经济与管理，2009，31（07）：16—22＋42.

[13] 彭辉．数据权属的逻辑结构与赋权边界——基于“公地悲剧”和“反公地悲剧”的视角［J］．比较法研究，2022（01）：101—115.

[14] 戚聿东，肖旭．数字经济时代的企业管理变革［J］．管理世界，2020，

36 (06)：135－152＋250.

［15］邱晗，黄益平，纪洋．金融科技对传统银行行为的影响——基于互联网理财的视角［J］．金融研究，2018 (11)：17－29.

［16］托马斯·韦克，菲利普·莱因霍尔德，王子妍，等．欧洲法视角下的数据相关滥用行为［J］．经贸法律评论，2021 (05)：136－158.

［17］清华大学社会科学学院经济学研究所：《互联网时代零工经济的发展现状、社会影响及其政策建议》。

［18］时建中，郭江兰．论平台经济领域前置式反垄断监管［J］．探索与争鸣，2021 (09)：44－53＋177－178＋2.

［19］孙晋．新时代确立竞争政策基础性地位的现实意义及其法律实现——兼议《中华人民共和国反垄断法》的修改［J］．政法论坛，2019，37 (02)：3－12.

［20］王健，方翔．中国反垄断罚款裁量的不确定性及其克服［J］．社会科学战线，2021 (05)：202－214.

［21］王姝楠，陈江生．数字经济的技术-经济范式［J］．上海经济研究，2019 (12)：80－94.

［22］王迁．论提供“深层链接”行为的法律定性及其规制［J］．法学，2016 (10)：23－29.

［23］王勇，陈美瑛．平台经济治理中的私人监管和规制［J］．经济社会体制比较，2020 (04)：62－68.

［24］王先林，曹汇．平台经济领域反垄断的三个关键问题［J］．探索与争鸣，2021 (09)：54－65＋178.

［25］谢伏瞻．论新工业革命加速拓展与全球治理变革方向［J］．经济研究，2019，54 (07)：4－13.

［26］谢富胜，吴越，王生升．平台经济全球化的政治经济学分析［J］．中国社会科学，2019 (12)：62－81＋200.

［27］谢绚丽，沈艳，张皓星，等．数字金融能促进创业吗？——来自中国的证据［J］．经济学（季刊），2018，17 (04)：1557－1580.

［28］鲜祖德，王天琪．中国数字经济核心产业规模测算与预测［J］．统计研究，2022，39 (01)：4－14.

［29］许恒，张一林，曹雨佳．数字经济、技术溢出与动态竞合政策［J］．管理世界，2020，36 (11)：63－84.

［30］杨秀云，赵勐，平新乔．从“虚拟”到“现实”：互联网重塑经济的理论逻辑［J］．经济社会体制比较，2019，205（05）：165－173.
［31］杨舸．信息链接、技术嵌入与网络效应：共享经济下的社会网络［J］．浙江社会科学，2019（12）：66－72＋93＋157.
［32］杨明．平台经济反垄断的二元分析框架［J］．中外法学，2022，34（02）：366－384.
［33］阳镇，许英杰．共享经济背景下的可持续性消费：范式变迁与推进路径［J］．社会科学，2019（07）：43－54.
［34］阳镇，陈劲．数智化时代下企业社会责任的创新与治理［J］．上海财经大学学报，2020，22（06）：33－51.
［35］于立，王建林．生产要素理论新论——兼论数据要素的共性和特性［J］．经济与管理研究，2020，41（04）：62－73.
［36］中国信息通讯院：《平台经济与竞争政策观察（2021 年）》．
［37］朱战威．植入与冲突：反垄断法中经济学的功能边界［J］．北方法学，2021，15（03）：87－99.
［38］Asuncion C. H. , Sinderen M. Pragmatic Interoperability: A Systematic Review of Published Definitions[J]. Springer Berlin Heidelberg, 2010, pp 164－175.
［39］Armstrong, M. Competition in Two-Sided Markets[J]. The RAND Journal of Economics, 2006, 37(3): 668－691.
［40］Anderson E. T. , Fong N. M. , Simester D. I. , Tucker C. E. How Sales Taxes Affect Customer and Firm Behavior: The Role of Search on the Internet[J], Journal of Marketing Research, 2010, 47(2): 229－239.
［41］Acquisti A. , Taylor C. , Wagman L. The Economics of Privacy[J]. Journal of Economic Literature, 2016, 54(2): 442－492.
［42］Belleflamme P. , Peitz M. Platform competition: Who Benefits from Multihoming? [J]. International Journal of Industrial Organization, 2019, 64: 1－26.
［43］Black S. E. , Lynch L. M. How to Compete: The Impact of Workplace Practices and Information Technology on Productivity[J]. Review of Economics and Statistics, 2001, 83(3): 434－445.
［44］Borenstein S. , Saloner G. Economics and Electronic Commerce[J]. Journal

of Economic Perspectives,2001,15(1):3—12.

[45]Brown I. Interoperability as aTool for Competition Regulation[J]. LawArXiv,2020.

[46]Ceruzzi P. E. A History of Modern Computing, 2nd Edition[M]. MIT Press,2003.

[47]Carlota P. Structural Change and Assimilation of New Technologies in the Economic and Social Systems[J]. Futures,1983,15(5):357—375.

[48]Chen Z. ,Xu H. ,Private Labels and Product Quality under Asymmetric Information[J]. Journal of Economics & Management Strategy. 2021,30(4):743—759.

[49]Coviello N. E. ,Joseph R. M. Creating Major Innovations with Customers: Insights from Small and Young Technology Firms[J]. Journal of Marketing,2012,76(6): 87—104.

[50]Cunningham C. ,Ederer F. ,Ma S. Killer Acquisitions[J]. Journal of Political Economy,2021,129(3):649—702.

[51]Deneckere, R. and Davidson, C. Incentives to Form Coalitions with Bertrand Competition [J]. Rand Journal of Economics, 1985, 16 (4): 473—486.

[52]Ezrachi A. ,Stucke M. E . Artificial Intelligence & Collusion: When Computers Inhibit Competition[J]. University of Illinois Law Review,2017,5:1775—1810.

[53]Farrell,J. and Shapiro,C. Horizontal Mergers: An Equilibrium Analysis [J],American Economic Review,1990,80: 107—126.

[54]Geraci, A. IEEE Standard Computer Dictionary: Compilation of IEEE Standard Computer Glossaries[M]. IEEE Press,1999.

[55]Goldfarb A. ,Tucker C. Digital economics[J]. Journal of Economic Literature,2019,57(1):3—43.

[56]Hotelling H . The stability in competition[J]. Economic Journal,1929,39: 41—57.

[57]Janssen M ,Estevez E ,Janowski T . Interoperability in Big, Open, and Linked Data—Organizational Maturity, Capabilities, and Data Portfolios [J]. Computer,2014,47(10):44—49.

[58]Levenstein,M. C. ,Suslow,V. Y. Breaking Up is Hard To Do: Determinants of Cartel Duration[J]. Journal of Law and Economics,2011,54(2): 455—492.

[59]Ferrell O. C. ,Harrison D. E. ,Ferrell L. ,Hair J. F. Business Ethics,Corporate Social Responsibility,and Brand Attitudes: An Exploratory Study [J]. Journal of Business Research,2019,95:491—501.

[60] Park J. , Ram S. Information Systems Interoperability: What Lies Beneath? [J]. Acm Transactions on Information Systems, 2004, 22(4): 595—632.

[61]Perez,C. Technological Revolutions and Financial Capital: the Dynamics of Bubbles and Golden Ages[M]. Cheltenham: Elgar,2002.

[62]Ramsey F. P . A Contribution to the Theory of Taxation[J]. The Economic Journal,1927,37: 47—61.

[63]Riley C . UnpackingInteroperability in Competition[J]. Journal of Cyber Policy,2020,5(1):1—13.

[64]Rochet J. C. ,Tirole J. Two-Sided Markets : A Progress Report[J]. Rand Journal of Economics,2006,37(3):645—667.

[65]Rochet J. C. ,Tirole J . Platform Competition in Two-Sided Markets[J]. Journal of the European Economic Association,2003,1(4): 990—1029.

[66] Shapiro C. , Varian H. R. Information Rules: A Strategic Guide to the Network Economy[M]. Harvard Business School Press,1998.

[67]Tapscott D. The Digital Economy: Promise and Peril in the Age of Networked Intelligence[M]. McGraw-Hill New York,1996.